Jorge Steffen

Spracherkennung

DAS ERSTE MAL

DÜSSELDORF • SAN FRANCISCO • PARIS • LONDON • SOEST (NL) SYBEX

Fast alle Hard- und Software-Bezeichnungen, die in diesem Buch erwähnt werden, sind gleichzeitig auch eingetragene Warenzeichen und sollten als solche betrachtet werden. Der Verlag folgt bei den Produktbezeichnungen im wesentlichen den Schreibweisen der Hersteller.

Der Verlag hat alle Sorgfalt walten lassen, um vollständige und akkurate Informationen in diesem Buch bzw. Programm und anderen evtl. beiliegenden Informationsträgern zu publizieren. SYBEX-Verlag GmbH, Düsseldorf, übernimmt weder die Garantie noch die juristische Verantwortung oder irgendeine Haftung für die Nutzung dieser Informationen, für deren Wirtschaftlichkeit oder fehlerfreie Funktion für einen bestimmten Zweck. Ferner kann der Verlag für Schäden, die auf eine Fehlfunktion von Programmen, Schaltplänen o.ä. zurückzuführen sind, nicht haftbar gemacht werden, auch nicht für die Verletzung von Patent- und anderen Rechten Dritter, die daraus resultiert.

Projektmanagement/Lektorat: Daniel Danhäuser
Produktion: Mathias Kaiser, Düsseldorf
Satz: ArtCeylan, Duisburg
Umschlaggestaltung: Michal Obszarski, SYBEX-Verlag GmbH, Düsseldorf
Farbreproduktionen: TYPE & IMAGE GmbH, Düsseldorf
Belichtung, Druck und buchbinderische Verarbeitung: Koninklijke Wöhrmann B.V., Zutphen (NL)

ISBN 3-8155-7296-7
1. Auflage 1998

Dieses Buch ist keine Original-Dokumentation zur Software der Firma Microsoft. Sollte Ihnen dieses Buch dennoch anstelle der Original-Dokumentation zusammen mit Disketten verkauft worden sein, welche die entsprechende Microsoft-Software enthalten, so handelt es sich wahrscheinlich um Raubkopien der Software. Benachrichtigen Sie in diesem Fall umgehend Microsoft GmbH, Edisonstr. 1, 85716 Unterschleißheim – auch die Benutzung einer Raubkopie kann strafbar sein. Der Verlag und Microsoft GmbH.

Printed in the Netherlands

Inhaltsverzeichnis

Spacherkennung – Das erste Mal

VII

Kapitel 6: Tips zur Verbesserung der Arbeit mit Spracherkennern 191

Anhang A: Existierende Spracherkennungslösungen 201

Vorwort

Als erster - außerhalb akademischer Zirkel - ein Buch zu einer relativ jungen Technologie wie der Spracherkennung zu veröffentlichen, ist eine Herausforderung, die allen Beteiligten mehr abverlangt als nur die übliche Recherche und Manuskripterstellung.

In diesem Fall wurde eine Vielzahl aktueller Spracherkennungssysteme über mehrere Monate hinweg auf unterschiedlichsten Hardware-Plattformen einem Dauertest unterzogen. Die dabei gewonnenen Erkenntnisse möchte Ihnen dieses Buch weitergeben.

Darüber hinaus traten Fragen und Probleme zutage, die nicht nur technischer Natur waren, wie z.B. die Frage, inwieweit von Sprachstörungen betroffene Menschen von den neuen Möglichkeiten der Mensch-Maschine-Kommunikation profitieren können. Allein die Beschäftigung mit dieser Thematik eröffnete einen weiten Blick über den Tellerrand der üblichen Computerfachliteratur hinaus, und etwas von dem, was es dort zu sehen gibt, soll Ihnen hier ebenfalls vermittelt werden. Aufgrund markttechnischer Gegebenheiten ist es mir jedoch nicht vergönnt Ihnen sämtliche Erkenntnisse wirklich umfassend mitzuteilen, weitere Informationen zu den einzelnen Themen finden Sie jedoch in meinem Web-Angebot unter *http://www.jorge.de/SYBEX/Spracherkennung/Index.html*.

Wenn Sie durch die Lektüre dieses Buches die Hürden der ersten Tage und Wochen mit Ihrem Spracherkennungsprogramm leichter überwinden können und die Spracherkennung bald wie selbstverständlich als gleichberechtigtes Eingabemedium neben der Tastatur und der Maus einsetzen, dann hat die hinter uns liegende Arbeit ihren Zweck erfüllt.

Viel Spaß bei der Lektüre und viel Erfolg mit dem neuen Eingabemedium!

Jorge Steffen

Jorge.Steffen@Jorge.de

Düsseldorf, 07.06.98

(Rebirth 2.0 – 15 Tage)

Danksagung

Für die Unterstützung, den ungewöhnlich hohen Arbeitsaufwand bewältigen zu können, möchte ich mich in erster Linie bei meinen Kollegen Bodo Hoffmann und Manuel Engels bedanken, die mir einen großen Teil der Arbeit bei Installation, Konfiguration und Test der unterschiedlichsten Hard- und Software abnahmen. Ohne sie hätte das Projekt doppelt so lange gedauert.

Bodo danke ich darüber hinaus für den 24-Stunden-„Deutsche Screenshots"-Lieferservice!

Nachdem er die ersten 50 Seiten dieses Buches lektoriert hatte, hat man ihn nie wieder lachen gesehen...

Meinem sprachlichen Lektor Mathias Kaiser danke ich dafür, ein weiteres Mal die unmenschliche Anforderung angenommen und wieder nicht aufgegeben zu haben!

Richie Hawtin danke ich dafür, daß er die letzten Monate wohl genauso besessen gearbeitet hat wie ich und mir damit die Arbeitszeit angenehmer gestaltet hat.

Stefi („Ich hab doch gar nichts gemacht") Bexkens danke ich für unwiderstehliche Ablenkungen zu den unmöglichsten Augenblicken... nicht aufhören!

„Die wirkliche Welt offenbart sich uns ausschließlich dort, wo unsere Konstruktionen scheitern. Da wir das Scheitern aber immer nur in jenen Begriffen beschreiben und erklären können, die wir zum Bau der scheiternden Strukturen verwendet haben, kann es uns niemals ein Bild der Welt vermitteln, die wir für das Scheitern verantwortlich machen könnten." Ernst von Glasersfeld

Kapitel 1: Einführung in die Spracherkennung

In diesem Kapitel erhalten Sie einen Überblick über die neue Welt der Spracherkennung. Sie erfahren, wo die Spracherkennung heute bereits überall eingesetzt wird, welche wissenschaftlichen Bereiche Vorarbeit zur Spracherkennung leisteten, auf welchen Grundlagen diese Technologie aufbaut und wie Spracherkennung im einzelnen funktioniert.

Wenn Sie lieber gleich mit Ihrer neuen Spracherkennungs-Software starten wollen, so finden Sie in den danach folgenden drei Kapiteln Einführungen, Anleitungen sowie Tips und Tricks zu den drei verbreitetsten Software-Paketen: *IBM ViaVoice Gold, Dragon Systems NaturallySpeaking* und *DragonDictate*.

Müssen Sie erst noch eine Soundkarte in Ihren Rechner einbauen oder wollen Sie noch nähere Informationen über Soundkarten einholen, weil Sie sich noch nicht für ein bestimmtes Modell entscheiden konnten, so lesen Sie das Kapitel *Soundkarten und Soundverarbeitung*.

Im letzten Kapitel *Tips und Tricks zur Spracherkennung* finden Sie eine konzentrierte Sammlung von Hinweisen zur optimalen Nutzung Ihres Spracherkennungsprogramms, zur Beseitigung von Problemen und zum richtigen Umgang mit Ihrer Stimme. Hier finden Sie auch Tips für den Umgang mit Sprechstörungen.

Falls Sie sich bislang noch nicht einmal für eine bestimmte Spracherkennungs-Software entschieden haben, finden Sie im *Anhang A* dieses Buches eine Übersicht über die Mitte 1998 erhältlichen Spracherkennungspakete mit ihren jeweiligen Möglichkeiten und den Ansprüchen an die Hardware.

Anhang B dieses Buches gibt Ihnen – leider nur einen unvollständigen - Einblick in die Thematik Sprechstörungen und Sprachstörungen, deren Symptome bei jedem Menschen auftreten können, so daß auch Sie ein feineres Gespür für die Unsicherheiten in Ihrer eigenen Sprache gewinnen und diese somit überwinden können.

Spracherkennung

Seit einigen Jahren rückt die Spracherkennung als neues Interaktionsmedium zwischen Computern und Menschen immer mehr ins Bewußtsein der Gesellschaft. In der Science-fiction war sie schon lange gang und gäbe. Der Computer HAL in 2001 von Arthur C. Clarke verstand nicht nur, was man ihm sagte und konnte darauf auch antworten, sondern er war sogar noch imstande, von den Lippen abzulesen, wenn nicht zu hören war, was ein Sprecher sagte.

Die Sprachverarbeitung ist ein ebenso gut funktionierendes Steuerungsmedium für Computer in den verschiedenen Welten der Science-fiction-Serie Enterprise und ihrer Nachfolger. Und wer würde sich nicht wünschen, in so mancher Situation einfach „Computer: Ausgang" sagen zu können, woraufhin man die Holodeck-Simulation bzw. die jeweilige Szenerie einfach verlassen würde.

Sprachverständnis ist noch Science-fiction

So wunderbar die Kommunikation zwischen Mensch und Maschine in der Science-fiction auch funktioniert, sie ist immer noch Science-fiction, da sie den heute existierenden Lösungen mindestens einen Schritt voraus ist: In der Science-fiction sind die Computer in der Lage, den Sinn des Gesagten zu verstehen. Aus dem Englischen gibt es dafür von Raymond Kurzweil das schöne Beispiel, bei dem ein Spracherkennungssystem statt des diktierten „recognize speech" leider nur „wreck a nice beach" versteht. Um das Sinnverständnis von Maschinen zu ermöglichen, werden jedoch noch einige Jahre, wenn nicht Jahrzehnte der Erforschung künstlicher Intelligenz notwendig sein.

Vor dem Sinnverständnis steht aber zunächst einmal das Sprachverständnis, und auf diesem Gebiet wurden in der Realität in den letzten Jahren enorme Fortschritte gemacht. Zu Beginn der neunziger Jahre konnte man auf verschiedenen Messen in Deutschland die Präsentationen der ersten Spracherkenner für den Massenmarkt bewundern und damit einen Einblick in die Zukunft der Computerbedienung erlangen. Trotzdem hat es noch über fünf Jahre gedauert, bis zum Beispiel dieses Buch nahezu ausschließlich mit Hilfe eines Spracherkenners erstellt werden konnte.

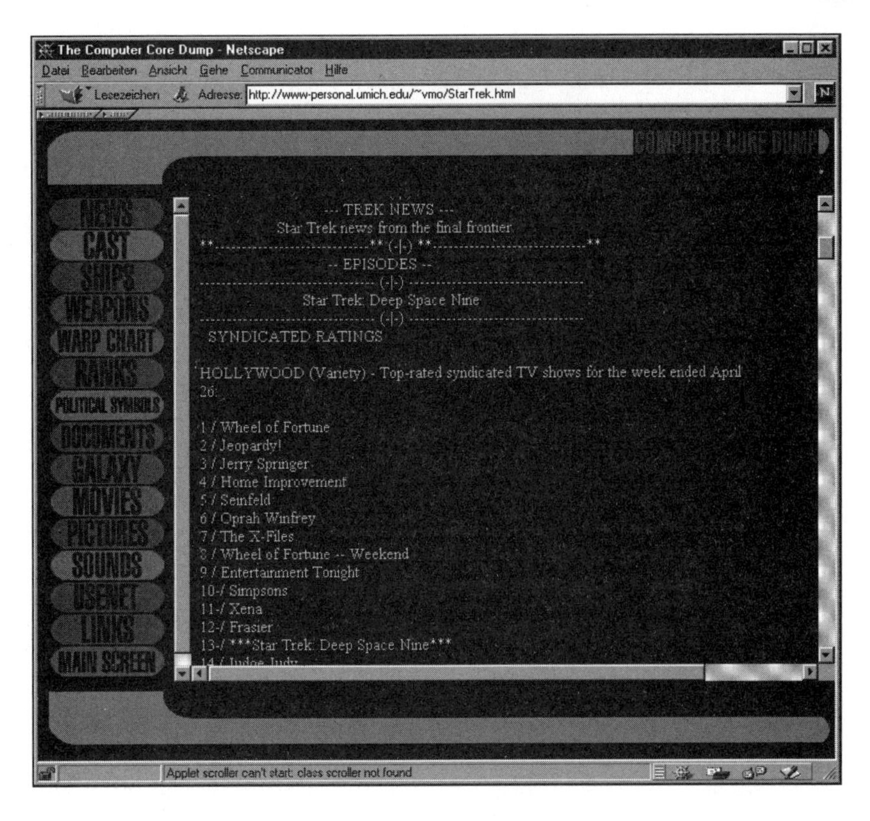

Abb. 1.1: Das Sprachverständnis von Computern wie bei der Enterprise liegt noch in ferner Zukunft

Fallende Preise und steigende Leistung treiben die Entwicklung voran

Einen großen Beitrag zu dieser Entwicklung leistete einerseits der Preisverfall der Spracherkennungsanwendungen in den letzten zwei Jahren, andererseits die gestiegenen Rechenkapazitäten. Gab es 1995 praktisch keine Anwendung zur Spracherkennung unter DM 1.500,-, so erhalten Sie heute leistungsfähige Systeme, die auch fließende Sprache erkennen, für etwa ein Fünftel des Preises. Je nach Bedarf können auch schon die Anwendungen genügen, die mittlerweile für unter DM 100,- erhältlich sind. Begünstigt wurde diese Entwicklung natürlich durch die nicht enden wollende Leistungsspirale auf dem Hardware-Sektor.

Spracherkennung stellt eine nicht-triviale Aufgabe dar, die auch für heutige Verhältnisse noch relativ ressourcenhungrig ist. Zu den grundlegenden Schwierigkeiten gehört zum Beispiel die Tatsache, daß kaum ein Mensch in der Lage ist, das gleiche Wort - auch meßbar - zweimal gleich auszusprechen oder über einen längeren Zeitraum hinweg in derselben Geschwindigkeit zu reden. Die Spracherkenner müssen darüber hinaus Umgebungsgeräusche filtern können und dabei auch noch feststellen, wo zum Beispiel ein Wort aufhört und das nächste beginnt.

Im Anhang *Existierende Spracherkennungslösungen* können Sie sich einen Überblick darüber verschaffen, was selbst günstige Systeme bereits zu leisten in der Lage sind, und Sie erfahren zudem genau, welche Anforderungen die unterschiedlichen Spracherkennungssysteme an Ihre Computer-Hardware stellen.

Spezialisierte Anwendungen sind schon alltäglich

Neben dem Nutzen, den Spracherkenner für den Einzelnen heute schon bieten, sei es bei der Arbeit oder zu Hause, wird diese Technologie schon seit Jahren von Millionen Menschen weltweit genutzt, z.B. bei Auskunfts- oder Informationssystemen über das Telefon. Diese Anwendungen basieren meist auf einem sehr begrenzten Wortschatz und können dafür die wenigen Worte, die sie kennen, aus dem Kontext heraushören und darüber hinaus auch noch sprecherunabhängig erkennen. Ein solches Beispiel findet sich bei der automatischen Fahrplanauskunft von Philips, die unter der Telefonnummer 0241/60 40 20 zu erreichen ist.

Vielfahrer greifen häufig schon auf sprachgesteuerte Autotelefone zurück, um - für Gespräche während der Fahrt - die Hände nicht vom Steuer nehmen zu müssen.

In der Medizin steuern z.B. Chirurgen bei endoskopischen Eingriffen die Funktionen der endoskopischen Kamera mit ihrer Stimme, da sie ja das Chirurgiebesteck nicht aus den Fingern lassen können.

Ende vergangenen Jahres investierte die Firma Microsoft 45 Millionen Dollar in eine bis dahin kaum bekannte belgische Firma aus dem Bereich der Spracherkennungstechnologie, Lernout & Hauspie. Im Sommer 1998 will Microsoft, unter Nutzung der eingekauften

Technologie, einen sogenannten Auto-PC auf den Markt bringen. Dieser Auto-PC besteht aus einem sprachgesteuerten und mit Sprachausgabe ausgestatteten Autoradio inklusive CD-Player, Adreßbuch, einem GPS Navigation System und Autotelefon, welches dann unter 1.000 Dollar kosten soll.

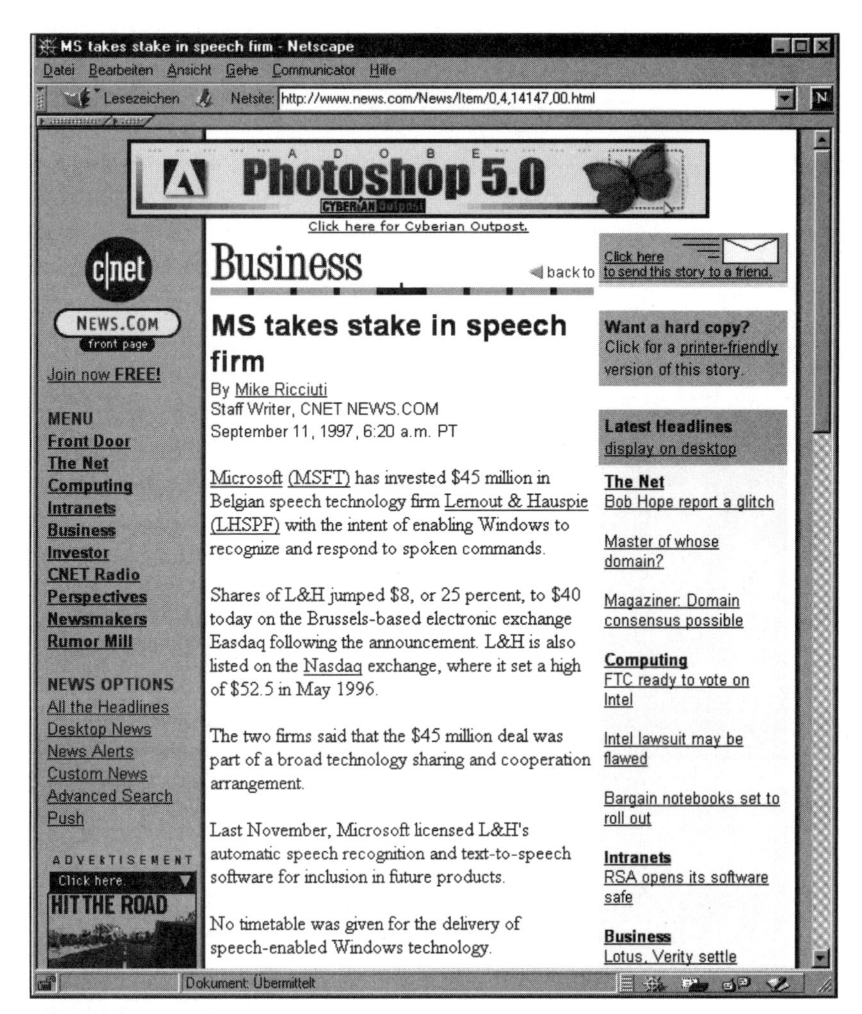

MS takes stake in speech firm - Netscape

Datei Bearbeiten Ansicht Gehe Communicator Hilfe

Lesezeichen Netsite: http://www.news.com/News/Item/0,4,14147,00.html

ADOBE Photoshop 5.0 CYBERIAN Outpost

Click here for Cyberian Outpost.

c|net NEWS.COM front page

Join now FREE!

MENU
Front Door
The Net
Computing
Intranets
Business
Investor
CNET Radio
Perspectives
Newsmakers
Rumor Mill

NEWS OPTIONS
All the Headlines
Desktop News
News Alerts
Custom News
Advanced Search
Push

ADVERTISEMENT
Click here.
HIT THE ROAD

Business

back to

MS takes stake in speech firm

By Mike Ricciuti
Staff Writer, CNET NEWS.COM
September 11, 1997, 6:20 a.m. PT

Microsoft (MSFT) has invested $45 million in Belgian speech technology firm Lernout & Hauspie (LHSPF) with the intent of enabling Windows to recognize and respond to spoken commands.

Shares of L&H jumped $8, or 25 percent, to $40 today on the Brussels-based electronic exchange Easdaq following the announcement. L&H is also listed on the Nasdaq exchange, where it set a high of $52.5 in May 1996.

The two firms said that the $45 million deal was part of a broad technology sharing and cooperation arrangement.

Last November, Microsoft licensed L&H's automatic speech recognition and text-to-speech software for inclusion in future products.

No timetable was given for the delivery of speech-enabled Windows technology.

Click here to send this story to a friend.

Want a hard copy? Click for a printer-friendly version of this story.

Latest Headlines
display on desktop

The Net
Bob Hope report a glitch

Master of whose domain?

Magaziner: Domain consensus possible

Computing
FTC ready to vote on Intel

Intel lawsuit may be flawed

Bargain notebooks set to roll out

Intranets
RSA opens its software safe

Business
Lotus, Verity settle

Dokument: Übermittelt

Abb. 1.2: Microsofts Engagement in der Spracherkennungstechnologie löste weltweit Aufmerksamkeit aus

Mit HAL3000, einem Produkt der amerikanischen Firma Home Automated Living, können Sie bereits heute nahezu sämtliche Funktionen in Ihrem Haus oder Ihrer Wohnung per Stimme steuern. Dabei fehlt nur noch der Kaffeemaschine ein wenig eigene Intelligenz, um anhand Ihrer Stimme zu erkennen, welche Kaffeesorte Sie benötigen.

Darüber hinaus werden Spracherkennungssysteme mittlerweile auch in der Sicherheitstechnik verwendet, um Zugangskontrollen zu ermöglichen, bei denen Personen anhand ihres Stimmprofils identifiziert bzw. verifiziert werden.

Windows 2000

Zwei Jahre vor der Jahrtausendwende gab es von Microsoft bereits eine Demonstration des Benutzer-Interface von Windows 2000. Vor einer Gruppe ausgewählter Entwickler demonstrierte ein Produktmanager von Microsoft das Aussehen und die Bedienung des PCs für das nächste Jahrtausend. Das unter dem Codenamen Millenium entwickelte Betriebssystem soll nicht nur völlig anders aussehen als die heutigen grafischen Benutzeroberflächen, sondern es sieht neben der Tastatur und der Maus die Spracheingabe als festen Bestandteil der Interaktionsmöglichkeiten zwischen Mensch und Maschine vor. Hinter der dreidimensionalen Oberfläche wartet der Computer nur noch auf die Wünsche seines Benutzers, der von dem direkten Umgang mit Programmen oder Dateien verschont bleiben kann. Mit Hilfe des Natural Language Processing genügt es dann, z.B. per Spracheingabe den Wunsch zu äußern, jemandem eine E-Mail zu schreiben, und Windows 2000 wird daraufhin selbsttätig das dafür notwendige Programm starten, den Nachrichtentext aufzeichnen und sich auch automatisch um den Versand oder die Speicherung kümmern. Durch die Advanced Intellisense genannte Technologie soll der Computer auch in der Lage sein, eine Äußerung oder einen Befehl seines Benutzers im Kontext zu verstehen und angemessen zu handeln. Daß diese Fähigkeiten keine Utopie sind, zeigen Lösungen in nahezu allen Teilbereichen schon heute. Wenn es Microsoft gelingt, alle geplanten Funktionen unter einem Betriebssystem zu vereinen und dieses dann auf den über 200 Millionen PCs weltweit zu etablieren, wird die Spracherkennung endgültig in den Alltagsgebrauch eingegangen sein.

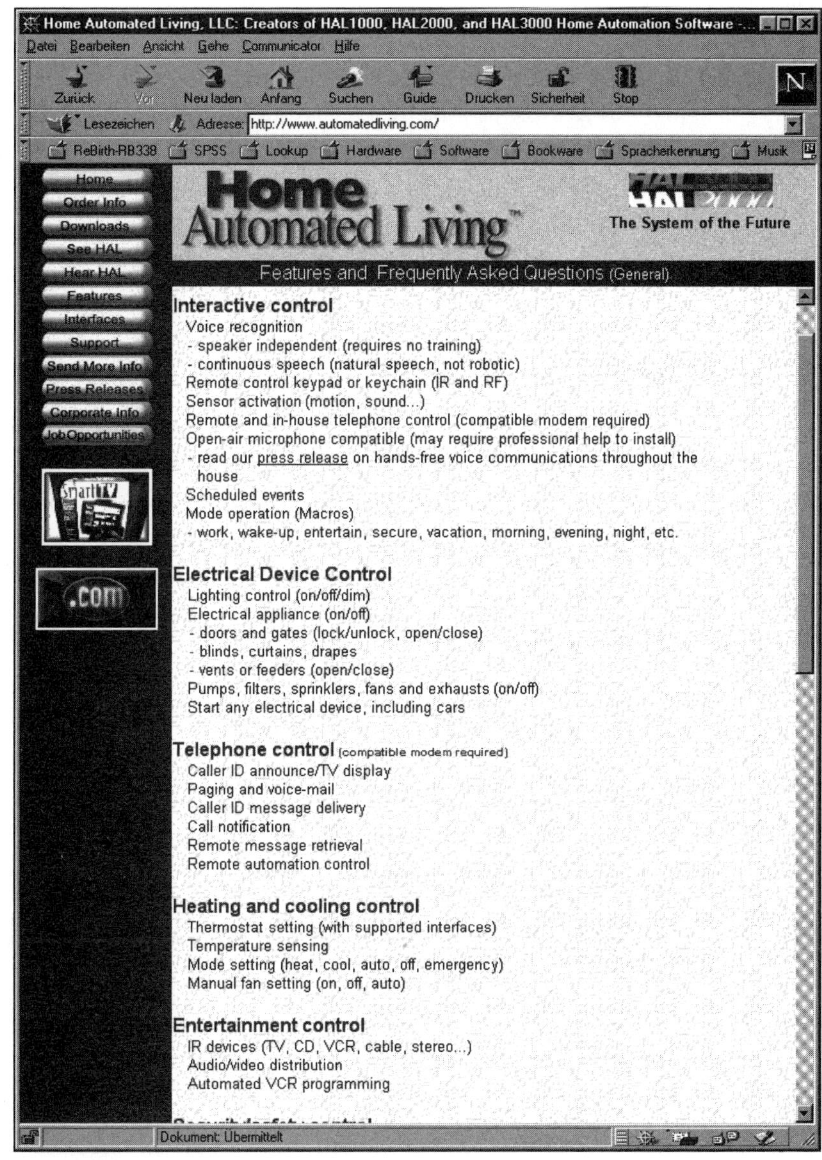

Abb. 1.3: Die Liste der Möglichkeiten, mit der Stimme Ihr Haus zu kontrollieren, ist schon beeindruckend

Nachdem Sie nun einen Überblick darüber erhalten haben, wie weit die Spracherkennung heute schon gekommen ist, sollen Sie im folgenden erfahren, wie es zu dieser Entwicklung kam, um dann im letzten Teil dieses Kapitels die Funktionsweise der Spracherkennung kennenzulernen.

Woraus besteht Sprache?

Bis Maschinen in der Lage waren, die menschliche Sprache zu verstehen, wie sie es heute können, mußten erst einmal die Menschen dazu in der Lage sein, Aufbau und Struktur der Sprache zu beschreiben. Die Wissenschaftsbereiche, die sich mit derartigen Fragen befassen, sind die Phonologie und die Phonetik.

Phonologie

Die Phonologie beschäftigt sich mit den kleinsten bedeutungsrelevanten Segmenten von Wörtern, also den kleinsten Lauteinheiten, denen wir Menschen eine Bedeutung beimessen. Sie vergleicht Wörter im Hinblick auf deren phonetische Eigenschaften und die Verteilung von Phonemen an verschiedenen Stellen in Wörtern.

Die Grundbegriffe der Phonologie lassen sich in eine Hierarchie beschreibender Kategorien einordnen:

- Spezifischste, kleinste Einheiten: Phoneme, Mopheme etc.
- Normale, zentrale Einheiten: Wörter
- Allgemeine, größere Einheiten: Sätze, Texte

Spracherkennung – im Prinzip ganz einfach

Für die Spracherkennung haben gerade die Phoneme eine große Bedeutung, denn wenn ein Computer erst einmal die kleinsten Einheiten der Sprache verstehen kann, könnte er prinzipiell durch Aneinanderreihung dieser kleinsten sprachlichen Einheiten das Gesagte rekonstruieren, und schon wäre der Spracherkenner geboren. Dazu muß jedoch erst einmal ein Weg gefunden werden, die Phoneme überhaupt zu beschreiben und aufzuschreiben, und dann müssen sie in den Computer übertragen werden. Mit diesen Forschungsgebieten beschäftigt sich die Phonetik.

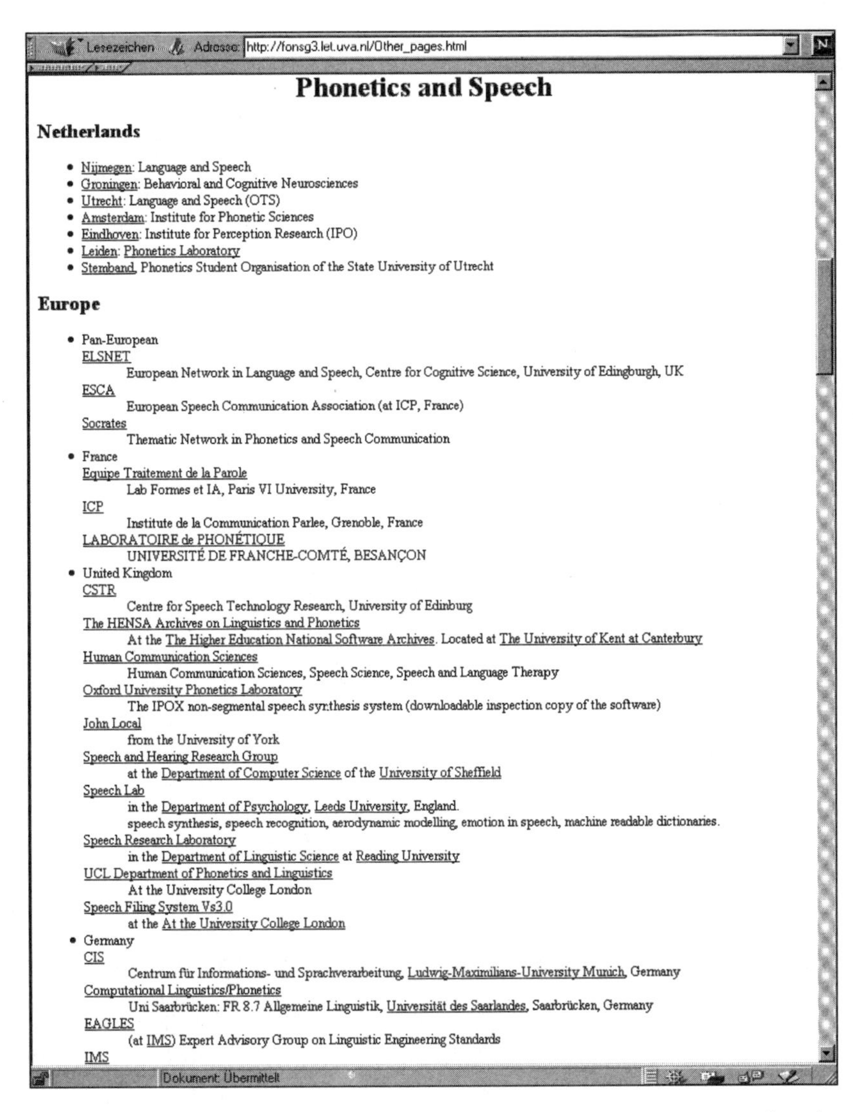

Abb. 1.4: Im Bereich der Phonetik wird auch im Internet rege geforscht

Phonetik

Die Phonetik untersucht in erster Linie die Lautbildung beim Menschen. Dazu gehört jedoch auch die Darstellung der Laute, die durch die normale Schrift allein natürlich nicht geleistet werden kann. Diese Forschung wird bereits seit Jahrtausenden betrieben.

Zu Beginn des 19. Jahrhunderts wurde die älteste indogermanische Sprache, das Sanskrit, von dem in Kalkutta arbeitenden Richter William Jones entdeckt und teilweise entschlüsselt. Dabei trat zutage, daß sich bereits die alten Inder mit vielen Fragen der Phonetik auseinandergesetzt hatten und ihre Erkenntnisse dabei zum Teil den wissenschaftlichen Stand im Europa des 18. Jahrhunderts übertrafen.

Das Werk eines anonymen isländischen Gelehrten aus dem 12. Jahrhundert nach Christus ist heute als erstes grammatikalisches Traktat bekannt. Darin ging es hauptsächlich um eine Orthographiereform des isländischen Schriftsystems, und hier tauchte zum ersten Mal ein Aspekt auf, der auch bei der Spracherkennung eine wichtige Rolle spielt:

Die Bildung von Minimalpaaren (heute bekannt als Phonemanalyse), also Worten verschiedener Bedeutung, die sich nur in einem Laut unterscheiden (sar, sor, syr, sur, ser). Aber ähnlich wie die Texte aus dem Sanskrit blieb auch dieses Werk lange Zeit unbekannt, da es erst 1818 veröffentlicht wurde.

In der Mensch-Maschine-Kommunikation spielt auch die Sprachausgabe durch die Maschine eine große Rolle. Lange vor der Erfindung des ersten Computers wurde bereits versucht, die menschliche Stimme künstlich nachzubilden.

Abb. 1.5: Der Erbauer der ersten Maschine zur künstlichen Spracherzeugung

Mit der Entwicklung der experimentellen Phonetik zum Ende des 18. Jahrhunderts versuchte man, Automaten herzustellen, die Sprachlaute produzieren konnten. Die erste Arbeit in der Sprachsynthese wurde um 1779 von Christian Gottlieb Krazenstein für die Akademie von St. Petersburg ausgeführt. Er baute ein Instrument mit speziellen Röhren, welche die fünf verschiedenen Vokale a, e, i, o und u erzeugen konnten.

Der Däne Otto Jespersen entwickelte 1897 schließlich ein Verfahren, das eine systematische Kennzeichnung des tatsächlich Gesprochenen durch die Analyse des Sprechvorgangs ermöglichte. Weil es sich hier nicht mehr um ein alphabetisches Notationssystem handelte, hat Jespersen die eingeführten Symbole „analphabetisches System" genannt - damit konnten kleinste sprachliche Einheiten endlich dargestellt werden.

Zu Beginn dieses Jahrhunderts gehörte Jespersen dann auch zu den Mitbegründern der International Phonetics Association. Diese Organisation entwickelte schließlich IPA - das International Phonemic Alphabet. IPA ist ein internationales phonetisches Alphabet, das für alle Phoneme ein eigenes Symbol kennt, so daß mit IPA weltweit jede Äußerung in jeder Sprache darstellbar ist.

Wie kommen die Laute in den Computer?

Mit dem IPA-System wurde eine phonetische Kodierung mit Hilfe eines speziellen Schrifttyps und bestimmter Buchstabenformen ermöglicht. Bei dem Versuch, diese Symbole in ein allgemein übertragbares System zu überführen, entstanden die sogenannten Esling-Zahlen, die die IPA-Symbole durch Zahlen von 000 bis 999 ersetzen.

Und jetzt, da Zahlen im Spiel sind, wird Ihnen sicher klar, daß die Übertragung in den Computer nicht mehr fern liegt.

Die computerlesbare phonetische Kodierung heißt SAMPA und steht für Speech Assessment Phoneme Alphabet. SAMPA stellt eine Kodierung der bereits existierenden IPA-Symbole mit ASCII-Code-Zahlen und Buchstaben dar, womit alle existierenden Phoneme im Computer darstellbar werden.

GROUP	IPA	SAMPA	ASCII/ANSI	ORTHOGRAPHIC	PHONEMIC
plosives		p	112	**Pein**	paIn
		b	98	**Bein**	baIn
		t	116	**Teich**	taIC
		d	100	**Deich**	daIC
		k	107	**Kunst**	kUnst
		g	103	**Gunst**	gUnst
affricates		pf	112,102	**Pf**ahl	pfa:l
		ts	116,115	**Z**ahl	tsa:l
		tS	116, 83	deu**tsch**	dOytS
		dZ	100, 90	**Dsch**ungel	dZUNl
fricatives		f	102	**f**ast	fast
		v	118	**w**as	vas
		s	115	Ta**ss**e	tas@
		z	122	Ha**s**e	haz@
		S	83	wa**sch**en	vaSn
		Z	90	**G**enie	Zeni
		C	67	si**ch**er	zIC6
		j	106	**J**ahr	jar
		x	120	Bu**ch**	bu:x
		h	104	**H**and	hant
sonorants		m	109	**m**ein	maIn
		n	110	**n**ein	naIn
		N	78	Di**ng**	dIN
		l	108	**L**ein	laIn
		r	114	**r**ein	raIn
short vowels		I	73	S**i**tz	zIts
		E	69	Ges**e**tz	g@zEts
		a	97	S**a**tz	zats
		O	79	Tr**o**tz	trOts
		U	85	Sch**u**tz	SUts
		Y	89	h**ü**bsch	hYbS
		9	57	pl**ö**tzlich	pl9tslIC
long vowels		i:	105,58	L**ie**d	li:t
		e:	101,58	B**ee**t	be:t
		E:	69,58	sp**ä**t	SpE:t
		a:	97,58	T**a**t	ta:t
		o:	111,58	r**o**t	ro:t
		u:	117,58	Bl**u**t	blu:t
		y:	122,58	s**ü**ß	zy:s
		2:	50,58	bl**ö**d	bl2:t
diphtongs		aI	97,73	**Ei**s	aIs
		aU	97,85	H**au**s	haUs
		OY	79,89	Kr**eu**z	krOYts
weak vowels		@	64	bitt**e**	bit@
		6	54	bess**er**	bEs6

Abb. 1.6: Mit dem SAMPA können alle sprachlichen Einheiten der deutschen Sprache dargestellt werden

Für die Spracherkennung müßten die im Computer nun darstellbaren Phoneme jetzt durch den Computer in einem aufgezeichneten Sprachsignal wiedergefunden werden. Mit dieser Problematik, Mustererkennung genannt, kann man tief in mathematische Welten eintauchen. Um jedoch den historischen Faden zuerst noch zu Ende zu führen, erhalten Sie nachfolgend einen kurzen Überblick über relevante Entwicklungen in diesem Jahrhundert.

Geschichte der Spracherkennung

Die Geschichte der Spracherkennung beginnt, wie bereits gesehen, nicht erst bei den ersten digitalisierten Signalen, die als Buchstaben am Bildschirm auftauchten, statt dessen waren neben den wissenschaftlichen Erkenntnissen über die Sprache auch noch grundlegende Entwicklungen der Elektronik vonnöten.

In den Laboratorien der Telefongesellschaft Bell wurden bereits in den dreißiger Jahren Forschungen im Bereich der menschlichen Sprache unternommen. Das Ergebnis war der erste elektronische Sprachsynthesizer, der 1936 von H.W. Dudley gebaute Voice Coder. Er wurde mittels einer Tastatur zur Eingabe der zu sprechenden Worte und Fußpedalen zur Steuerung der Sprachmelodie bedient.

1939 bauten zwei weitere Wissenschaftler, Stibitz und Williams, den Complex Number Calculator. Es handelte sich hierbei um einen der ersten Computer, dessen CPU aus 450 Telefonrelais und zehn Schalttafeln bestand und eine Division von zwei achtstelligen Dezimalzahlen in 30 Sekunden berechnen konnte.

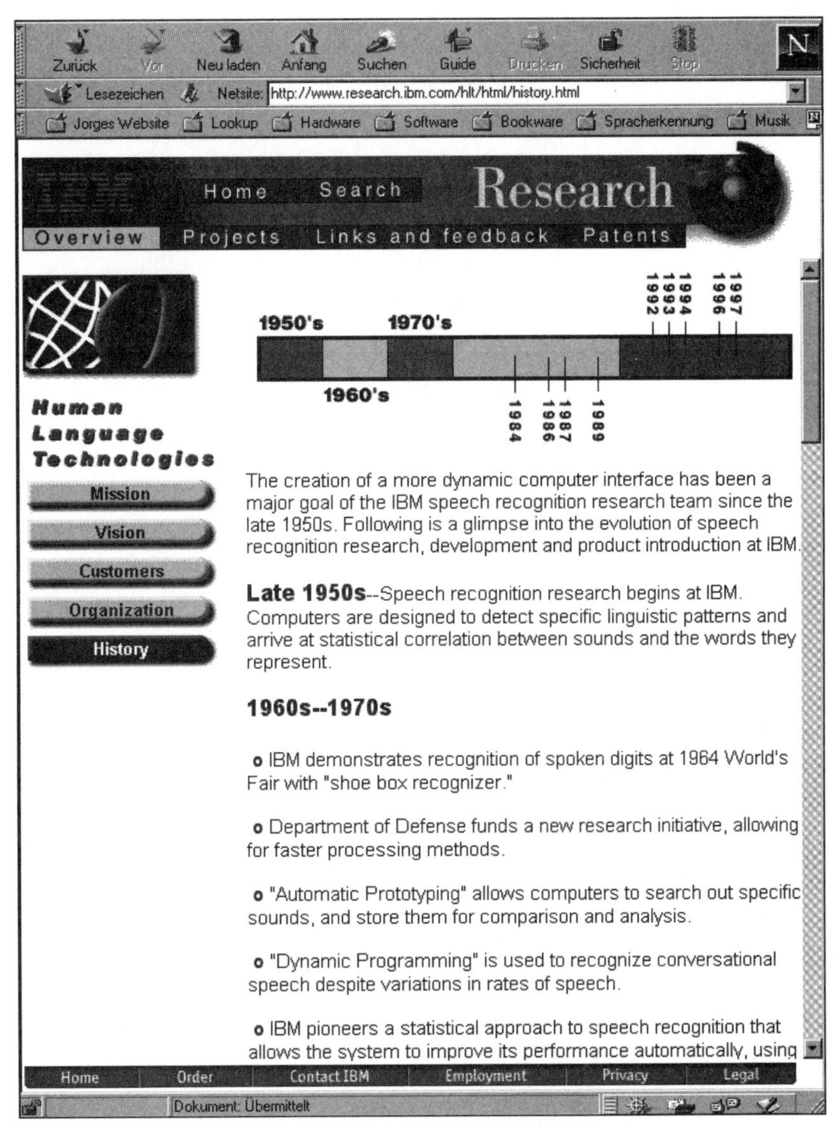

Abb. 1.7: Seit den fünfziger Jahren wird bei IBM an der Spracherkennung geforscht

In den folgenden dreißig Jahren begann dann die Computer-Revolution, mit der die Firma IBM zum Weltkonzern aufstieg. In den Laboratorien von Yorktown Heights begann IBM in den sechziger Jahren mit der Forschung und Entwicklung der Spracherkennung zur Entwicklung eines Systems zur Sprecheridentifikation bzw. -verifikation.

Die Forscher mußten ihre anfängliche Begeisterung jedoch bald relativieren, denn sie konnten mit Hilfe der Computer zwar überprüfen, ob zwei Sprachsignale übereinstimmten, das Problem war jedoch, daß sie nicht in der Lage waren, zwei identische Sprachsignale zu erzeugen. Selbst wenn dieselbe Person einen einzigen Laut zweimal hintereinander sprach, ergab sich kein identisches Muster. Noch schwieriger wurde es, wenn unterschiedliche Sprecher denselben Laut von sich gaben.

Zu Beginn der achtziger Jahre gab es erste bescheidene Erfolge beim sprecherabhängigen Erkennen einzelner Wörter über das Telefon. Mit einem begrenzten Vokabular von 5.000 Wörtern konnten damals bereits Erkennungsraten von bis zu 90 Prozent erreicht werden.

1982 wurde dann die Firma Dragon Systems von Dr. Jim Baker und Dr. Janet Baker gegründet. Sie entwickelten 1984 die erste Spracherkennung für tragbare PCs.

Zwischen 1984 und 1989 entwickelte und testete IBM zusammen mit der Deutschen Telekom ein Warenbestellsystem, welches sprecherunabhängig und über das Telefon funktionierte.

1985 gab es die ersten Erfolge mit Systemen, die das Sprachsignal bereits während der Digitalisierung analysierten, also in Echtzeit arbeiteten.

1986 erfolgte die erste Implementierung einer „hörenden Schreibmaschine“ auf PCs. Das System wurde nach dem Weltrekordhalter im Maschinenschreiben, Alberto Tangora, benannt und erkannte ein Vokabular von 5.000 Wörtern, das in diskreter Sprechweise diktiert werden mußte.

Bei diskreten Spracherkennungsprogrammen muß der Sprecher eine isolierte Sprechtechnik verwenden. Das heißt, zwischen zwei Wörtern muß immer eine kurze, aber deutliche Pause gemacht werden. Moderne Spracherkennungssysteme, die noch mit diskreter Sprechweise arbeiten, kommen bereits mit einer Pause von 0,1 Sekunden aus. Bei dieser Art zu sprechen kann der Spracherkenner dann leicht feststellen, wo ein Wort endet und ein anderes beginnt.

Mit der Vergrößerung der Vokabularien glaubte man, viele noch offene Probleme lösen zu können, und so wurden Ende der achtziger Jahre umfangreiche Datenbanken mit Sprachmustern angelegt.

Eine der ersten gab die amerikanische Behörde ARPA (Advanced Research Projects Agency) in Auftrag, und diese Resource Management Database (RMD) genannte Datenbank stellte den Forschern ca. 1,5 Mio. Sprachmuster bereit.

1992 verfügte Tangora dann bereits über einen Wortschatz von 20.000 Begriffen und war für mehrere Sprachen erhältlich. Die Hardware-Anforderungen bestanden in einem IBM PS/2-Rechner mit 16 MByte RAM und 620 MByte Festplattenkapazität.

Auf dem Weg zur sprecherunabhängigen Erkennung fließend gesprochener Sprache wurden jedoch noch weitaus mehr Sprachdaten benötigt. Eine solche Datenmenge stellte die Wall Street Journal Database (WSJ) zur Verfügung, die heute etwa sechzehnmal so umfangreich ist wie RMD.

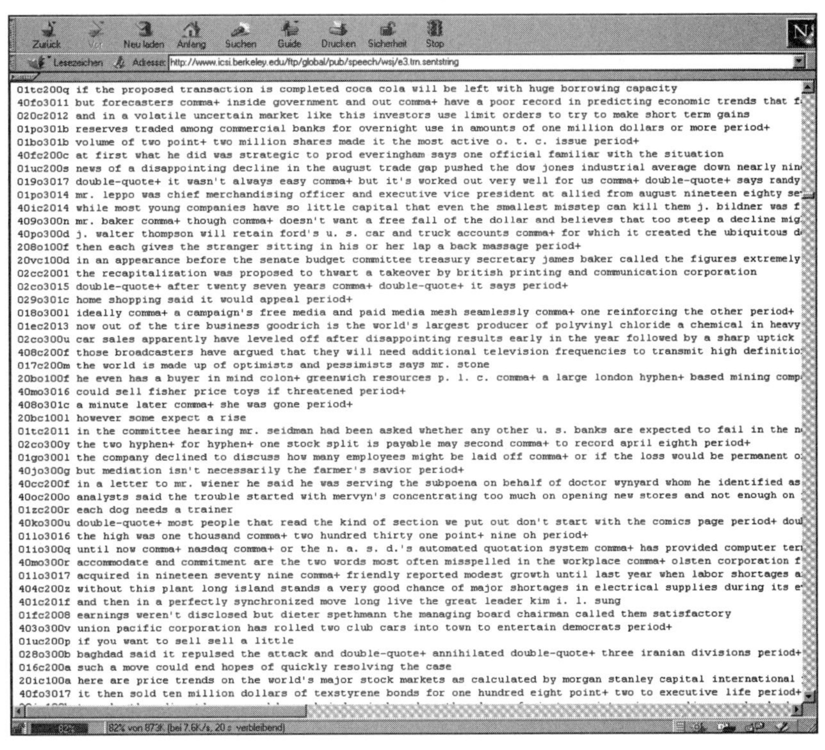

Abb. 1.8: Eine kleine Auswahl der für die WSJ aufgezeichneten Sätze

In den vergangenen zehn Jahren wurden nahezu jährlich neue Systeme entwickelt, die weitere Anwendungsbereiche abdeckten. Von aktuellsten Entwicklungen wie der Steuerung des eigenen Hauses mit Hilfe der Sprache konnten Sie ja zuvor bereits lesen.

Wie funktioniert die Spracherkennung

Um zu verstehen, wie aufwendig der Prozeß der Spracherkennung wirklich ist, muß man auch wissen, wie die Spracherzeugung beim Menschen funktioniert. Mit Hilfe der Lunge und der Stimmbänder wird das Ausgangssignal erzeugt, wobei die Stimmbänder bei stimmlosen Lauten weit geöffnet sind, während sie sich bei stimmhaften Lauten (wie Vokalen) periodisch öffnen und schließen. Durch diese Periode wird die Grundfrequenz des Signals bestimmt, das dann den Mund- und Rachenraum als Resonanzraum benutzt. Dieses Signal wird anschließend mit Hilfe von Gaumen und Zäpfchen, der Zunge, den Zähnen und den Lippen modifiziert. Genaueres erfahren Sie darüber im Anhang *Sprache und Sprachstörungen*.

Die Schwierigkeit der Implementation eines Spracherkenners ist aber auch grundsätzlich von der Sprache abhängig, die der Spracherkenner verstehen soll. Gegenüber beispielsweise der spanischen Sprache wird z.B. das Deutsche mit größerer Artikulationsspannung gesprochen, d.h., es wird mehr Muskelarbeit bei der Einstellung des Sprechapparates für bestimmte Laute benötigt, die sich dadurch aber auch einfacher differenzieren lassen. Ein Spracherkenner für Spanisch bräuchte sich zum Beispiel um die Phoneme /ts/ und /c/ (ch) keine Sorgen zu machen, da diese Laute als Phoneme dort nicht vorhanden sind. Auch aus diesen Gründen gehören die Phonologie und die Phonetik zu den relevanten Bereichen für das Verstehen der Funktionsweise von Spracherkennern.

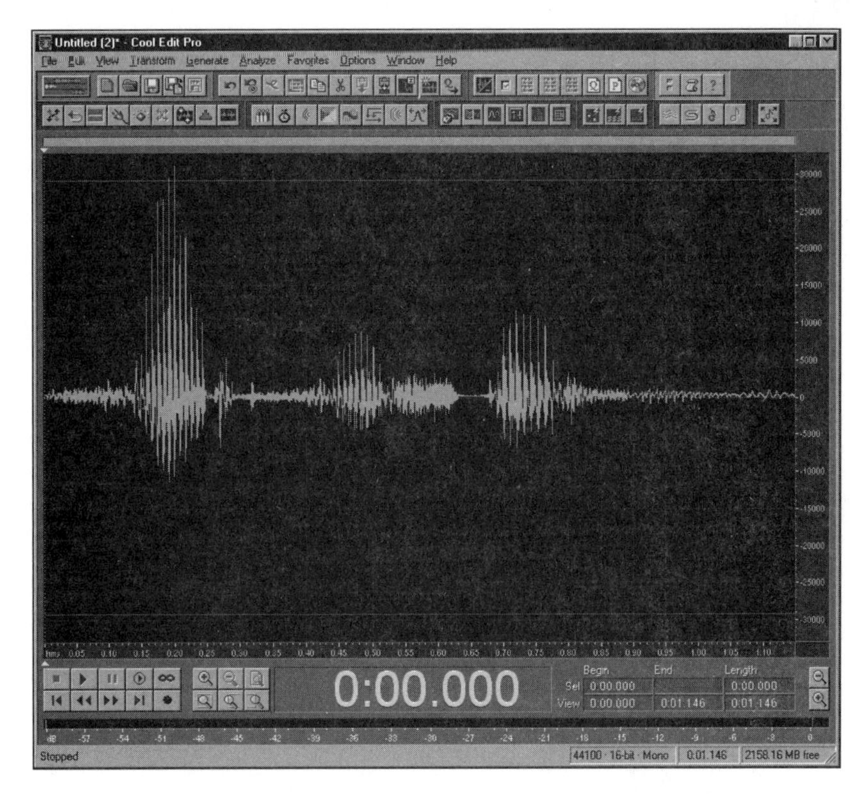

Abb. 1.9: Die Wellenform des ausgesprochenen „Jorge Steffen"

Im folgenden erhalten Sie einen Überblick über die einzelnen Arbeitsschritte bei der Spracherkennung, wobei - im Sinne eines *Das erste Mal* - sämtliche mathematischen Beispiele und Berechnungen ausgelassen werden.

Erfassung des Sprachsignals

Der erste Schritt bei der Spracherkennung besteht in der Übertragung der analogen Schallwellen des Sprechers in das für Computer verständliche, digitale Signal.

In diesem Prozeß finden alle Arbeitsschritte statt, indem die Sprache aufgenommen und abgetastet wird. Hierzu wird ein Mikrophon benötigt sowie ein Analog-/Digitalkonverter (meist auf einer Soundkarte), der die über das Mikrophon empfangenen Schallwellen in digitale Signale umwandelt.

Zusätzlich wird hier die Sprache für die digitale Weiterverarbeitung mit Rauschfiltern bearbeitet und normiert, um nur die Daten in die Weiterverarbeitung zu übernehmen, die für den Erkennungszweck benötigt werden.

Merkmalsberechnung

Bei der Merkmalsberechnung wird der eingegangene Datenstrom stark reduziert, indem das ausgezeichnete Sprachsignal in kurze Zeitfenster von 10 bis 60 Millisekunden eingeteilt wird, und innerhalb dieser Zeitfenster werden die wichtigsten sprachlichen Merkmale berechnet. Bei einer Abtastfrequenz von 11 kHz erhält man für einen Abschnitt von 10 Millisekunden 110 Abtastwerte. Von diesen 110 Werten wird etwa ein Zehntel der markantesten Werte berechnet.

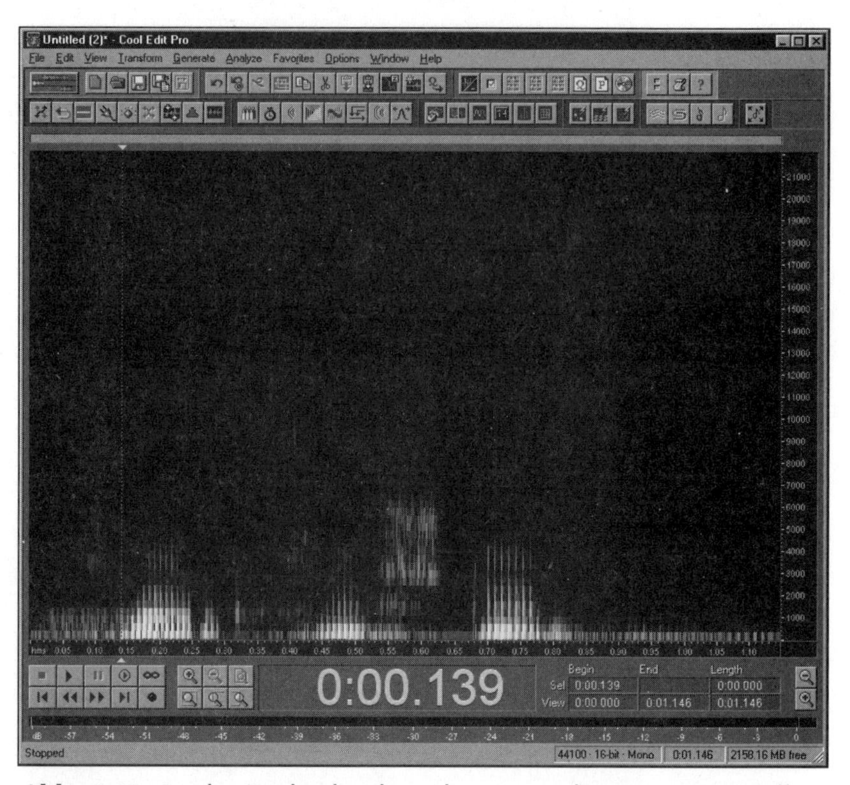

Abb. 1.10: In der Spektralanalyse des gesprochenen „Jorge Steffen“ finden sich bereits eindeutig auffällige Sprachmerkmale

Vektorquantisierung

Die Vektorquantisierung reduziert die bis jetzt vorhandenen Daten noch weiter, indem die bisher berechneten Merkmalsvektoren bestimmten Klassen zugeordnet werden, die allerdings noch keine Aussage darüber enthalten, welcher Laut gerade gesprochen wurde. Eine dieser Methoden ist z.B. die Fast Fourier Transformation, über die Sie Näheres im Kapitel *Soundkarten und Soundverarbeitung* erfahren können. Nach diesem Schritt stehen pro Sekunde noch etwa 1.000 Werte zur weiteren Verarbeitung zur Verfügung.

Generierung von Wortketten

Bisher wurden die Eingangsdaten nur reduziert, und es wurde noch nichts in Text umgewandelt. An dieser Stelle beginnt der Computer nun zu berechnen, was der Sprecher wahrscheinlich gesagt haben mag. Die Generierung von Wortketten basiert auf Mustervergleichen, wobei das Maß an Übereinstimmung zwischen den bis jetzt aufgezeichneten bzw. verarbeiteten Signalen der Spracheingabe und den in den Vokabularen gespeichert vorhandenen Wortmustern bestimmt wird. Von den in die engere Auswahl kommenden Sprachmustern werden somit diejenigen ausgewählt, die die höchste Anzahl gleicher Merkmale mit dem aufgezeichneten Signal besitzen.

Diese Vergleichsoperationen bilden den aufwendigsten und rechenintensivsten Teil des gesamten Prozesses. Meistens werden hier mit Hilfe der wahrscheinlichkeitstheoretischen Grundlagen der Hidden-Markov-Modelle aus den zuvor gebildeten Klassen die wahrscheinlichsten Wortketten gebildet. Neben der Hidden-Markov-Modellierung wird an dieser Stelle auch die dynamische Programmierung bzw. künstliche Intelligenz in Form neuronaler Netze verwendet.

Dynamische Programmierung

Bei der dynamischen Programmierung verwendet man einen rekursiven Algorithmus, der sich nach einem Vergleich immer wieder mit verbesserten Vergleichsparametern aufruft, um einen neuen Vergleich vorzunehmen, bis ein bestimmter Schwellwert erreicht ist oder kein neues Muster mehr gefunden wird, welches eine höhere Übereinstimmung mit den aufgezeichneten Daten aufweist.

Neuronale Netze

Die bei der Schrifterkennung erfolgreich eingesetzte Methode mit neuronalen Netzen ist an die grundlegende Funktionsweise unseres Gehirns angelehnt. Stellen Sie sich dazu ein mehrschichtiges System von einzelnen Zellen vor, bei denen an der Eingangsschicht ein aufgezeichnetes Sprachmuster abgebildet wird und an der Ausgangsschicht das dazugehörige Muster für das entsprechende Wort bzw. Phonem bereits vorhanden ist. Nun werden in den Zellen der dazwischenliegenden Schichten über verschiedene Trainingsphasen Gewichtungen gebildet, die die entsprechenden Zellen der Ausgangsschicht immer besser auf die der Eingangsschicht abbilden können. Damit können Ähnlichkeiten in unscharfen Bereichen ermittelt werden, was bedeutet, daß nicht nur 0 oder 1 Entscheidungen über Ähnlichkeiten getroffen werden können. Da bei der Schrifterkennung viel weniger Unregelmäßigkeiten auftreten als bei der Spracherkennung, konnten sich solche Modelle dort gut etablieren.

Hidden-Markov-Modelle

Mit den Hidden-Markov-Modellen versucht man, die Übergangswahrscheinlichkeit von einem Phonem zum nächsten zu bestimmen. Ein großes Problem der Mustererkennung stellt die Tatsache dar, daß z.B. Vokale unterschiedlich lang ausgesprochen werden können. Die Bewältigung der zeitlichen Komponente schaffen die Hidden-Markov-Modelle, indem sie die Entscheidungshilfe dafür liefern, ob z.B. nach mehreren Zeitfenstern, in denen die Merkmale für ein A errechnet wurden, ein U folgt oder ein L. Je nach Anzahl der bereits erfaßten Merkmale verschieben sich somit die Wahrscheinlichkeiten für das folgende Phonem.

Darauf muß das Modell jedoch vorher trainiert worden sein, d.h., es muß zuvor lernen, wie wahrscheinlich die Aneinanderreihung bestimmter Phoneme in der jeweiligen Sprache bzw. innerhalb des verwendeten Wortschatzes ist. Da die zur Vergleichsentscheidung nötigen Wahrscheinlichkeiten immer mehr zunehmen, je mehr Daten zur Verfügung stehen, potenziert sich auch der Rechenaufwand für die Vergleichsoperationen bei Hidden-Markov-Modellen.

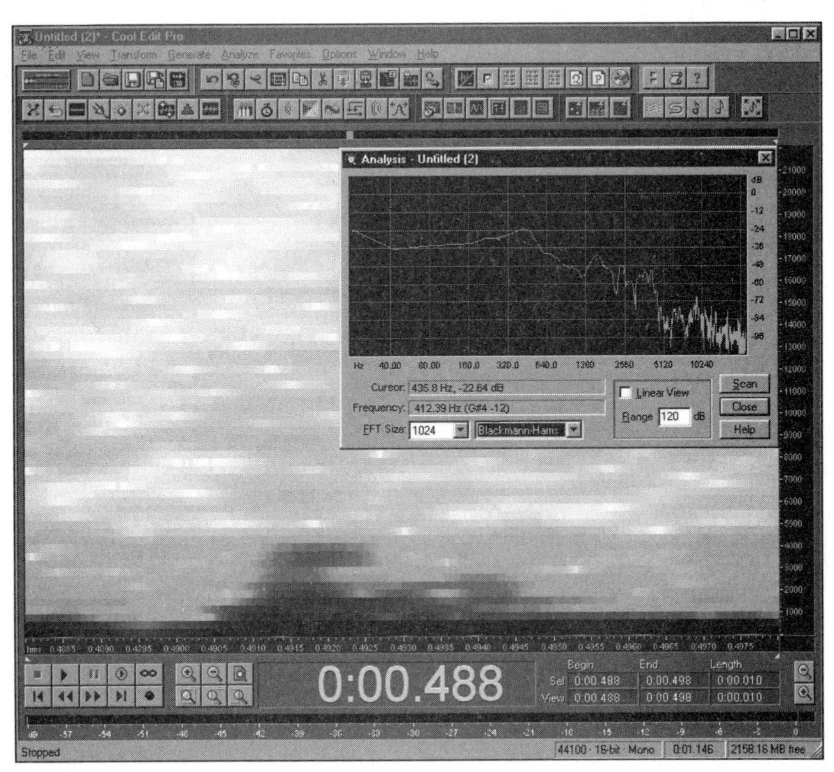

Abb. 1.11: Handelt es sich in diesem 10-Millisekunden-Fenster um das o oder das e?

Sprachmodelle

Mit den reinen Mustervergleichen bei Sprachdaten erhält man eine Trefferquote bis etwa 80 Prozent, ab dieser Stelle werden dann auch linguistische Sprachmodelle eingesetzt, um die Erkennungsleistung weiter zu erhöhen. Diese Verfahren helfen insbesondere bei der Unterscheidung von sogenannten Homonymen, d.h. Wörter, die gleich klingen, jedoch eine unterschiedliche Bedeutung besitzen, wie z.B. „Meer" und „mehr" oder „viel" und „fiel".

Die meisten heutigen Spracherkenner verwenden verkürzte und stark optimierte Hidden-Markov-Modelle, um schon sehr früh im Erkennungsprozeß die Wörter aus dem ihnen bekannten Vokabular zu selektieren, die die größte Wahrscheinlichkeit für das richtige Wort besitzen.

Trigramme

In diesem Stadium können sich noch weit über hundert Wörter in der Liste des wahrscheinlich gesprochenen Wortes befinden. Diese Anzahl wird nun deutlich reduziert, indem die Wahrscheinlichkeit dafür überprüft wird, daß diese Wörter z.B. mit den zwei zuvor erkannten Wörtern zusammen auftreten können. Der Vergleich der Wahrscheinlichkeiten für das Auftreten dreier bestimmter Wörter in einer bestimmten Reihenfolge wird Trigrammtechnik genannt.

Zum Beispiel ist die Wahrscheinlichkeit, daß jemand im Deutschen sagt „Ich wurde Auto" viel geringer als „Ich wurde also". Wenn der Spracherkenner die Wörter „Ich" und „wurde" als die letzten zwei gesprochenen Wörter identifiziert hat und das Wort „Auto" sich noch in der Liste des als nächstes wahrscheinlich gesprochenen Wortes befindet, wird es dadurch aus dieser Liste entfernt bzw. in der Reihenfolge der wahrscheinlichsten Wörter sehr weit unten einsortiert. Bei einem Vokabular von 64.000 Wörtern, damit arbeiten heutige Spracherkenner bereits, gibt es jedoch 64.000^3 mögliche Trigramme. Diese würden ein Speicherplatz verschlingen, den kein heutiger Rechner bietet. Daher werden nur die durch Statistik ermittelten wahrscheinlichsten Trigramme der jeweiligen Sprache benutzt.

Bigramme

Auch mit nur zwei Wörtern werden diese Vergleiche durchgeführt, hierbei handelt es sich dann um Bigramme. Da es jedoch vielmehr Bigramme in einer Sprache gibt als Trigramme, sind Bigramme bei der Entscheidungsfindung des gesprochenen Wortes weniger hilfreich. Diese Wahrscheinlichkeiten können immer genauer ermittelt werden, je mehr Sprachdaten vorhanden sind, mit deren Hilfe der Spracherkenner die Trigrammstatistiken erstellen kann. Aus genau diesem Grunde bieten alle modernen Spracherkennungsprogramme dem Anwender die Möglichkeit, bereits erstellte Texte zu analysieren. Damit wird also nicht nur das Vokabular des Spracherkenners erweitert. Diese Techniken können natürlich auch schon auf Buchstabenebene angewendet werden. In der folgenden Abbildung finden Sie eine Übersicht der häufigsten Buchstabenbigramme und -trigramme der deutschen und englischen Sprache.

Zurück Vor Neu laden Anfang Suchen Guide Drucken Sicherheit Stop

Lesezeichen Adresse: http://www2.ai-lab.fh-furtwangen.de/~dziadzka/Vorlesungen/Kryptographie/bi-und-trigramme.txt

Die haeufigsten Bi- und Trigramme der Deutschen und englischen Sprache nach Fumy

	Dt	Eng	Dt	Eng
1	en	th	ein	the
2	er	he	ich	ing
3	ch	in	nde	and
4	nd	er	die	her
5	ei	an	und	ere
6	de	re	der	ent
7	in	ed	che	tha
8	es	on	end	nth
9	te	es	gen	was
10	ie	st	sch	eth
11	un	en	cht	for
12	ge	at	den	dth
13	st	to	ine	hat
14	ic	nt	nge	she
15	he	ha	nun	ion
16	ne	nd	ung	int

Dokument: Übermittelt

Abb. 1.12: Die häufigsten Bi- und Trigramme

Schließlich sind nur noch etwa 10 bis 20 Wörter in einer Rangliste übrig, die der Sprecher wahrscheinlich gesprochen hat. Diese Wörter werden bei IBM dem Mustervergleich ein weiteres Mal zugeführt, um die Entscheidung für das Wort zu treffen, das das Spracherkennungsprogramm schließlich am Bildschirm darstellt. Die Dragon Software überträgt das erste Wort aus der Liste der wahrscheinlichsten 10 Wörter auf den Bildschirm.

Wie lange braucht der Computer dafür?

Mit den aktuellen Produkten für die Erkennung fließend gesprochener Sprache dauert der auf den letzten acht Seiten extrem gerafft beschriebene Vorgang weniger als eine halbe Sekunde.

Die Probleme und Ungenauigkeiten der Spracherkennung liegen, wie bereits erwähnt wurde, nicht bei der Maschine, sondern bei den Sprechern. Da noch gar nicht bekannt ist, wie wir Menschen überhaupt in der Lage sind, gesprochene Worte unabhängig von Umgebungsgeräuschen, der Stimmlage oder Deutlichkeit (z.B. bei Schnupfen) des Sprechers zu erkennen, sind die bisher geschaffenen Modelle nur sehr unvollständige Nachahmungen von Prozessen, die unser Gehirn quasi nebenher erledigt. Jeder Prozentpunkt mehr, den ein untrainiertes System sprecherunabhängig erkennen kann, bringt die Forscher daher näher an die Lösung des Problems der Spracherkennung durch den Computer.

Kapitel 2: IBM ViaVoice Gold

Dieses Kapitel behandelt das Spracherkennungsprogramm IBM ViaVoice Gold zur kontinuierlichen Spracherkennung. Sie erfahren, welche Voraussetzungen Ihr Computersystem erfüllen muß, bekommen Hinweise zur Installation des Programms und erhalten Hinweise für effizientes Arbeiten und zur Lösung von Problemen. Natürlich können Sie die Hinweise in diesem Kapitel ebenfalls nutzen, wenn Sie mit IBM ViaVoice oder einer anderen Spracherkennungs-Software arbeiten, die IBMs Technologie lizenziert hat, wie z.B. Linguatecs VoiceOffice Professional. IBM wird im Laufe des Jahres 1998 noch eine neue Version namens ViaVoice98 auf den Markt bringen, die in erster Linie die Mängel in der Navigation sowie der Korrektur und des Trainings in Textverarbeitungen beheben soll. Vielleicht wird das Programm dann insgesamt so flüssig zu bedienen sein, wie bisher nur die Lösungen von Dragon Systems.

Systemanforderungen

IBMs Spracherkennungs-Flaggschiff wartet mit Systemanforderungen auf, die von jedem seit 1997 neu gekauften Computer eigentlich problemlos zu erfüllen sind. Im einzelnen benötigen Sie für den Einsatz dieses Spracherkenners folgendes:

1. Als erstes sollten Sie mindestens einen MMX Pentium-Prozessor besitzen, der mit 150 Megahertz getaktet ist. Der notwendige Arbeitsspeicher ist abhängig vom verwendeten Betriebssystem: Wenn Sie Windows 95 benutzen, benötigen Sie 32 MByte RAM. Windows NT 4.0-Benutzer müssen wegen der größeren Ansprüche des Betriebssystems mindestens 48 MByte RAM aufbringen.

2. Bei der Installation von ViaVoice Gold werden ca. 125 MByte von den Programmdateien belegt. Sorgen Sie also für entsprechend viel Platz auf der Festplatte, auf der Sie das Programm installieren wollen.

3. Die von Ihnen eingesetzte Soundkarte sollte eine 16-Bit-SoundBlaster oder zumindest eine dazu kompatible Karte sein. IBM empfiehlt natürlich ebenfalls die hauseigene MWAVE-Soundkarte. Wenn Sie mit einer solchen Karte arbeiten, sollten

Sie die 28.8 Modem-Software für MWAVE mit ViaVoice Gold verwenden, da die 33.6 zu viele Ressourcen verschlingt, um noch Audiofunktionen zuzulassen. Sie können auf der CD-ROM des Buches nachsehen, welche Hardware mit ViaVoice Gold kompatibel ist.

4. Für die Installation der Programmdateien benötigen Sie ein CD-ROM-Laufwerk, welches bereits in Ihrem Computer installiert sein muß.

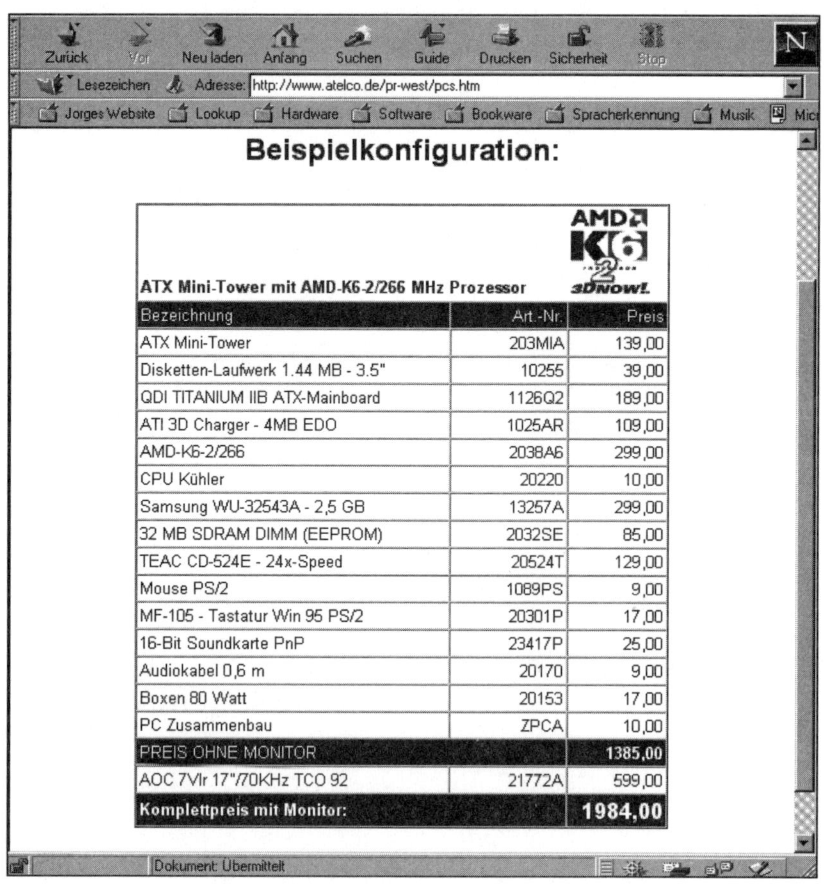

Beispielkonfiguration:

ATX Mini-Tower mit AMD-K6-2/266 MHz Prozessor

Bezeichnung	Art.-Nr.	Preis
ATX Mini-Tower	203MIA	139,00
Disketten-Laufwerk 1.44 MB - 3.5"	10255	39,00
QDI TITANIUM IIB ATX-Mainboard	1126Q2	189,00
ATI 3D Charger - 4MB EDO	1025AR	109,00
AMD-K6-2/266	2038A6	299,00
CPU Kühler	20220	10,00
Samsung WU-32543A - 2,5 GB	13257A	299,00
32 MB SDRAM DIMM (EEPROM)	2032SE	85,00
TEAC CD-524E - 24x-Speed	20524T	129,00
Mouse PS/2	1089PS	9,00
MF-105 - Tastatur Win 95 PS/2	20301P	17,00
16-Bit Soundkarte PnP	23417P	25,00
Audiokabel 0,6 m	20170	9,00
Boxen 80 Watt	20153	17,00
PC Zusammenbau	ZPCA	10,00
PREIS OHNE MONITOR		**1385,00**
AOC 7Vlr 17"/70KHz TCO 92	21772A	599,00
Komplettpreis mit Monitor:		**1984,00**

Abb. 2.1: Mit einem handelsüblichen Komplettrechner für ca. DM 2.000,- erfüllen Sie bereits die Mindestanforderungen für ViaVoice

Die genannten Systemvoraussetzungen sind als untere Grenze für problemfreies Arbeiten zu sehen und gelten wie gesagt bei neueren Computersystemen inzwischen als Standard. Durch hochwertigere Komponenten können Sie jedoch die Leistungsfähigkeit von ViaVoice Gold weiter steigern. Wenn Sie Ihren Rechner noch weiter aufrüsten möchten, sollten Sie die Erweiterungen sinnvollerweise in der folgenden Reihenfolge ins Auge fassen: mehr Arbeitsspeicher, schnellere Festplatte, schnellerer Prozessor, bessere Soundkarte.

Schritte vor der Installation

Bevor Sie ViaVoice Gold installieren, sollten Sie darauf achten, daß folgende Arbeitsschritte erledigt wurden:

1. Ein ständig aktiviertes Virenerkennungsprogramm kann bei der Installation von ViaVoice Gold eventuell Virenalarm auslösen. Deaktivieren Sie es also während des Installationsvorgangs.

Abb. 2.2: Hier wird ein im Hintergrund aktiver Virenscanner abgeschaltet

2. Die geeignete Soundkarte sollte fertig installiert und aktiv sein. Wie Sie Soundkarten installieren, erfahren Sie im Kapitel *Soundkarten und Soundverarbeitung* dieses Buches.

Das mitgelieferte Mikrophon kann bereits vor der Installation angeschlossen werden. Ob Sie dabei die richtige Buchse gewählt haben, wird während der Konfiguration der Audioeinstellungen überprüft. Der Anschluß des Mikrophons kann allerdings auch nach der Installation vorgenommen werden.

Für einen reibungslosen Ablauf während der Installation von Via-Voice Gold sollten Sie folgende Installationsschritte durchführen:

1. Starten Sie die Windows- bzw. Windows NT-Oberfläche, und speichern Sie wichtige Informationen bzw. beenden Sie laufende Programme.

2. Legen Sie nun die CD-ROM ins CD-Laufwerk ein. Wenn Sie *AutoRun* aktiviert haben, wird der Installationsvorgang automatisch gestartet. Dabei begleitet Sie der ViaVoice Gold Setup-Assistent durch die verschiedenen Arbeitsschritte der Installation.

Sollte das Installationsprogramm nicht automatisch gestartet werden, gehen Sie folgendermaßen vor:

1. Legen Sie die CD-ROM ins Laufwerk ein. Nun klicken Sie mit der Maus in der Windows- oder Windows NT-Oberfläche im *Start*-Menü der Task-Leiste auf *Ausführen*.

2. Geben Sie im Eingabefeld *D:\SETUP* ein. Der Buchstabe D bezeichnet das CD-ROM-Laufwerk - sollte es bei Ihnen anders bezeichnet sein, geben Sie den entsprechenden Laufwerksnamen ein, und drücken Sie [↵].

Nun kann die eigentliche Installation beginnen!

Abb. 2.3: Mit diesem Bildschirm werden Sie vom Installationsassistenten von ViaVoice Gold begrüßt

Die Installation

Während Sie den Begrüßungsbildschirm von ViaVoice Gold sehen, wird der Installationsassistent geladen, der Sie durch die weitere Installation begleitet.

1. Im ersten Fenster wählen Sie die Sprache aus, in der die weitere Installation ablaufen soll. Nach ihrer Auswahl setzen Sie die Installation mit einem Klick auf die Schaltfläche *Weiter* fort.

2. Jetzt wird Ihnen der Software-Lizenzvertrag angezeigt, den Sie sich durchlesen können und mit einem Klick auf die Schaltfläche *Ja* akzeptieren.

3. Das folgende Fenster kündigt die eigentliche Programminstallation an und kann über die Schaltfläche *Weiter* verlassen werden.

4. Jetzt können Sie Ihren Benutzernamen eingeben, der im allgemeinen durch den Namen des aktuellen Windows-Benutzers vorgegeben ist.

5. Nach einem Klick auf *Weiter* werden Sie gefragt, in welches Zielverzeichnis ViaVoice Gold installiert werden soll. Mit der Schaltfläche *Weiter* übernehmen Sie das voreingestellte Verzeichnis.

6. Als nächstes wird der Name der Programmgruppe festgelegt, in der ViaVoice die Symbole und Verknüpfungen zum Start der einzelnen Programmbestandteile anlegt.

7. Im folgenden Fenster können Sie die ViaVoice eigenen Schaltflächen zum Diktieren in Microsoft Word installieren lassen. Dazu muß in dem Feld neben *Ja, Schaltflächen zum direkten Diktieren installieren* ein Häkchen vorhanden sein.

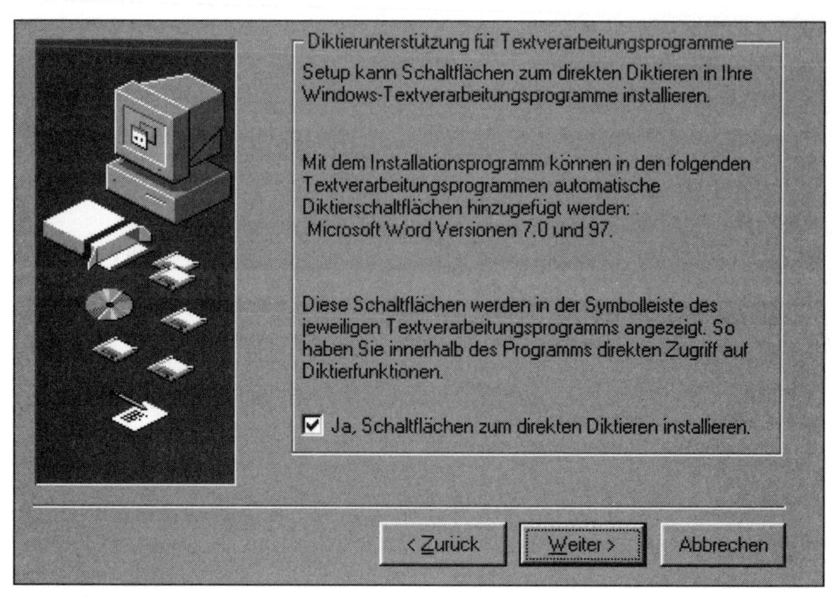

Abb. 2.4: An dieser Stelle integrieren Sie die Spracherkennung in Microsoft Word

8. Zu guter Letzt erhalten Sie eine Übersicht über sämtliche von Ihnen getroffenen Installationseinstellungen. Wenn Sie daran noch Änderungen vornehmen möchten, so können Sie das mit Hilfe der *Zurück*-Schaltfläche tun. Ansonsten beginnt. der Setup-Assistent nach einem Klick auf *Weiter* mit dem Kopieren der Dateien auf Ihre Festplatte.

9. Nach Abschluß dieses Kopiervorgangs startet automatisch die Registrierungs-Software für IBM ViaVoice Gold. Wenn Sie also in Zukunft an Werbematerial von IBM interessiert sein sollten, füllen Sie den Fragebogen aus und senden ihn IBM zu. Ansonsten können Sie diesen Assistenten mit Hilfe der *Abbruch*-Schaltfläche beenden.

10. Jetzt wird der Benutzerassistent gestartet, mit dessen Hilfe IBM ViaVoice Gold ein Benutzerprofil für Sie anlegt, unter dem in Zukunft Ihre Sprachdaten verwaltet werden.

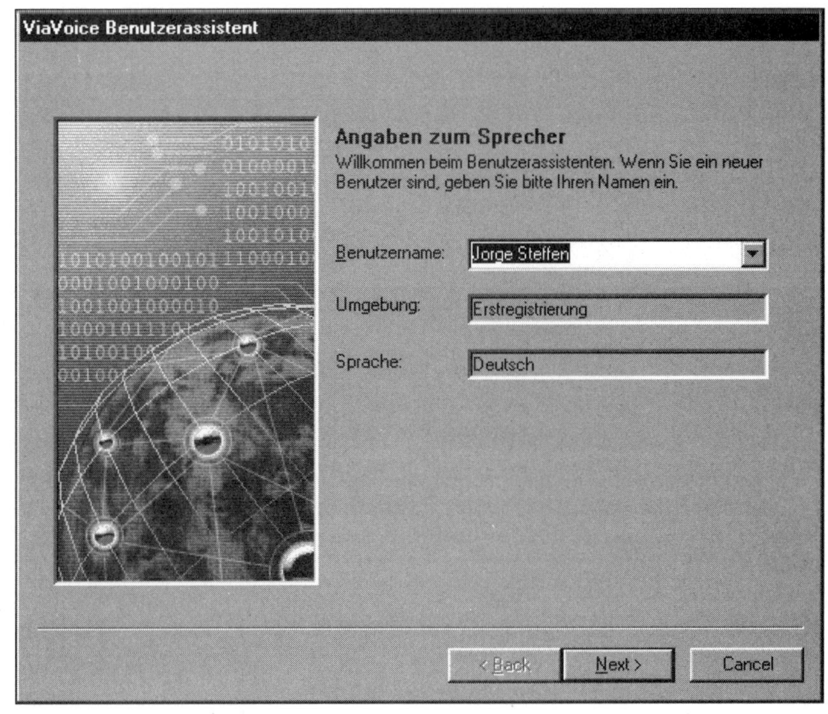

Abb. 2.5: Mit dem Benutzerassistenten treffen Sie die Vorbereitungen für Ihren Start in die Welt der Spracherkennung

Der Benutzerassistent

Der Benutzerassistent ist ein Hilfsprogramm, das die Erkennungsgenauigkeit von ViaVoice Gold bei Verwendung ohne Sprachmusterregistrierung verbessert. Er begleitet Sie ebenfalls mit Instruktionen und Hinweisen durch den weiteren Vorgang. Sein Ablauf ist folgendermaßen aufgebaut:

1. Der von Ihnen eingegebene Benutzername muß noch einmal bestätigt werden.

2. Mit dem installierten Mikrophon und den Lautsprechern werden Audiotests durchgeführt.

3. Im Anschluß an die Audiotests können Sie eine kurze Diktierübung in kontinuierlicher Sprechweise absolvieren. Sie können die in der Diktierübung angezeigten roten Sätze also mit

normaler Geschwindigkeit und ohne Pausen zwischen den Wörtern nachsprechen.

Der gesamte Installationsvorgang gilt erst dann als beendet, wenn die Schritte 1 bis 3 fehlerfrei durchgeführt worden sind.

Nun sollten Sie eine persönliche Sprachmusterregistrierung erstellen oder den Benutzerassistenten an dieser Stelle wieder verlassen.

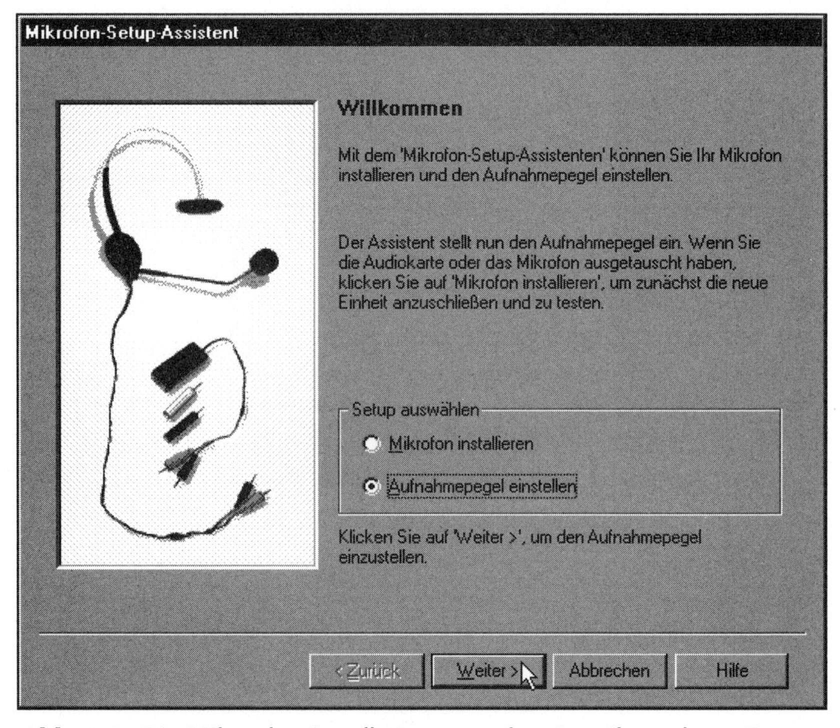

Abb. 2.6: Die Mikrophoninstallation sorgt für ein reibungsloses Zusammenspiel von Mikrophon, Soundkarte und Spracherkenner

Die Mikrophoninstallation

Für eine optimale Erkennungsleistung sollten Sie das Programm zur Mikrophoninstallation aufrufen. Es befindet sich im IBM ViaVoice Gold Programmordner im Unterordner *Hilfsprogramme*. Es hilft Ihnen, Ihre ViaVoice Gold Mikrophongarnitur mit Ihrem Rechner zu verbinden sowie Ihre Audioeinstellungen zu konfigurieren und führt somit folgende Aufgaben durch:

1. Das Audiosystem Ihres Computers wird identifiziert, und die Funktionsfähigkeit von Audiosystem und Mikrophon werden getestet.
2. Sie erhalten Hilfestellung beim Anschluß des Mikrophons, und die eventuell notwendigen Adapter werden erläutert.
3. Sie erhalten Anweisungen zur Ausrichtung des Mikrophons.
4. Der Mikrophon-Lautstärkepegel wird angepaßt.
5. Anschließend findet noch ein kurzer Test der Spracherkennungsfunktion statt.

Es empfiehlt sich, die Mikrophoninstallation mit Sorgfalt durchzuführen, da das Mikrophon in Zukunft die wichtigste Schnittstelle zwischen Ihnen und dem Computer darstellt.

Wann ist die Mikrophoninstallation angebracht?

Grundsätzlich sollten Sie die Mikrophoninstallation immer in folgenden Fällen durchführen:

1. Vor der ersten Diktiersitzung
2. Wenn die Erkennungsgenauigkeit sich verschlechtert hat
3. Wenn Sie eine neue Soundkarte in Ihren Computer eingebaut haben
4. Wenn Sie ein neues Mikrophon verwenden
5. Wenn Sie den Benutzer wechseln

Die Mikrophoninstallation ist für ViaVoice Gold der wichtigste Vorgang, um die Arbeit mit dem Programm so effizient wie möglich zu gestalten. Nur mit den richtigen Audioeinstellungen und der korrekten Mikrophoninstallation können Sie die höchstmögliche Erkennungsgenauigkeit erwarten.

Das Mikrophon

Wenn Sie bereits ein Mikrophon besitzen oder in Ihrem Computer bereits eins eingebaut ist, das Sie für die Spracherkennung verwenden möchten, sollten Sie insbesondere darauf achten, daß dieses Mikrophon über die Fähigkeit verfügt, Rauschen herauszufiltern. Je besser diese Rauschunterdrückungsfunktion des Mikrophons funktioniert, um so besser ist auch das Sprachsignal, das der Spracherkenner letztendlich von Ihnen erhält. Wenn Sie das mit ViaVoice mitgelieferte Mikrophon verwenden, so arbeiten Sie mit einem speziell für die Spracherkennung entwickelten Gerät.

Sollten Sie einen Monitor besitzen, der Ihnen einen Mikrophoneingang zur Verfügung stellt, benutzen Sie diesen Eingang lieber nicht. Stecken Sie das Mikrophon statt dessen direkt in den Eingang Ihrer Soundkarte, um zu vermeiden, daß die Störstrahlung des Monitors Ihre Sprachqualität beeinflußt.

Ausrichtung des Mikrophons

Durch optimale Positionierung des Mikrophons können Sie deutlich bessere Ergebnisse der Erkennungsleistung erzielen. Schon geringfügige Positionsänderungen können sich auf die Sprachqualität auswirken.

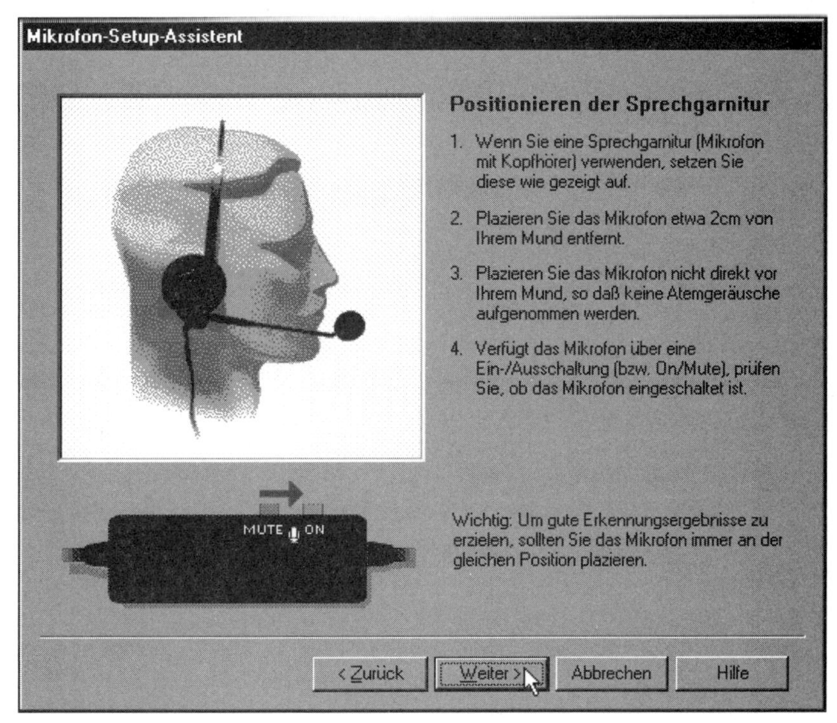

Abb. 2.7: Die Ausrichtung des Mikrophons wirkt sich direkt auf die Spracherkennungsleistung aus

Beachten Sie zur optimalen Ausrichtung Ihres Mikrophons unbedingt die folgenden Hinweise:

1. Drücken Sie den geräuschhemmenden Schaumstoff, der das Mikrophon umhüllt, leicht zusammen, bis Sie die flachen Seiten des Mikrophonkopfes fühlen. Dabei sollte - falls vorhanden - der kleine farbige Punkt in Richtung Ihres Mundes gerichtet sein.

2. Das Mikrophon richten Sie leicht seitlich an Ihrem Mundwinkel aus, da ansonsten Atemgeräusche aufgenommen werden können. Es sollte Ihre Lippen nicht berühren - der optimale Abstand beträgt ca. eine Fingerbreite.

3. Versuchen Sie außerdem, die eingestellte Mikrophonposition auch bei späteren Sitzungen beizubehalten, damit ViaVoice Gold nicht durch unterschiedliche Sprachqualitäten irritiert wird.

Batterieadapter

Manche Soundkarten können das Mikrophon nicht mit Strom speisen. In diesem Fall müssen Sie zwischen Mikrophon und Soundkarte einen Adapter zwischenschalten, der die Stromversorgung übernimmt. ViaVoice Gold beschreibt Ihnen die Vorgehensweise für diesen Fall im Mikrophon-Setup-Assistenten.

Aufrufen können Sie den Mikrophon-Setup-Assistenten per Maus durch Anwählen der Menüs *Start* (in der Task-Leiste) > *Programme* > *IBM ViaVoice - Deutsch* > *Hilfsprogramme* > *Mikrophon-installation* > *Weiter*.

Für einige Notebooks vom Typ IBM ThinkPad ist seit Anfang 1998 ebenfalls ein externer Adapter erhältlich, um das Mikrophon mit Strom zu versorgen. Auf diese Weise können Sie jetzt auch mit diesen Geräten unterwegs die Spracherkennung benutzen.

Wenn Sie Ihr Mikrophon mit Hilfe des Batterieadapters betreiben müssen, sollten Sie darauf achten, daß das Mikrophon auch dann Strom durch den Adapter erhält, wenn es ausgeschaltet ist. Um die Lebensdauer der Batterien zu verlängern, sollten Sie das Mikrophon von dem Batterieadapter trennen, wenn Sie es nicht benutzen. Bei täglicher Benutzung von ViaVoice Gold hält ein Batteriesatz etwa sechs Wochen.

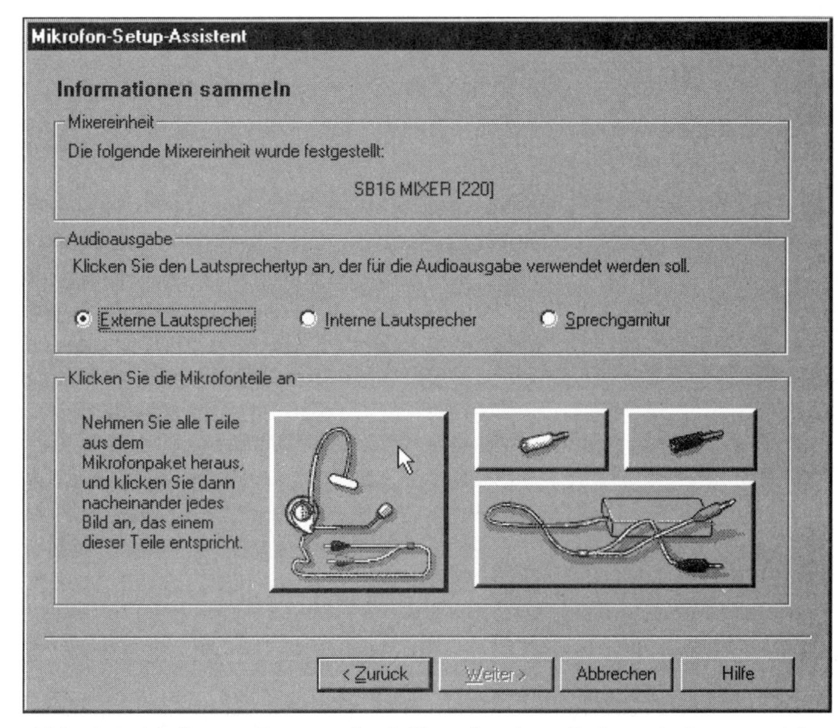

Abb. 2.8: In diesem Fenster des Mikrophoninstallations-Assistenten können Sie rechts unten das Aussehen eines typischen Batterieadapters sehen

Qualität der Soundkarte

Mitunter kann eine schlechte Qualität der Soundkarte die Erkennungssicherheit deutlich beeinträchtigen. Auswirkungen mangelhafter Soundkarten entstehen in Form eines erhöhten Rauschpegels des Eingangssignals in der Schnittstelle von ViaVoice Gold. Dieses Rauschen beeinflußt das Sprachsignal und dadurch die Arbeitsgenauigkeit. Folgende Punkte können Ihnen helfen, Probleme mit der Soundkarte zu beheben:

1. Probleme können durch die Inkompatibilität einiger Soundkarten mit Standard-Mikrophonen entstehen. Wählen Sie deshalb beim eventuellen Neukauf eine der Soundkarten aus, die von IBM empfohlen werden. Eine Übersicht über diese Hardware finden Sie auf der dem Buch beigelegten CD-ROM.

2. Stellen Sie sicher, daß - sofern Ihre Soundkarte diese Funktionen bietet - die Wavetable und Spezialeffekte wie 3D-Sound oder Reverb nicht aktiviert sind. Weitere Hinweise zu Soundkarteneinstellungen erhalten Sie im Kapitel *Soundkarten und Soundverarbeitung*.

3. Bei Verwendung der SoundBlaster 16 müssen Sie darauf achten, die automatische Eingangsaussteuerung (auch Automatic Gain Control (AGC) oder Mikrophon-Verstärkersteuerung genannt) auszuschalten. Sie sorgt nämlich dafür, daß alle eingehenden Signale möglichst gleich laut aufgezeichnet werden, was den Spracherkenner deutlich stört.

Abb. 2.9: Über den Creative Mixer können Sie die Mikrophon-Verstärkersteuerung abschalten

4. In jedem Fall sollten Sie darauf achten, die aktuellsten Treiber für Ihre Soundkarte zu verwenden, um Probleme bei der Mikrophoninstallation und der Arbeit mit ViaVoice Gold zu vermeiden.

Sprechweise und Akustik

Sprechen Sie die gewünschten Sätze mit normaler Lautstärke und in Ihrem gewohnten Redefluß. Sie brauchen dabei keine Pausen zwischen den Wörtern zu machen. Die gesprochenen Sätze müssen nicht übertrieben deutlich ausgesprochen werden, achten Sie auf eine neutrale Sprechweise - darunter fällt auch die Vermeidung von genervten Kommentaren, wenn wieder einmal ein Wort nicht korrekt umgesetzt wurde.

Da ViaVoice Gold auch versucht, Nebengeräusche zu interpretieren, sollten Sie dafür sorgen, den Geräuschpegel an Ihrem Arbeitsplatz gering zu halten, um die Programmleistung zu verbessern. Durch wiederholtes Durchlaufen der Mikrophonkonfiguration kann eine Veränderung der umgebenden Geräuschkulisse adaptiert werden.

Die Sprachmusterregistrierung

Zur Verbesserung der Spracherkennung sollten Sie sich die Zeit für das Registrierungsprogramm nehmen. Mit der Registrierung lernt ViaVoice Gold Ihre Stimme kennen, so daß die von Ihnen diktierten Texte später mit größerer Genauigkeit erkannt werden können. Es gibt zwei Stufen der Registrierung: Bei der ersten Registrierung müssen Sie mindestens 104 Sätze laut vorlesen, bevor eine Anpassung an Ihr Sprachmuster erfolgen kann. In der zweiten Stufe der Registrierung müssen Sie den Rest der 256 Sätze laut vorlesen, um ViaVoice Gold vollständig auf Ihre Stimme einzustellen.

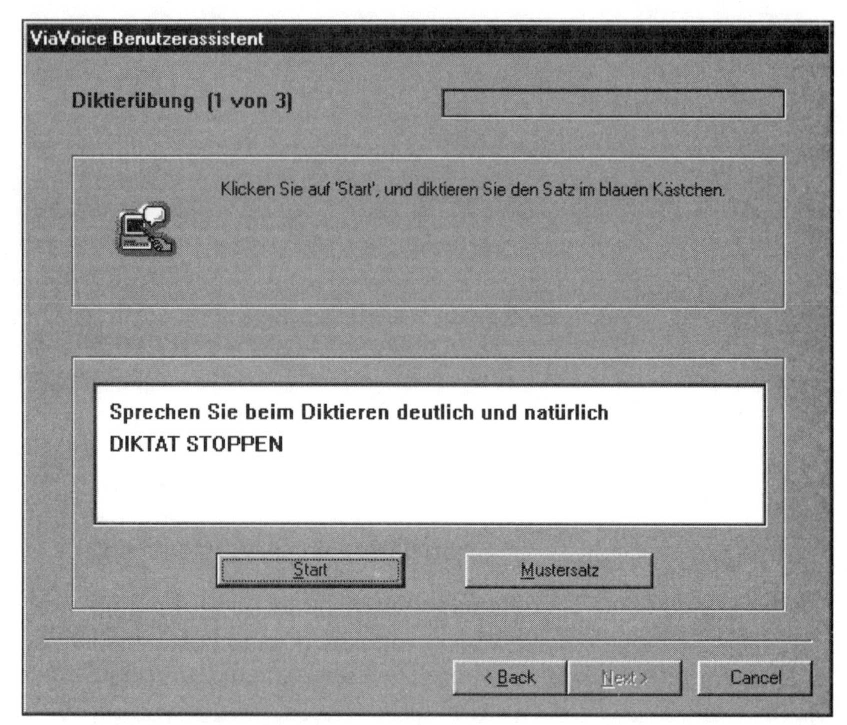

Abb. 2.10: Bei der Sprachmusterregistrierung machen Sie ViaVoice mit Ihrer Stimme bekannt

Bei der anschließenden Analyse Ihrer Sprachgewohnheiten sollten Sie den Computer nicht anderweitig verwenden, da dieser Vorgang die gesamte Rechenleistung in Anspruch nimmt.

Wenn Sie keinen ausgeprägten Akzent besitzen und auch nicht an einer Sprechstörung leiden, kann die kurze erste Registrierung von 104 Sätzen bereits ausreichen, um mit dem Programm arbeiten zu können. Wenn Sie die Software jedoch ernsthaft und intensiv nutzen wollen, sollten Sie von vornherein gründlich vorgehen und die vollständige Registrierung durchführen, was ca. eine halbe Stunde in Anspruch nimmt.

Sie finden das Registrierungsprogramm unter IBM ViaVoice - Deutsch > Hilfsprogramme > Sprachmusterregistrierung *in Ihrer Task-Leiste.*

Probleme bei der Sprachmusterregistrierung

Wenn Sie die Sprachmusterregistrierung nicht problemlos durchführen können, weil Sie z.B. ein starken Akzent haben und häufig rote Wörter angezeigt bekommen, während Sie die Registrierung lesen, sollten Sie die Erkennungsempfindlichkeit wie folgt reduzieren:

1. Klicken Sie im Registrierungsfenster auf *Optionen*.
2. Schieben Sie den Regler für die Übereinstimmung zwischen Aussprache und Klangmuster etwa drei bis fünf Einheiten nach links, indem Sie auf den Pfeil *Annähernd* klicken.
3. Bestätigen Sie die Anpassungen mit einem Klick auf die *OK*-Schaltfläche und einem weiteren Klick auf die Schaltfläche *Ja*.

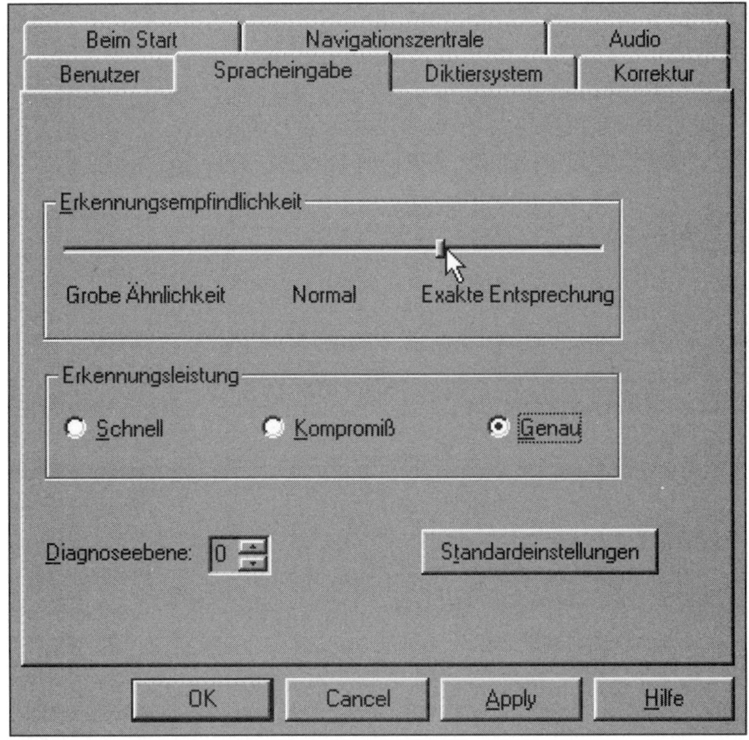

Abb. 2.11: An dieser Stelle können Sie die Probleme bei der Sprachmusterregistrierung beheben

Diese Einstellungen verändern nur die Akzeptanz der Aussprache für die Sprachmusterregistrierung und für Wörter, die im Befehlsmodus verwendet werden. Die Erkennungsleistung während des Diktierens wird dadurch nicht beeinflußt.

Sogar nachdem Sie Ihre Sprachmusterregistrierung durchgeführt haben, können Sie Ihr persönliches Sprachmodell aktualisieren, und somit die Spracherkennung verbessern, indem Sie Ihre diktierten Texte gründlich korrigieren. Jedesmal, wenn Sie die Fehlerkorrektur verwenden, um Erkennungsfehler zu korrigieren, lernt IBM ViaVoice Gold den Gebrauch des korrigierten Wortes in bezug auf Ihre Sprachgewohnheiten und weist diesem Wort dann eine höhere Erkennungswahrscheinlichkeit zu, wenn es beim nächsten Mal gesprochen wird.

Die Diktierfunktion

Haben Sie die Hürden der Installation und Konfiguration überwunden, so können Sie nun mit dem ersten Diktat beginnen. Benutzen Sie dafür den *IBM SpeakPad*, den Sie in der Task-Leiste unter *IBM ViaVoice - Deutsch* finden. Dieses Fenster ähnelt in Aufbau und Funktion dem der gängigen Textverarbeitungsprogramme wie z.B. Microsoft WordPad.

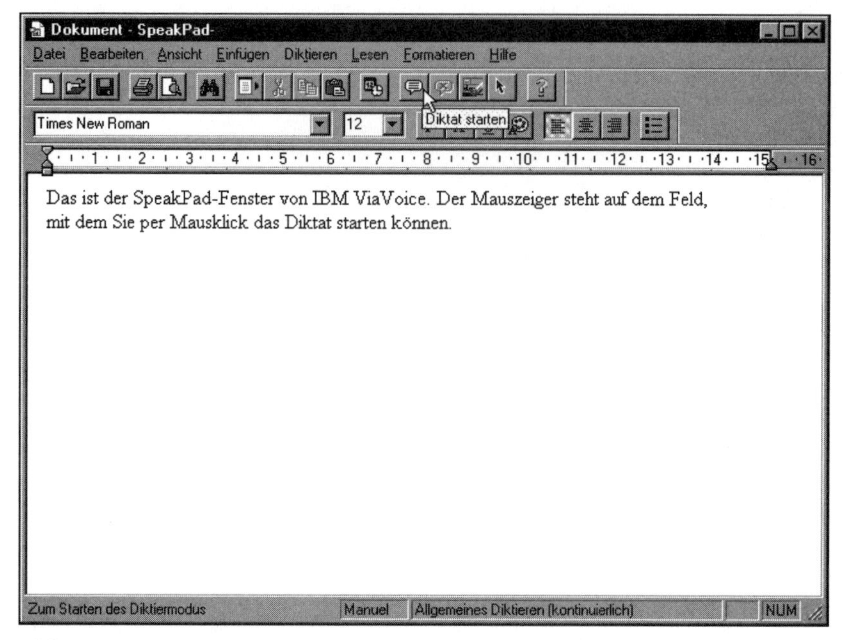

Abb. 2.12: Spracherkennungsprogramme ähneln meist Textverarbeitungsprogrammen

Im Gegensatz zu früheren Spracherkennungsprogrammen erlauben Ihnen die ViaVoice-Produkte das Diktieren in kontinuierlicher Sprache. Bei der VoiceType-Reihe müssen Sie die isolierte Sprechweise benutzen, also alles mit kleinen Pausen zwischen den einzelnen Wörtern diktieren. Kontinuierliche Sprache erlaubt Ihnen, ohne Pausen zwischen den Wörtern zu sprechen. Sie sollten jedoch nicht zu schnell sprechen und jedes Wort deutlich aussprechen. Es ist außerdem wichtig, daß Sie die Wörter nicht zusammenziehen.

Diktat starten

Den Diktiervorgang können Sie mit der Maus einmal durch Anklicken des entsprechenden Symbols in der Funktionsleiste oder durch Aufrufen der Befehle *Diktieren* und *Diktat starten* in der Menüleiste aktivieren.

ViaVoice Gold reagiert auf die Eingabe mit der akustischen Meldung *Diktat starten*.

Diktat stoppen

Das Diktat kann per Mausklick auf das Diktiersymbol oder durch Anwählen des Befehls *Diktat stoppen* im Menüpunkt *Diktieren* angehalten werden.

Außerdem erkennt ViaVoice Gold diesen Befehl ebenfalls, wenn Sie *Diktat stoppen* ins Mikrophon sprechen.

Auch hier meldet sich ViaVoice Gold mit der Bestätigung *Diktat gestoppt*.

Texte vorlesen lassen

Sie haben die Möglichkeit, das Diktat zur Überprüfung der eingegebenen Worte durch ViaVoice Outloud wiedergeben zu lassen.

1. Dazu klicken Sie bei gestartetem SpeakPad mit der Maus auf die Schaltfläche *Lesen* und dann auf *Lesen starten*.

2. Um anstelle des gesamten Dokuments nur Teile eines Textes vorlesen zu lassen, markieren Sie den betreffenden Teil mit der Maus und wählen dann *Lesen starten*.

3. Um andere Texte, die nicht im SpeakPad vorliegen, vorlesen zu lassen, müssen Sie die Navigationszentrale gestartet haben. Mit dem daraufhin immer sprechbaren Befehl *Vorlesen* können Sie sich nun aus jedem beliebigen Fenster Text vorlesen lassen.

Diktate in andere Programme übertragen

Nachdem Sie eine Diktiersitzung in SpeakPad beendet und eventuelle Fehler korrigiert haben, können Sie den erkannten Text in jede Anwendung übertragen, die Texteingaben akzeptiert (z.B. ein anderes Textverarbeitungsprogramm). Klicken Sie mit der linken Maustaste auf das Übertragungssymbol in der Symbolleiste, wodurch der Text automatisch in die zuletzt benutzte Anwendung übertragen wird, oder klicken und ziehen Sie Ihren Mauszeiger auf das offene Anwendungsfenster, in das Sie den diktierten Text übertragen wollen. Da die Formatierung des Dokuments in SpeakPad in der Zielanwendung meistens nicht erhalten bleibt, sollten Sie den Text erst zum Schluß formatieren.

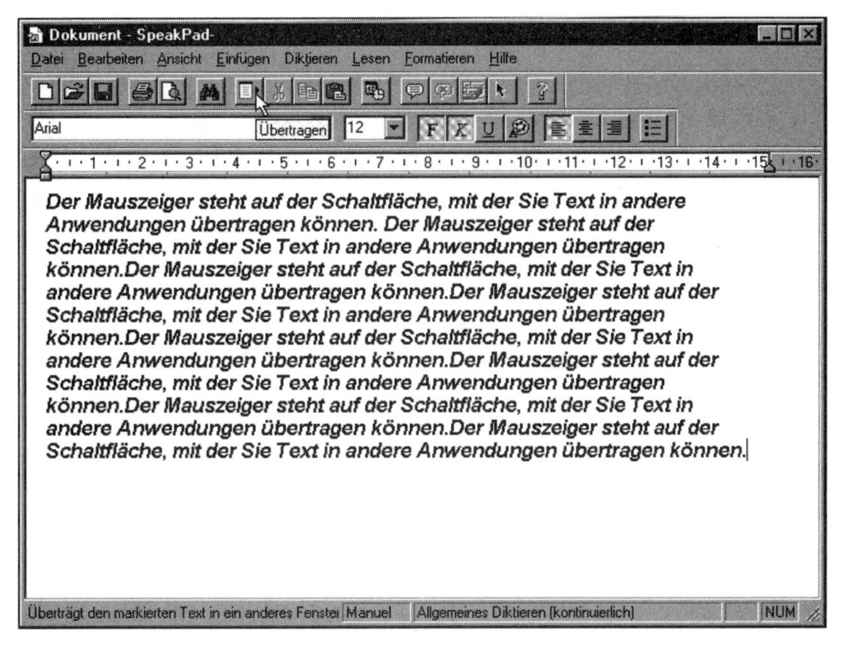

Abb. 2.13: Mit Hilfe dieser Schaltfläche werden erkannte Texte in andere Programme übertragen

Die Vokabularerweiterung

Mit Hilfe des Programms zur Vokabularerweiterung können Sie bereits beschriebene Texte verschiedener Formate durch ViaVoice Gold analysieren lassen und dem persönlichen Vokabular neue Wörter hinzufügen. Außerdem lernt der Spracherkenner so Ihre persönliche Art und Weise zu sprechen besser kennen und kann Ihr Sprachmodell über den Dialog *Worte im Kontext* aktualisieren. Damit stellt es nach der Sprachmusterregistrierung das wertvollste Werkzeug dar, um gerade in der Anfangszeit möglichst schnell die Effizienz des Spracherkenners zu erhöhen.

Textanalyse

Mit dem Olympus D1000 läßt sich direkt in Dateien, auch wenn das kleine Gerät - kaum handygroß (121 x 46 x 23 mm) - keine Texte, sondern Klänge speichert. Die eigentliche Umwandlung der Sprache in Text, übliches Ziel aufgezeichneter Diktate, bleibt Domäne des Computer. Seit letzem Jahr beherrscht der PC in neuer Standardausstattung (166er Pentium mit besser mehr als 32 MByte) diese Anwendung. Doch da längst nicht immer ein spracherkennender Rechner nahe ist, wenn es zu diktieren gilt, halten Diktiergeräte die Dstellung und der allzeit mitteilungsfreudige Zeitgenosse sich einen Rekorder im Miniaturformat beinahe unbemerkt unter die Nase, um dann Wort für Wort aufzunehmen. Doch ob Mini- oder Mikrokassette, was da gesprochen wird, kommt analog zu Band, gut geeignet für professionelles Equipment mit Fußschalter und Indexsuchlauf um von geübten Schreibkräften rasch zu Papier oder zu Datei gebracht zu werden.IIDaß die digitale Speicherung von Sprache durchaus ihre Vorteile hat, beweist Olympus mit ihrem auf der CeBIT vielgerühmten und preisgekrönten D1000, das ganz ohne Kassette, dafür mit Speichereinheit auskommt und ansonsten ausschaut wie ein richtiges Diktiergerät. Fünf Tasten für Record, Stopp, Play und schnellen Vor- und Rücklauf einen Indizierknopf und die obligatorische Leuchtdiode für Aufnahme, Miniklinkenein- und ausgänge für den Anschluß von externem Mikro und Ohrhörer und selbst das quadratische Display, in dem LCD-digital Position, Zeit und Status erscheinen, ist durchaus auch üblich in hochpreisigen Geräten traditioneller Bauart.IIDes Geräts Gestalt weicht nicht so weit vom Standard ab, daß nicht insgeheim ein kleines Band mit Wickel- oder Capstan-Antrieb in ihm laufen könnte. Doch gefehlt: Intels Minature Card nimmt hier die Daten auf, direkt als Datei, automatisch vierstellig durchnumeriert und vorweg benannt mit vier Buchstaben, mit denen der Besitzer des Olympus D1000 sein Gerät personifiziert. Hinter den traditionellen acht Stellen trägt der Dateiname als Endung DSS. Der gemeinsamen Standard Digital Speech Standard (DSS) von Olympus, Philips und Grundig sorgt für Kompatibilität der Systeme und hohe Kompressionraten, die je nach Inhalt um mehr als den Faktor 10 kleiner als das gängige Wave-Format sind. So passen dann auf eine 2 MByte MiniatureCard (DM 120,-, alle Preise inkl. MwSt.) rund eine Viertelstunde gesprochenen Textes und etwas mehr als eine halbe Stunde auf die auf doppelt so teure 4 MByte Miniatur-Karte. Wer sich mit der verminderten Qualität der "Longtime-Aufnahme" zufrieden gibt, kann gar die Aufnahmekapazität mehr als verdoppeln.IIDie Speicherkarten lassen sich nicht nur einfach hinten ins 170 Gramm leichte Diktiergerät einlegen, sondern mit Olympus eigener DSS-Player-Software auch vom PC aus nutzen. Voraussetzung ist, daß der Rechner Zugriff auf Intels MiniatureCards hat, um die gespeicherten Dateien zu lesen. Hierfür bietet Olympus als optionales Zubehör ein Desktop-PC-Kit, mit dem sich die Speicherkarten über die parallele Schnittstelle des Desktop-Rechners auslesen und beschreiben lassen. Das externe PC-Equipment kostet DM 449,-, ein stolzer Preis gemessen am eigentlichen Diktiergerät. Es ist im D1000 Standard Package mit 2MByte-Card, Tasche und Batterien (zwei AA-Mignonzellen und eine Lithium Knopfzelle), doch ohne Software und Kabel, schon für DM 599,- zu haben ist, also billiger als Olympus analoger Spitzenreiter (L400 GP für DM 648,-).IIWas die Verbindung von Sprache und Rechner betrifft kommt der D1000-Besitzer eines Notebooks billiger weg, der die MiniatureCard in einen PCMCIA-Adapter klickt und als PC-Card ins Rechengerät schiebt. Doch auch das Laptop-Kit muß noch immer mit DM 149,- bezahlt werden, bevor der Besitzer mit Windows Explorer auf seine in DSS-Dateien konservierte wörtliche Rede zugreifen kann, wie er es beispielsweise von Textdateien gewöhnt ist. Allerdings zeigt sich der Inhalt seiner DSS-Dokumente nicht in Schriftform, sondern mehr oder minder klangvoll, je nach Audioausstattung seines Rechners. Die DSS-Dateien mit den Diktaten lassen anhören, archivieren, im Wave-Format speichern, per Email übertragen und selbstverständlich auch abtippen.IIDer Bruch im System, bei dem das bereits digitale Material wieder analog zu Ohr und manuell in den Rechner gebracht wird, ist allerdings nicht nötig, wenn sich der Olympionike statt für das Standard-Package für die DM 799,- teure Version mit D1000 ViaVoice Transcription entschieden hat. Hierbei ergänzt Olympus die Standardausstattung des digitalen Rekorders um eine spezielle Version von IBMs Spracherkennungssoftware, dem hauseigenen DSS-Player 2.0 und einem Verbindungskabel, das allerdings nur der analogen Übertragung der aufgezeichneten Sprache zum PC dient. Zwar lassen sich Diktate problemlos über die dünne Leitung transferieren, doch sie kommen dann auf Rechners Seite nicht als Datei sondern als Klang an, so daß diese Übertragungsart rein logisch für die Sendung gespeicherter Rede nicht adäquat erscheint. Schließlich beinhaltet dieser Weg den dauernden Ebenenwechsel - von analoger Sprache zu digitalem Rekorderspeicher zu analoger Übergabe zu digitaler PC-

Analysiert den Text auf noch nicht aufgenommene Wörter | Jorge Steffen | Allgemeines Diktieren (kontinuierlich) | NUM

Abb. 2.14: So bringen Sie ViaVoice am schnellsten Ihr Vokabular bei

1. Starten Sie die Vokabularerweiterung über den Menübefehl *Start > Programme > IBM ViaVoice Gold - Deutsch > Hilfsprogramme > Vokabularerweiterung*.

2. Um Ihre Texte zu analysieren, können Sie eine bereits vorhandene Datei öffnen, Text aus der Zwischenablage in das Vokabularerweiterungsprogramm einfügen oder im Vokabularerweiterungsprogramm selbst Text erfassen.

3. Danach rufen Sie über den Menüpunkt *Analysieren* die Option *Textanalyse* auf, um die Vokabularerweiterung zu beginnen.

Der Vokabular-Manager

Mit dem Vokabular-Manager bearbeiten Sie Ihre persönliche Wörterliste. Sie können sich die Wörter anzeigen lassen, die Sie Ihrer persönlichen Wörterliste hinzugefügt haben, und Korrekturen vornehmen, wenn Sie falsch geschriebene Wörter hinzugefügt haben. Außerdem haben Sie auch die Möglichkeit, Worte zu löschen, wie z.B. Eigennamen, von denen Sie wissen, daß Sie sie nie verwenden, und neue wie vorhandene Wörter erneut zu trainieren, falls sich die Erkennungsleistung verschlechtert hat.

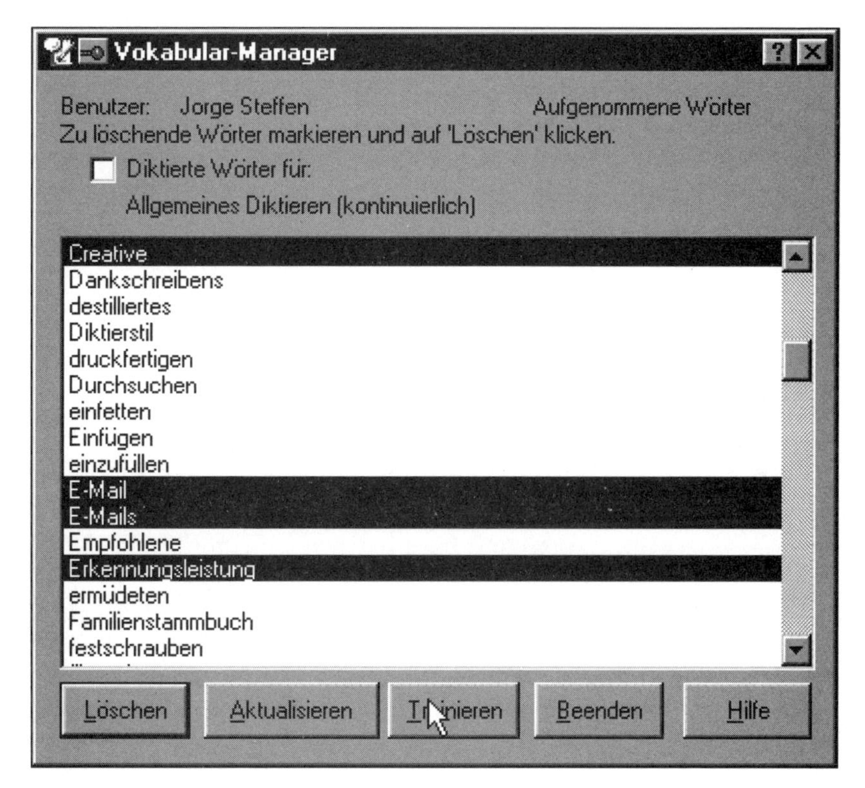

Abb. 2.15: Mit dem Vokabular-Manager bearbeiten Sie direkt die Wissensbasis von ViaVoice

Navigation in Windows durch ViaVoice Gold

Unter Windows haben Sie sicherlich schon einmal Fenster und Programme der Arbeitsoberfläche durch Maus- oder Tastaturbefehle bearbeitet und gesteuert. Diese Funktionen können nun über ViaVoice Gold weitgehend durch Ihre Sprache bestimmt werden.

Sie haben die Möglichkeit, im Desktop folgende Operationen zu erledigen:

1. Programme öffnen, aktivieren und schließen
2. Programmfenster bearbeiten und steuern
3. Schaltflächen und Optionen auswählen, ebenso Menüpunkte und Text
4. Möglichkeit der Cursor-Steuerung und der Textbearbeitung
5. Aufruf der Online-Hilfe

Navigationszentrale

Die Navigationszentrale ist das Programm zur Steuerung des Desktops anhand gesprochener Befehle. Sie bietet Zugriff auf Progamme und Informationen, die zur Navigation wichtig erscheinen.

Sie erhalten in der Navigationszentrale Informationen zum Mikrophonstatus, können bestimmte Audioeinstellungen ändern, sich die Liste der sprechbaren Befehle anzeigen lassen und Hilfetexte oder SpeakPad bzw. MS-Word aufrufen.

Weiterhin können Befehlsmodifikationen vorgenommen und ein Sprachtraining durchgeführt werden.

Abb. 2.16: Die Navigationszentrale ist das Herz von ViaVoice Gold

Funktionsweise

Bei gestarteter Navigationszentrale und aktiviertem Mikrophon befinden Sie sich im sogenannten Befehlsmodus. Nun werden von der Navigationszentrale Befehle erwartet, die das Programm ausführen soll.

Bei Aussprache eines Befehls in das Mikrophon wird der Befehl vom Programm auf eine Übereinstimmung in der Liste der Sprachbefehle überprüft. Wenn dieser Befehl gefunden wird, führt das Programm ihn entsprechend aus. Für den Fall, daß der gesprochene Befehl nicht erkannt wurde, erscheint in der Navigationszentrale die Meldung *Wie bitte*. In diesem Zusammenhang wird kein Befehl ausgeführt.

Sprechbare Befehle

Sie haben die Möglichkeit, sich anwendbare Sprachbefehle anzeigen zu lassen. Es ist dabei nicht sinnvoll, alle auswendig zu kennen, da manche sicherlich zu speziell sind. Dennoch können Sie mit den geeignet ausgewählten Befehlen auf folgende Weise Ihre Arbeitszeit straffen:

1. Rufen Sie bei eingeschaltetem Mikrophon durch den Sprachbefehl *Sprechbare Befehle* auf. Das daraufhin angezeigte Fenster gibt Ihnen eine Übersicht über die gesamten Befehlsmöglichkeiten für das aktuelle Fenster an. Dabei weist ein Pluszeichen vor einem Befehl darauf hin, daß Sie beim Aufruf dieses Befehls eine erweiterte Befehlsliste zu dem jeweiligen Thema vorfinden.

2. Analog ist auch der Sprachbefehl *Immer sprechbare Befehle* zu verstehen. Der Sprachbefehl *Programmtitel* zeigt Ihnen die Programme an, in denen Sie eine Sprachsteuerung anwenden können.

3. Registerkarten liefern dabei weitere Informationen zu bestimmten Themen. So finden Sie in der *Programmtitel*-Registerkarte eine Liste der Programme, die mittels Sprachbefehl aufgerufen werden können. Die Registerkarte *Aktuell* zeigt alle zum aktuellen Fenster verwendbaren Befehle.

4. Um das Mikrophon vorübergehend abzuschalten, können Sie den Befehl *Ruhezustand* ins Mikrophon sprechen. Aufgehoben wird diese Einstellung mit *Ruhezustand-Ende*.

5. Die Anweisung *Mikrophon aus* schaltet das Mikrophon ab.

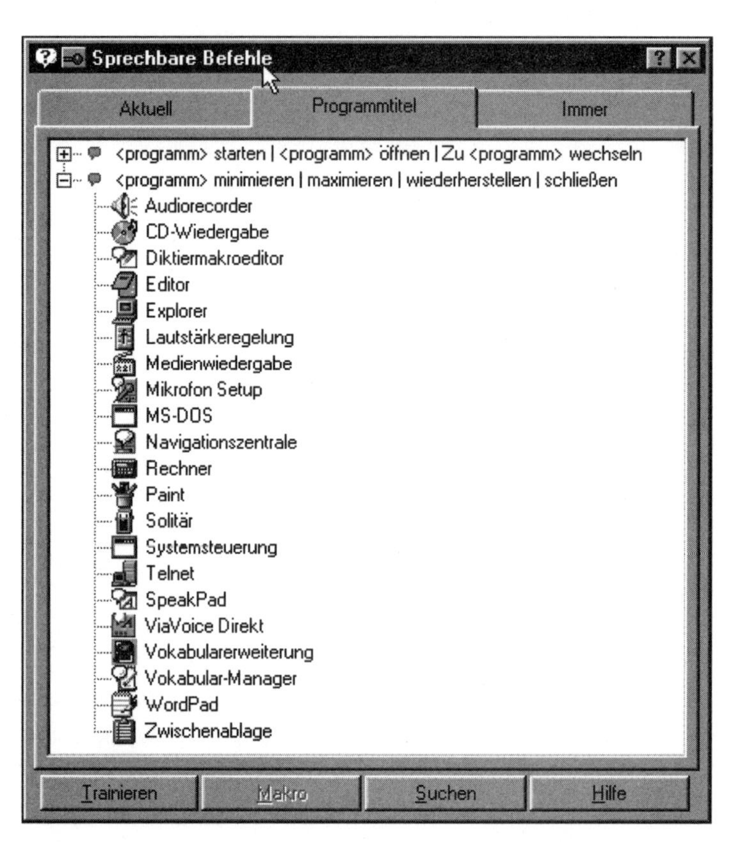

Abb. 2.17: Diese Programme können Sie bereits von Anfang an mit ViaVoice Gold per Sprache steuern

Benutzernamen

Sie haben sich im Zuge der Installation als Benutzer eingetragen und somit diesem Benutzereintrag Ihr persönliches Stimmprofil zugeordnet. Für andere Benutzer können Sie nun auch separate Benutzernamen erstellen, damit ViaVoice Gold sich eindeutig an einem Stimmenprofil orientieren kann.

Sie sollten es sogar vermeiden, andere Personen unter Ihrem Benutzernamen diktieren zu lassen, da dieser Vorgang Ihr Stimmprofil negativ beeinflußt. Stellen Sie also sicher, daß jeder Benutzer vor der Verwendung von ViaVoice Gold seinen eigenen Benutzernamen einrichtet und sich unter diesem anmeldet.

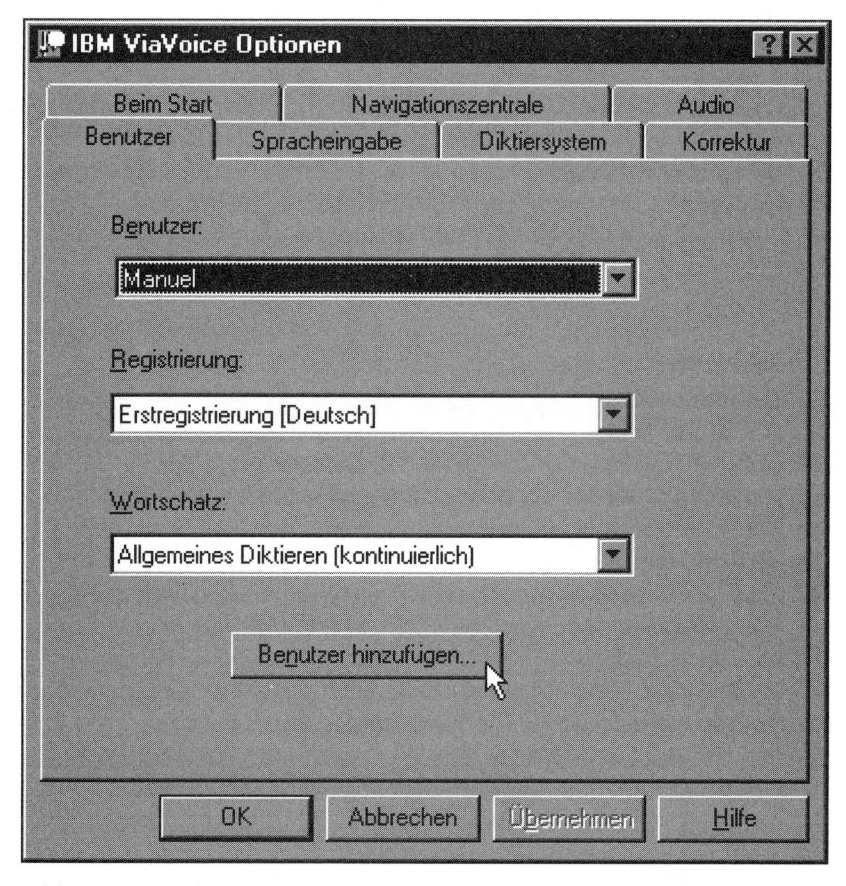

Abb. 2.18: So fügen Sie in ViaVoice einen neuen Benutzer hinzu

Die Option *Benutzer hinzufügen* der Registerkarte *Benutzer* befindet sich im Ordner *Hilfsprogramme* > *ViaVoice-Optionen* im Hauptordner *IBM ViaVoice - Deutsch* in der Task-Leiste.

Beachten Sie aber bitte, daß jeder zusätzliche Benutzer weiteren Speicherplatz verbraucht.

Diverse Textarten diktieren

ViaVoice Gold eignet sich in erster Linie zum Diktieren gebräuchlicher Dokumente. Bei der Programmverwendung für Texte verschiedener Fachgebiete können vermehrt Fehler auftreten.

Solche Texte sind etwa: Rezepte, Listen, Gedichte und wissenschaftliche Referate.

Bei häufiger Anwendung derartiger Texte empfiehlt es sich, für jedes Fachgebiet einen eigenen Benutzernamen zu erstellen. Unter diesem starten Sie dann ViaVoice Gold, wenn Sie die spezielle Textart diktieren wollen.

Haben Sie bereits Texte dieses Fachgebiets in Dateiform vorliegen, können Sie sie als Vokabularerweiterung hinzufügen. Eine ausführliche Anleitung hierzu finden Sie in der Online-Hilfe, die im nächsten Abschnitt erklärt wird.

Die Online-Hilfe

Sie können sich von ViaVoice Gold einen umfassenden Hilfetext anzeigen lassen, der die wichtigsten Schritte bei der Einrichtung und Konfiguration der genannten Themen dokumentiert.

Eine Einteilung erfolgt nach den Themen *Kurzübersicht* und *Häufig verwendete Befehle*. Die *Kurzübersicht* erklärt Ihnen die Programmmerkmale, damit Sie ViaVoice Gold besser nutzen können, während *Häufig verwendete Befehle* Ihnen die Sprachbefehle zur Verfügung stellt, die den Arbeitsablauf beschleunigen.

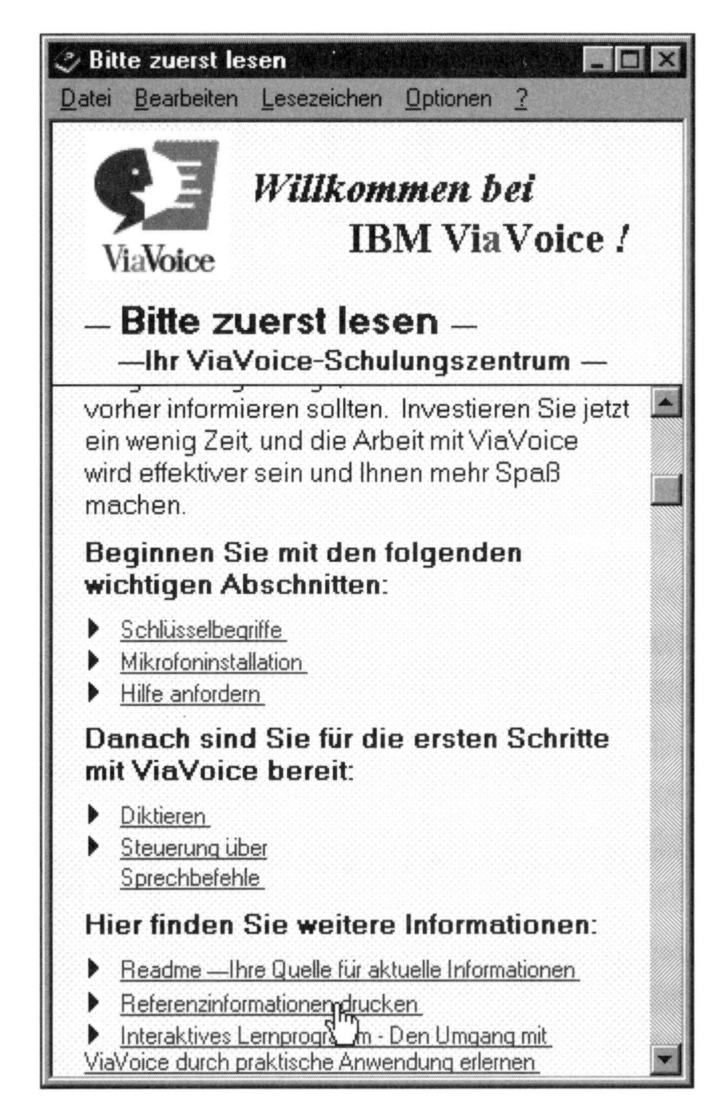

Abb. 2.19: So können Sie sich die Online-Informationen ausdrucken

Unter *IBM ViaVoice - Deutsch > Bitte zuerst lesen* können Sie zum Ausdrucken der Informationen die Schaltfläche *Referenzinformationen drucken* anklicken.

ViaVoice Gold in Kombination mit anderen Anwenderprogrammen

Sie können in ViaVoice Gold Text (z.B. für E-Mails, Berichte etc.) diktieren, um ihn dann über die Funktion der Zwischenablage auch in andere Anwendungsprogramme zu exportieren.

ViaVoice Gold bietet aber noch eine elegantere Lösung: Sie können im Menü *Diktieren* den Befehl *Zielfenster* auswählen. Nach dem Öffnen des Befehlsfensters können Sie das Pfeilsymbol z.B. in Ihr bereits geöffnetes Word-Fenster bewegen. Word richtet dann seine Textausgabe an der Spracherkennung von ViaVoice Gold aus. Sie können also den gesprochenen Text als normales Word-Dokument verwenden und speichern.

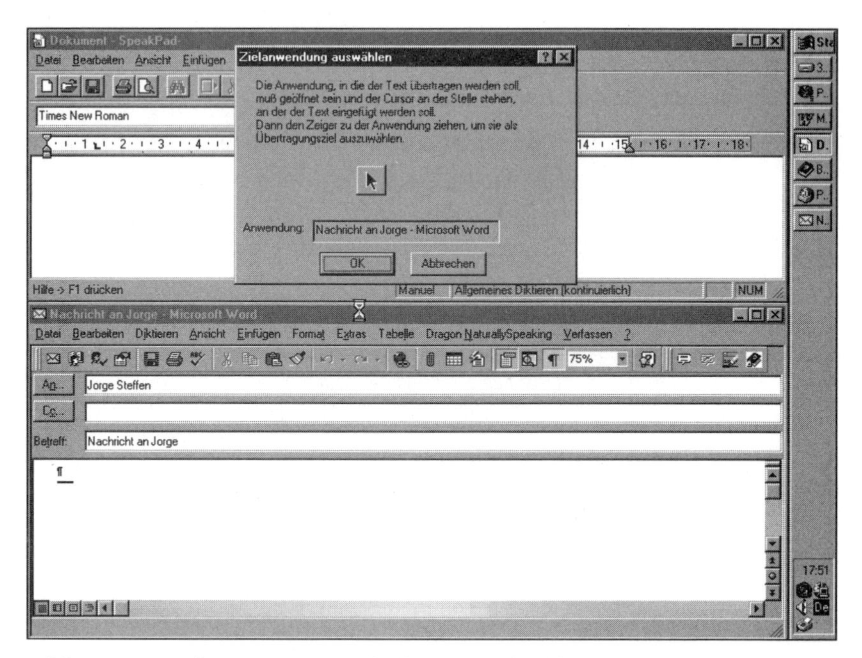

Abb. 2.20: So können Sie auch Ihre E-Mails diktieren

Probleme und Optimierungen

Wenn Sie ein Diktat eingegeben haben, jedoch mit dem Resultat unzufrieden sind, sollten Sie auf folgende mögliche Fehlerquellen achten:

1. Beachten Sie die weiter oben genannten Hinweise zur Sprechweise und Akustik, welche großen Einfluß auf die Genauigkeit bei der Umsetzung Ihrer Sprache in Text besitzen.

2. Befehle wie z.B. *Neue Zeile* sollten Sie wie ein zusammenhängendes Wort aussprechen. Oftmals ist es auch hilfreich, vor der Verwendung von Sprachbefehlen eine kurze Pause zu machen.

3. Wenn ViaVoice Gold ein gesprochenes Wort als zwei Wörter erkennt, sollten Sie versuchen, den Fluß der Wortsilben nicht durch eine Pause zu verzögern.

4. Sollten viele Wortfehler auftreten bzw. der Inhalt keinen Sinn ergeben, suchen Sie bitte die Sprachmusterregistrierung (noch einmal) auf, und wählen Sie dort die vollständige Registrierung.

5. Achten Sie darauf, daß die Mikrophoneinstellungen zwischen der Sprachmusterregistrierung und dem Diktat nicht verändert werden. Diese Einstellungen können entweder manuell oder von einer anderen Audioanwendung geändert worden sein. Führen Sie in solch einem Fall die Mikrophoninstallation erneut durch. Damit passen Sie Ihre Mikrophoneinstellungen wieder an ViaVoice Gold an, so daß die Spracherkennung wieder richtig funktioniert.

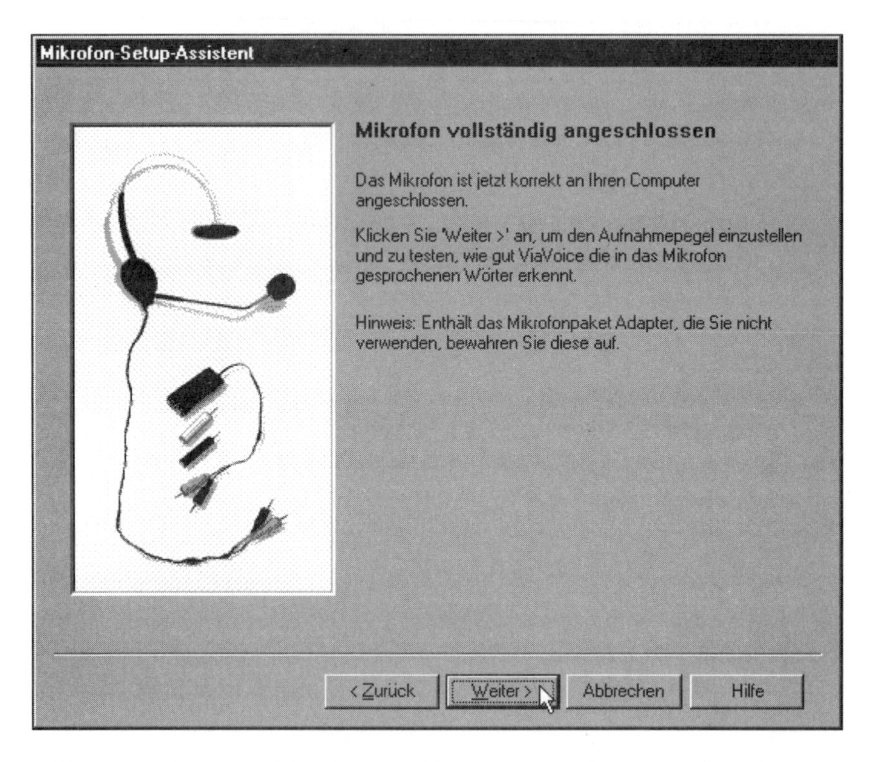

Abb. 2.21: Nach erfolgreicher Mikrophoninstallation funktioniert die Spracherkennung auch wieder

6. Achten Sie auch darauf, daß Sie nicht direkt in das Mikrophonmundstück atmen, wenn Sie diktieren. Genau um dies zu vermeiden, sollte das Mikrophon leicht seitlich von Ihrem Mundwinkel plaziert sein. Vergewissern Sie sich auch davon, daß die Schutzhülle aus Schaumstoff am Mikrophon befestigt ist, da diese Schutzhülle bereits einen Teil unerwünschter Nebengeräusche filtern kann.

7. Sie sollten sich die Zeit nehmen, einen ausgewählten Text mehrere Male zu diktieren und dabei z.B. die Geschwindigkeit und Genauigkeit der Aussprache variieren. Wählen Sie später beim Sprechen die Kombination aus, die Sie bequem sprechen können und optimal vom Computer erkannt wird.

8. Vergewissern Sie sich, daß Sie den richtigen Benutzernamen verwenden, der Ihr persönliches Sprachmodell für den gewünschten Text enthält. Unter dem Menüpunkt *Optionen*

können Sie den aktuellen Benutzernamen überprüfen und gegebenenfalls auch wechseln.

9. Sollten bei der Mikrophoninstallation Fehler wie z.B. SMAPI RC = 215, SMAPI = -4 auftreten, keine Wiedergabe im SpeakPad möglich sein oder Fehler während der Auswahl des Optionsmenüs auftreten, sollten Sie darauf achten, daß während der Installation von ViaVoice Gold keine Antiviren-Software aktiviert war. Vergewissern Sie sich außerdem vor der Arbeit mit ViaVoice Gold, daß die Funktion *Überprüfung von Dateien bei Zugriff* in Ihrem Antivirenprogramm deaktiviert ist.

Optimal Zahlen diktieren

Zahlen nehmen beim Diktieren noch eine kleine Sonderstellung ein. Wenn Sie z.B. im laufenden Diktat *2.750* sagen, kann Ihnen der Spracherkenner daraufhin *2000 700 und 50* am Bildschirm anzeigen. Um also Zahlen möglichst problemlos zu diktieren, sollten Sie folgendermaßen vorgehen:

1. Um große Zahlen zu diktieren, sollten Sie sich angewöhnen, diese Zahlen aus jeweils höchstens zwei Ziffern zu diktieren. Um z.B. eine Kontonummer wie 275038-924 zu diktieren, sagen Sie *siebenundzwanzig fünfzig achtunddreißig Bindestrich zweiundneunzig vier*. Anfangs werden die Zahlenpaare durch Leerzeichen getrennt sein, aber wenn ViaVoice Gold den Zusammenhang dieser Zahlenkette erkennt, z.B. durch die Beendigung des Diktats, wird es die Zahlen verbinden.

2. Beim Diktat im speziellen Zahlenmodus ist die Erkennungsgenauigkeit der Zahlen natürlich höher, da hier nur Ziffern bzw. bestimmte Sonderzeichen diktiert werden können. Um also Ziffern (0-9) zu diktieren, sagen Sie *Zahlenmodus starten*. Beendet wird der Zahlenmodus mit dem Befehl *Zurück zum Diktat* oder einfach *Zurück*, wenn Sie das Diktat unmittelbar danach beenden möchten. Beachten Sie aber auch, daß dazu der Befehl *Zahlenmodus starten* in den Diktieroptionen aktiviert sein muß.

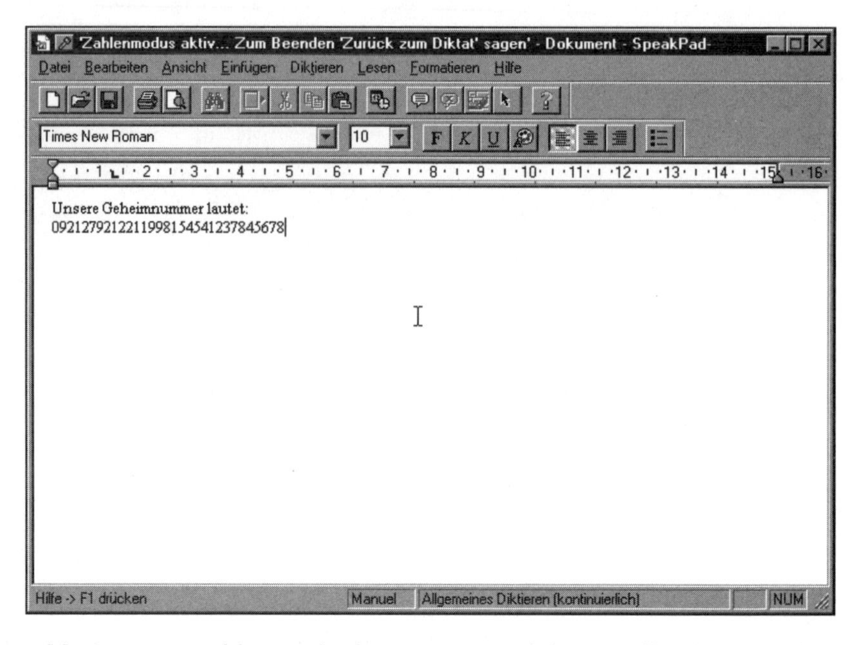

Abb. 2.22: Im Zahlenmodus können Sie auch lange Ziffernketten sicher diktieren

Der richtige Umgang mit Makros

Bei der Verwendung von Makros in ViaVoice Gold müssen Sie darauf achten, daß das Programm grundsätzlich mehrere verschiedene Arten von Makros unterscheidet:

1. Die sogenannten *Immer Makros* stehen immer dann zur Verfügung, wenn die Navigationszentrale geöffnet ist, unabhängig davon, welches Programm gerade aktiviert ist. Diese Makros sind Befehle, die eine Abfolge von Tastatureingaben an das momentan aktive Programm senden. Diese Tastenanschläge werden durch Aufnahme (d.h. einmaliges Durchführen) aufgezeichnet. Derartige Makros erscheinen in der Liste der sprechbaren Befehle in der Registerkarte *Immer*.

2. Die *Aktuellen Makros* beinhalten diejenigen Befehle, die nur in einer bestimmten Anwendung ausgeführt werden können. Sie werden deshalb aktuell genannt, weil Sie nur für die Anwendung gelten, die während der Aufnahme des Makros aktiv war.

Diese Makros werden durch die Aufzeichnung der Tastaturanschläge und Mausklicks innerhalb des Anwendungsfensters definiert. Aktuelle Makros erscheinen in der Liste der sprechbaren Befehle in der Registerkarte *Aktuell* nur dann, wenn die entsprechende Anwendung aktiv ist. Wenn ein aktuelles Makro durch Sprache aufgerufen wird, sendet die Navigationszentrale die Tastenanschläge und/oder Mausklicks in der aufgenommenen Reihenfolge an die Anwendung.

3. Diktiermakros werden verwendet, um häufig verwendete Sätze oder Satzteile während des Diktats mit einem Kürzel einfügen zu können, z.B. könnten Sie mit einem Makro namens *Briefkopf einfügen* immer Ihren Standard-Briefkopf in ein Dokument einfügen lassen.

4. Befehls- und Steuermakros sind dagegen Sprachbefehle, die für Anwendungen und Objekte der Arbeitsoberfläche eingesetzt werden. Mit dem Befehlsmakro *Öffne Adreßbuch* könnten Sie dann die Kontakte von Microsoft Outlook aufrufen.

Der Diktiermakroeditor

Mit dem Diktiermakroeditor können Sie Diktiermakros und Diktierkürzel erstellen. Diktiermakros und -kürzel können jedoch nur während eines Diktats aufgerufen werden. Beachten Sie dabei auch:

1. Diktiermakros können Sie in allen Programmen verwenden.
2. Diktierkürzel können Sie hingegen nur im SpeakPad anwenden.
3. Die Befehlsmakros, die in der Liste der sprechbaren Befehle erscheinen, sind nicht während des Diktats verfügbar.
4. Um die Befehlsmakros aufrufen zu können, muß die Navigationszentrale geöffnet sein.
5. ViaVoice Gold beinhaltet nach der Installation bereits vordefinierte Befehle für viele gängige Programme sowie die Zubehörprogramme von Windows.

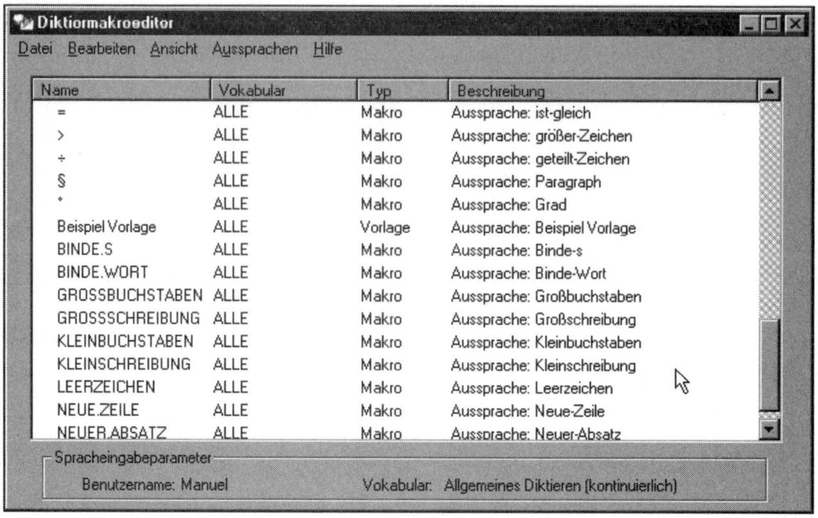

Diktiermakroeditor

Datei Bearbeiten Ansicht Aussprachen Hilfe

Name	Vokabular	Typ	Beschreibung
=	ALLE	Makro	Aussprache: ist-gleich
>	ALLE	Makro	Aussprache: größer-Zeichen
÷	ALLE	Makro	Aussprache: geteilt-Zeichen
§	ALLE	Makro	Aussprache: Paragraph
°	ALLE	Makro	Aussprache: Grad
Beispiel Vorlage	ALLE	Vorlage	Aussprache: Beispiel Vorlage
BINDE.S	ALLE	Makro	Aussprache: Binde-s
BINDE.WORT	ALLE	Makro	Aussprache: Binde-Wort
GROSSBUCHSTABEN	ALLE	Makro	Aussprache: Großbuchstaben
GROSSSCHREIBUNG	ALLE	Makro	Aussprache: Großschreibung
KLEINBUCHSTABEN	ALLE	Makro	Aussprache: Kleinbuchstaben
KLEINSCHREIBUNG	ALLE	Makro	Aussprache: Kleinschreibung
LEERZEICHEN	ALLE	Makro	Aussprache: Leerzeichen
NEUE.ZEILE	ALLE	Makro	Aussprache: Neue-Zeile
NEUER.ABSATZ	ALLE	Makro	Aussprache: Neuer-Absatz

Spracheingabeparameter

Benutzername: Manuel   Vokabular: Allgemeines Diktieren (kontinuierlich)

Abb. 2.23: Mit dem Diktiermakroeditor gestalten Sie das Diktieren noch komfortabler

Erstellen eigener Makros

Mit der Funktion *Liste auswählen* unter dem Menüpunkt *Makro* können Sie ViaVoice Gold zusätzliche Makros hinzufügen, z.B. ein Makro zum Diktieren von Geldbeträgen:

1. Klicken Sie auf *Makro*, um das Fenster *Makro der Art 'Immer'* zu öffnen.
2. Klicken Sie auf *Erfassen*.
3. Klicken Sie auf *Listen*.
4. Wählen Sie *Währung* aus, und klicken Sie auf *Ok, Fertig*.
5. Fügen Sie dann unter *Sprechbarer Befehl* vor *<Währung>* das Wort *Betrag* ein.
6. Klicken Sie nun auf *OK*.
7. Zum Abschluß trainieren Sie noch das Wort *Betrag*, wenn ViaVoice es noch nicht kennt.

Das neue Makro erscheint nun unter dem Menüpunkt *Sprechbare Befehle/Immer sprechbare Befehle* auf. Nun können Sie in jeder Anwendung Beträge diktieren, indem Sie z.B. *Betrag siebenundzwanzig Mark fünfzig* sagen, so daß *DM 27,50* im Diktierfenster erscheint.

Probleme mit Microsoft Word

Wenn Sie die Diktiermakros für Microsoft Word installiert haben, dann aber beim Aufrufen von Microsoft Word nur auf eine Fehlermeldung (wie z.B. Word Basic Error 53) treffen, sollten Sie die Standardformatvorlage von Word durch die in ViaVoice mitgelieferte Formatvorlage ersetzen. Dazu gehen Sie folgendermaßen vor:

1. Kopieren Sie die Datei *NORMALB.DOT* aus dem ViaVoice-Verzeichnis in das Verzeichnis *Microsoft Office > Vorlagen,* und benennen Sie die Datei in *NORMAL.DOT* um. Der Start von Microsoft Word sollte jetzt mit ViaVoice Gold problemlos funktionieren.

Im Gegensatz zum Diktieren in das SpeakPad werden Sie feststellen, daß beim Diktieren in Word die Erkennung der einzelnen Wörter langsamer vonstatten geht. Das liegt unter anderem daran, daß das SpeakPad direkt mit der Spracherkennungs-Engine von ViaVoice Gold verbunden ist. Solange Ihnen der Erkennungsprozeß jedoch nicht zu lange dauert, müssen Sie sich darüber keine Gedanken machen, da es keinerlei Unterschiede in der Erkennungsgenauigkeit gibt. Sie sollten allerdings darauf achten, Ihre Version von Microsoft Word durch Anwendung der aktuellsten Patches und Updates auf dem neuesten Stand gebracht zu haben. Neben der Fehlerbeseitigung kann dadurch auch die Erkennungsgeschwindigkeit wieder erhöht werden. Eine gute Möglichkeit zur Aktualisierung Ihrer Version von Microsoft Word, bietet die Power!-CD Office 97 des SYBEX-Verlags.

Wenn die Word-Unterstützung gar nicht funktioniert, kann dies an Ihrem Druckertreiber liegen! Deinstallieren Sie in diesem Fall zuerst mit Hilfe des Installationsassistenten von ViaVoice Gold die Word-Unterstützung, aktualisieren Sie dann Ihren Druckertreiber, und installieren Sie die Word-Unterstützung anschließend noch einmal.

Wenn beim Diktat in Word eckige Klammern neben den Worten erscheinen oder andere Probleme beim Diktat auftreten, sollten Sie die Ansicht von Textmarken ausschalten. Öffnen Sie dafür in Word das Menü *Extras > Optionen > Ansicht*, und entfernen Sie den Haken bei *Textmarken*. Wenn Sie unbedingt Textmarken verwenden müssen, diktieren Sie Ihren Text zuerst in SpeakPad, kopieren Sie ihn dann in Word, und führen Sie schließlich die notwendigen Formatierungen durch, denn wenn Sie mit eingeschalteten Textmarken direkt in Word diktieren und einmal sichern, ohne die Diktiersitzung abzuspeichern, gehen alle Textmarken verloren.

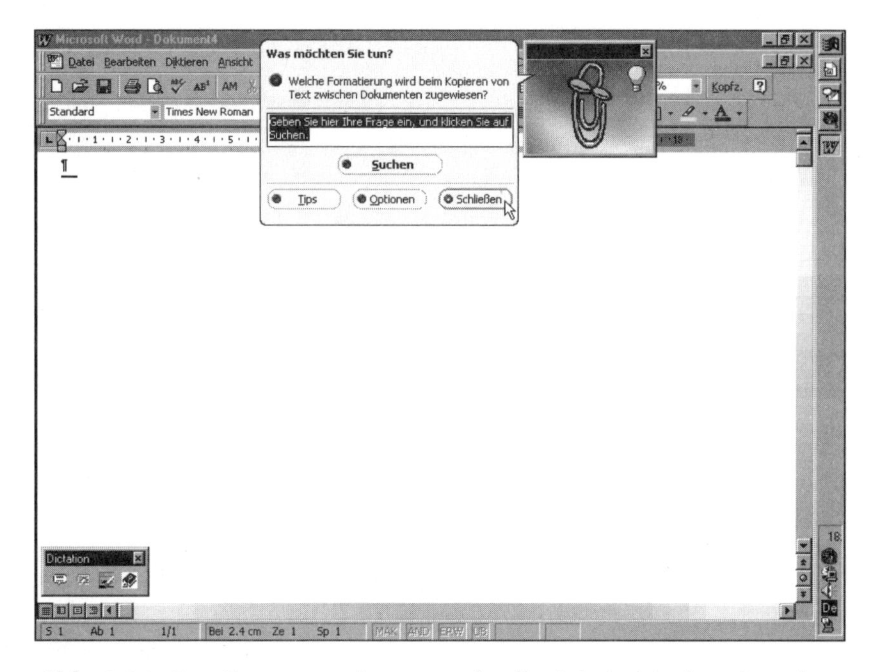

Abb. 2.24: Der Benutzerassistent macht die Arbeit mit dem Spracherkenner nahezu unmöglich

Vermeiden Sie während Ihrer Arbeit mit ViaVoice die Benutzung der Benutzerassistenten von Word. Diese animierten Assistenten verbrauchen einerseits so viele Ressourcen, daß die Spracherkennung praktisch zum Erliegen kommt, andererseits beeinflussen die Benutzerassistenten auch die Audioeinstellungen Ihres Computers, wodurch es zu Problemen bei der Erkennungsgenauigkeit kommen kann. Wenn Sie während einer Spracherkennungssitzung unbedingt den Benutzerassistenten von Word benutzen wollen, sollten Sie daher vorher die Navigationszentrale schließen.

Fehlerkorrektur richtig nutzen

Wenn Sie mit den gewählten Einstellungen zufrieden sind und ViaVoice Gold zu Ihrer Zufriedenheit arbeitet, wird es trotzdem noch vorkommen, daß Wörter nicht richtig erkannt werden. Gehen Sie dann einfach wie folgt vor:

1. Die Fehlerkorrektur in ViaVoice Gold sollte durch Auswahl des Menüpunktes *Ausdruck hinzufügen* im Menü *Optionen* erfolgen. Dort wählen Sie den Befehl *Fehler korrigieren*, der es Ihnen ermöglicht, dem Programm falsch erkannte Wörter zu erklären. Sie können nun die Erkennung eines einzelnen Wortes verbessern und dabei fehlende Wörter dem Vokabular hinzufügen, um so Routine in den Programmablauf zu bringen.

2. Unter der Klangbeschreibung können Sie die Sprechweise eines Wortes eintragen, das nicht so geschrieben werden soll, wie es gesprochen wird. Dies ist vor allen Dingen im Zusammenhang mit Abkürzungen interessant.

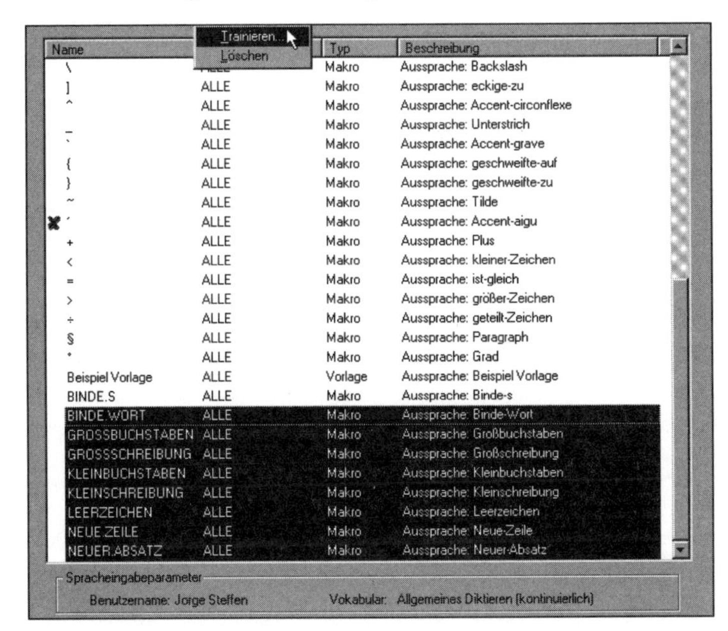

Abb. 2.25: So verbessern Sie die Erkennungsrate bestimmter Wörter

3. Wenn Sie bei der Korrektur die falsch erkannten Wörter einfach überschreiben, hat ViaVoice Gold allerdings nicht die Möglichkeit, auch in Zukunft den gleichen Fehler zu vermeiden und durch eine kontinuierliche Sprachaktualisierung die Programmleistung zu verbessern. Sie sollten also nur die Form der manuellen Textbearbeitung wählen, wenn Sie ein diktiertes Wort gegen ein ähnliches austauschen möchten, z.B. *Monitor* anstelle von *Bildschirm*.

Wenn Sie die Korrekturen nicht sofort nach dem Diktat durchführen möchten, jedoch Ihre Spracheingabesitzung zur Korrektur verwenden wollen (um noch einmal hören zu können, was Sie eigentlich diktiert haben), müssen Sie zur Korrektur das gleiche Programm verwenden, mit dem Sie das Diktat abgespeichert haben. Wollen Sie also ein gespeichertes Diktat korrigieren, das Sie mit Word erstellt haben, so müssen Sie die Datei zur Korrektur ebenfalls wieder in Word öffnen und bearbeiten.

Übernahme von bestehenden Benutzerdaten

Sie können die Benutzerdaten von SimplySpeaking, SimplySpeaking Gold oder ViaVoice auch nach dem Upgrade auf ViaVoice Gold zum Teil weiterbenutzen. Dabei ist jedoch einiges zu beachten:

1. Erfolgt die Installation von ViaVoice Gold über SimplySpeaking, SimplySpeaking Gold oder ViaVoice, dann werden Ihre existierenden Benutzerdaten (selbst hinzugefügte Worte und persönliche Sprachmodelle) automatisch übernommen.

2. Die Sprachmusterregistrierung kann nur beim Upgrade von ViaVoice auf ViaVoice Gold weiterverwendet werden.

3. Die Befehls- und Steuermakros können wiederum nur von SimplySpeaking Gold übernommen werden.

4. Die Fachvokabulare, welche für das VoiceType Diktiersystem 3.0.x und VoiceType SimplySpeaking Gold zur Verfügung stehen, können nicht in ViaVoice Gold weiterverwendet werden. Diese diskreten Fachvokabulare können nur mit den Anwendungen, die auf der diskreten Spracherkennungstechnologie beruhen (d.h. die VoiceType-Produkte), verwendet werden.

Wollen Sie ViaVoice Gold auf einem anderen Rechner installieren, so müssen Sie dazu das Umstellungsprogramm verwenden. Dieses wird über *ViaVoice Gold > Umstellung auf die neue Version* gestartet. Dabei wird:

1. Das Umstellungsprogramm auf eine Diskette kopiert.
2. Diese Diskette müssen Sie in den PC mit der vorigen Version einlegen, damit die Benutzerdaten kopiert werden.
3. Anschließend müssen Sie die Diskette wieder in das Gerät mit ViaVoice Gold einlegen, und die Umstellung wird durchgeführt.

Spracherkennungsleistung verbessern

Sie haben natürlich auch die Möglichkeit, die Geschwindigkeit der Erkennung und die Genauigkeit der Spracherkennung Ihren persönlichen Bedürfnissen und der Leistung Ihres Systems anzupassen.

1. Öffnen Sie dazu über den Menübefehl *Start > Programme > IBM ViaVoice Gold - Deutsch > Hilfsprogramme* das Programm *ViaVoice-Optionen*.
2. Wählen Sie nun die Registerkarte *Spracheingabe* aus.

Abb. 2.26: Schneller können Sie mit ViaVoice nicht arbeiten

3. Verfügt Ihr System über ausreichende Ressourcen (mindestens ein Pentium mit 166MHz), sollten Sie für die Erkennungsleistung die Einstellung *Genau* wählen. Dies beeinträchtigt bei schnellen Systemen nur unwesentlich die Rechenzeit.

4. Sollten die genannten Systemanforderungen bei Ihnen nicht oder nur knapp erfüllt werden, oder sind Sie allgemein mit der Geschwindigkeit der Umsetzung nicht zufrieden, ist es empfehlenswert, die Erkennungsleistung auf *Schnell* einzustellen.

5. Die optimale Einstellung lautet jedoch *Kompromiß*.

Tips zum effektiveren Arbeiten

Zum Abschluß dieses Kapitels erhalten Sie in komprimierter Form eine Übersicht über die wichtigsten Tips und Hinweise, um mit IBM ViaVoice Gold so effektiv wie möglich zu arbeiten.

1. Versuchen Sie beim Diktieren nicht besonders langsam oder übertrieben schnell zu sprechen. Orientieren Sie sich an Ihrer normalen Konversationsgeschwindigkeit. Üben Sie das Diktiersprechen doch einfach, indem Sie Texte laut vorlesen.

2. Sprechen Sie mit einer gleichmäßigen Lautstärke, und verändern Sie diese auch nicht während des Diktierens. Falls Sie doch mal mit einer anderen Lautstärke sprechen müssen, weil vielleicht die Umgebungsgeräusche angestiegen sind, führen Sie in jedem Fall das Programm *Mikrophoninstallation* erneut aus, um das Programm an die veränderten Bedingungen anzupassen.

3. Achten Sie immer darauf, daß sich der Pegel für die Audioanzeige möglichst ständig im grünen Bereich befindet, wenn Sie diktieren. Es ist nicht weiter tragisch, wenn die Anzeige auch mal den gelben Bereich erreicht, Sie sollte jedoch niemals rot anzeigen. Um die Voraussetzungen dafür zu schaffen, sollten Sie während der Mikrophoninstallation aufmerksam die Anweisungen des Mikrophoninstallationsprogramms beachten.

Abb. 2.27: Eine solche Anzeige sorgt für gute Erkennungsraten

4. Beim Diktieren ist die Beibehaltung der richtigen Mikrophonstellung der wichtigste Faktor für eine gleichmäßige Erkennungsleistung. Das Mikrophon sollte sich etwa einen Daumen breit neben Ihrem Mundwinkel befinden, damit der Spracherkenner nicht durch Ihre Atemgeräusche irritiert wird.

5. Behalten Sie nach der Durchführung der Registrierung für das Diktieren Ihre Mikrophon-Soundkarten-Kombination bei. Sollten Sie die Registrierungsinformationen und Ihre Sprachdateien auf einen anderen Computer übertragen, wird die Erkennungsgenauigkeit nie so gut sein wie auf dem Computer, auf dem Sie den Spracherkenner trainiert haben. Wollen Sie also den Computer, das Mikrophon oder die Soundkarte wechseln, sollten Sie danach immer die Mikrophoninstallation aufrufen und gegebenenfalls ein weiteres Mal die Registrierung durchführen.

6. Bemühen Sie sich darum, die Wörter möglichst deutlich auszusprechen, um die Erkennungsgenauigkeit zu verbessern.

7. Nutzen Sie, besonders in der Anfangszeit, intensiv die Möglichkeiten zur Sprachkorrektur, um alle Wörter zu bearbeiten, die falsch erkannt worden sind. Trainieren Sie an dieser Stelle immer auch sorgfältig die betroffenen Wörter. Um falsch erkannte Wörter zu bearbeiten, klicken Sie es doppelt an und wählen das richtige Wort aus dem Menü im Fehlerkorrektur-Dialog aus. Wenn es sich um ein noch unbekanntes Wort handelt, schreiben Sie es in die Eingabezeile und trainieren es dann.

8. Benutzen Sie das Vokabularerweiterungsprogramm, um Via-Voice möglichst schnell mit Ihrem Wortschatz vertraut zu machen. Mit Hilfe des Dialogs *Worte im Kontext* passen Sie den Spracherkenner auch an Ihre Art, Sätze zu bilden, an.

9. Wenn Sie ein Diktat unterbrechen wollen, zum Beispiel, um ans Telefon zu gehen oder mit jemandem zu sprechen, stoppen Sie es zunächst, indem Sie *Diktat stoppen* sagen oder im Diktiermenü auf *Diktat stoppen* klicken.

Kapitel 3: Dragon NaturallySpeaking Professional

In diesem Kapitel erfahren Sie, welche Systemanforderungen für Dragon NaturallySpeaking Professional (ab hier auch Naturally-Speaking genannt) erfüllt sein müssen, wie Sie die Software richtig installieren und optimal mit ihr arbeiten können. Zu guter Letzt finden Sie hier auch noch Tips und Problemlösungen für den Einsatz von NaturallySpeaking im Alltag. Die Hinweise in diesem Kapitel gelten natürlich auch für die Programme, die mit einer Lizenz von Dragon Systems am Markt erhältlich sind, wie z.B. SmartWord Naturally Speaking von Terratec.

Systemanforderungen

NaturallySpeaking begnügt sich im Prinzip mit sehr moderaten Ansprüchen an Ihre Hardware.

1. Grundvoraussetzung ist ein IBM-kompatibler PC mit einem 166-Megahertz-Pentium-Prozessor, was im Prinzip schon das langsamste darstellt, was heute noch zu haben ist. Da NaturallySpeaking in der Lage ist, von den zusätzlichen Befehlen der MMX-Prozessoren zu profitieren, was die Spracherkennung deutlich beschleunigen kann, sollten Sie - im Falle eines Neukaufs - nur noch auf Prozessoren zurückgreifen, die MMX eingebaut haben. Auf einem Computer mit MMX-Prozessor liegt die Erkennungsgeschwindigkeit um 5 bis 15 Prozent höher als auf einem nicht-MMX-Prozessor bei gleicher Taktgeschwindigkeit. Aber auch, wenn Sie noch einen älteren Prozessor Ihr eigen nennen, der jedoch mindestens mit 133 Megahertz getaktet sein sollte, können Sie mit 64 MByte RAM und einer guten Soundkarte durchaus noch mit der Software arbeiten. Hier ist das Testergebnis des Audio Setup-Assistenten jedoch von entscheidender Bedeutung.

2. NaturallySpeaking ist bisher nur für Windows 95 oder NT 4.0 erhältlich, läuft aber unter Windows 98 ebenfalls klaglos.

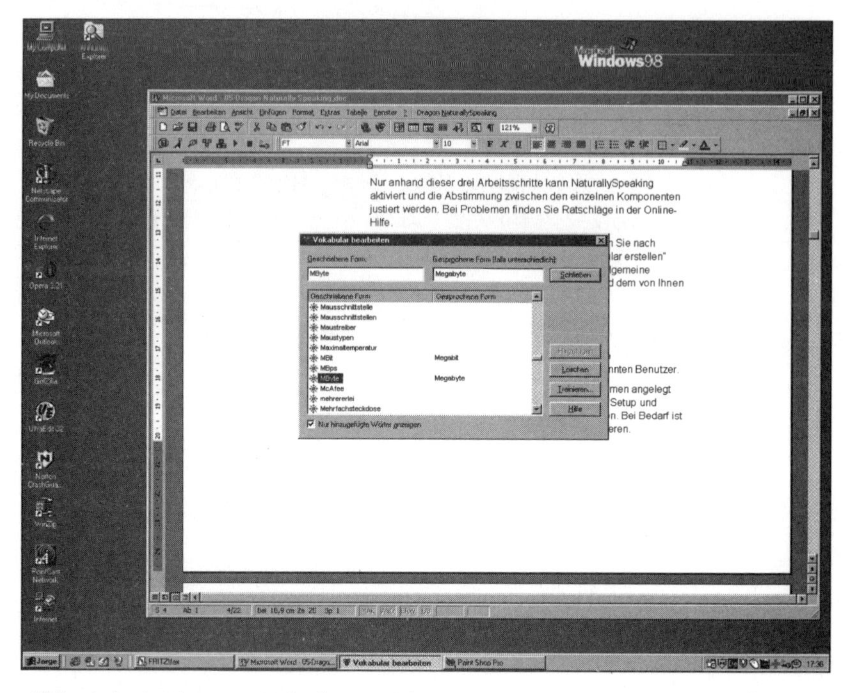

Abb. 3.1: Auch unter Windows 98 können Sie mit Dragon NaturallySpeaking arbeiten

3. Sie benötigen ebenfalls mindestens 48 MByte RAM, um mit NaturallySpeaking ordentlich arbeiten zu können. Wenn Sie Windows NT installiert haben, besitzen Sie wahrscheinlich ohnehin schon mehr, da hier ja alleine 32 MByte für das Betriebssystem benötigt werden. Unter Windows 95 sollte sich bei den heutigen RAM-Preisen wirklich jeder 64 MByte Arbeitsspeicher gönnen. Neben der Tatsache, daß damit unter Windows die Systemleistung verbessert wird, können Sie so auch mit NaturallySpeaking flüssiger arbeiten, wenn Sie zum Beispiel zusätzlich die Sprachausgabe oder NaturalWord benutzen möchten. Zudem gewinnen Sie nur an Zeit, wenn Windows nicht ständig Daten auf die Festplatte auslagern muß.

4. Für das Spracherkennungs-Flaggschiff von Dragon Systems sollten Sie außerdem noch etwa 100 MByte Festplattenspeicher freihalten. Von dem benötigten Speicherplatz auf der Festplatte belegen die eigentlichen Programmdateien 37 MByte, das NaturalWord-Modul braucht 2 MByte, die Sprachausgabe belegt 15 MByte, das Hilfesystem weitere 20 MByte, und dann werden noch weitere 20 MByte für die aktiven Sprachdateien und deren Sicherungskopien benötigt.

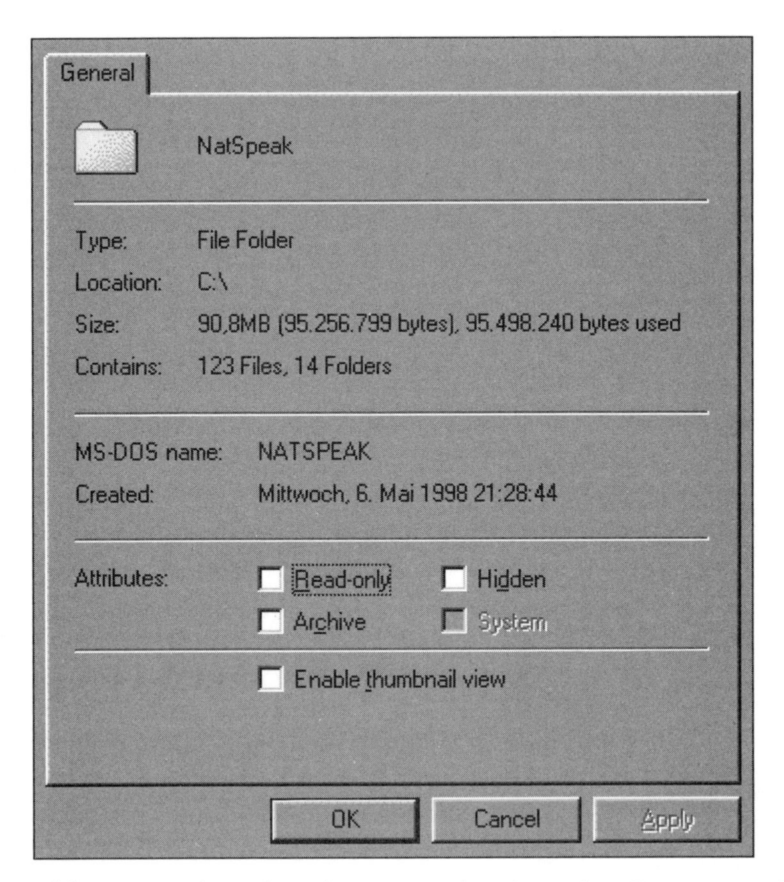

Abb. 3.2: Auch nach mehreren Wochen intensiver Benutzung reichen 100 MByte Plattenplatz aus

5. Dazu benötigen Sie außerdem eine 16-Bit-Soundkarte mit Mikrophoneingang, die optimalerweise mit der SoundBlaster 16 oder der SoundBlaster AWE 32 kompatibel sein sollte. Um die Software installieren zu können, benötigen Sie selbstverständlich auch noch ein CD-ROM-Laufwerk.

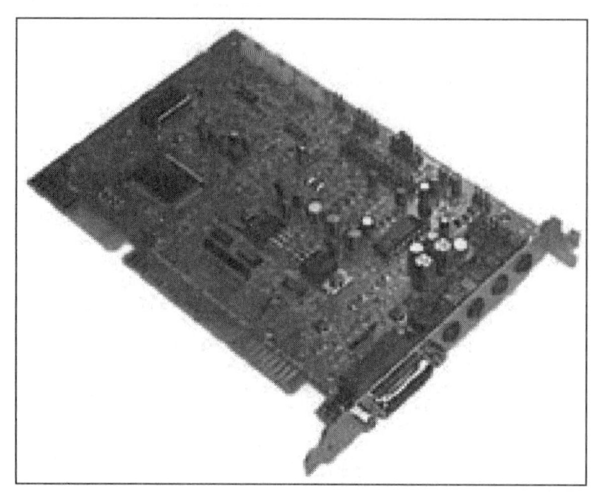

Abb. 3.3: Die weitverbreitete SoundBlaster 16 eignet sich durchaus auch für die Spracherkennung

Schritte vor der Installation

Vor der Installation von NaturallySpeaking sollten Sie darauf achten, daß Sie folgende Arbeitsschritte erledigt haben:

1. Wenn auf Ihrem Rechner ein ständig wachsames Virenerkennungsprogramm aktiviert ist, so deaktivieren Sie dieses, da ansonsten während und nach der Installation Probleme auftreten können.

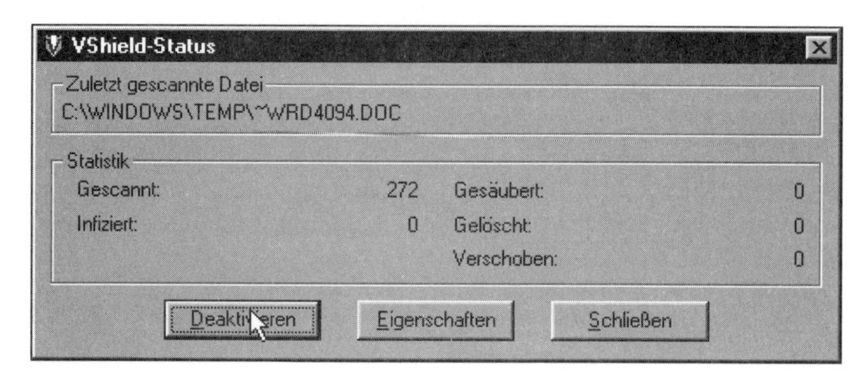

Abb. 3.4: Hier wird McAfees Virenwächter abgeschaltet

2. Sie sollten bereits eine geeignete Soundkarte fertig installiert haben. Wie Sie eine Soundkarte installieren und für Ihren Spracherkenner einstellen, erfahren Sie im Kapitel *Soundkarten und Soundverarbeitung* dieses Buches. Welche Hardware besonders für die Arbeit mit NaturallySpeaking empfohlen wird, können Sie auf der dem Buch beigelegten CD-ROM nachlesen.

Sie können bereits vor der Installation das mitgelieferte Mikrophon mit Ihrer Soundkarte verbinden. Achten Sie dabei bitte auf den richtigen Anschluß. Dieser Arbeitsgang kann allerdings auch nach erfolgter Installation vorgenommen werden, wobei Sie dann der Audio Setup-Assistent unterstützt.

Die Installation

Um Probleme während der NaturallySpeaking-Installation zu vermeiden, ist es sinnvoll, die Arbeitsschritte folgendermaßen abzuhandeln:

1. Starten Sie die Windows-Oberfläche, beenden Sie jedoch alle laufenden Programme und speichern Sie die wichtigen Informationen vorher ab.
2. Sie können nun die NaturallySpeaking-CD-ROM ins CD-Laufwerk einlegen. Wenn Sie die *AutoRun*-Funktion Ihres CD-ROMs aktiviert haben, wird der Installationsvorgang automatisch gestartet. Dabei begleitet Sie der Setup-Assistent durch die verschiedenen Arbeitsschritte der Installation.

Um die *AutoRun*-Funktion Ihres CD-ROM Laufwerks zu aktivieren, gehen Sie wie folgt vor:

1. Öffnen Sie mit einem rechten Mausklick auf das Symbol *Arbeitsplatz* auf Ihrer Windows-Oberfläche das Fenster *Eigenschaften von System*.
2. Klicken Sie auf die Registerkarte *Geräte-Manager*, und suchen Sie dort den Eintrag *CD-ROM*.
3. Führen Sie einen Doppelklick auf den Eintrag Ihres CD-ROM Laufwerks durch, um sich dessen Eigenschaften anzeigen zu lassen.

4. In der Registerkarte *Einstellungen* finden Sie das Optionsfeld *Automatische Benachrichtigung beim Wechsel.* Wenn das dazugehörige Feld leer ist, klicken Sie einmal hinein, damit dort ein Häkchen erscheint.

5. Jetzt verlassen Sie dieses Fenster über die Schaltfläche *OK*, und klicken auch in der Systemsteuerung nochmals auf die Schaltfläche *OK*.

6. Nach einem Neustart des Rechners sollte die *AutoRun*-Funktion für Ihr CD-ROM Laufwerk aktiviert sein. (Bei einigen BIOS-Versionen kann das Booten von CD-ROM auch dort noch einmal ausgeschaltet sein!)

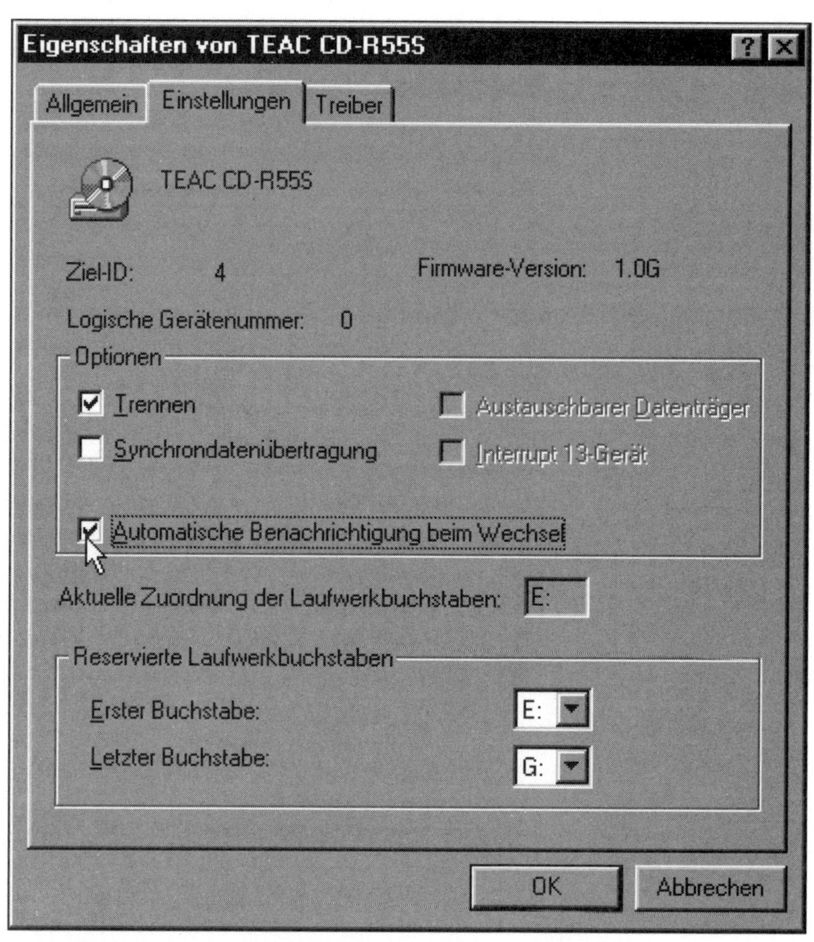

Abb. 3.5: Hier wird die *AutoRun*-Funktion ermöglicht

Falls Sie aus irgendeinem Grund (z.B. Angst vor Viren) die *AutoRun*-Funktion Ihres CD-ROM Laufwerks nicht einschalten wollen oder können, sollten Sie folgenden Weg gehen:

1. Legen Sie - nach dem Start der Windows-Oberfläche - die CD-ROM ins Laufwerk ein. Nun klicken Sie mit der Maus im *Start*-Menü der Task-Leiste auf *Ausführen*.

2. Geben Sie daraufhin *D:\SETUP* in das entsprechende Feld ein (ersetzen Sie den Buchstaben *D*, falls Ihr CD-ROM-Laufwerk einen anderen Laufwerksbuchstaben besitzt), und drücken Sie ↵.

Jetzt kann die eigentliche Installation beginnen. Dabei unterstützt Sie der Setup-Assistent ebenfalls mit Instruktionen und Hinweisen.

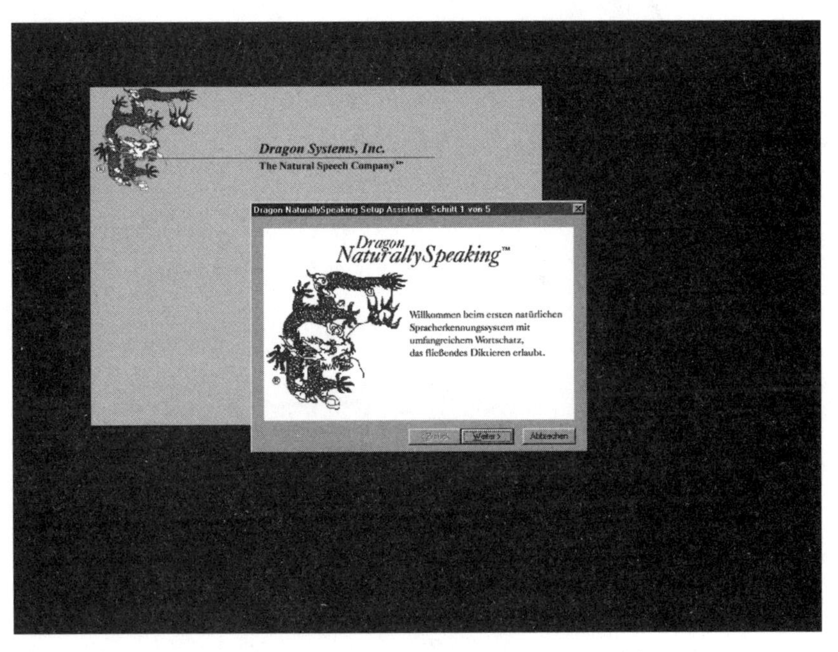

Abb. 3.6: Mit diesem Bildschirm begrüßt Sie der Installationsassistent von Dragon NaturallySpeaking Professional

1. Den Begrüßungsbildschirm verlassen Sie durch einen Klick auf die Schaltfläche *Weiter*.

2. Als nächstes erhalten Sie die Möglichkeit, den Lizenzvertrag zu lesen und die Annahme des Vertrages mit einem Klick auf die Schaltfläche *Ja* zu bestätigen.

3. In dem nun folgenden Fenster tragen Sie die Registrierungsinformationen zu Ihrem Produkt ein. Den CD-Key finden Sie auf einer dem Produkt beiliegenden Karte.

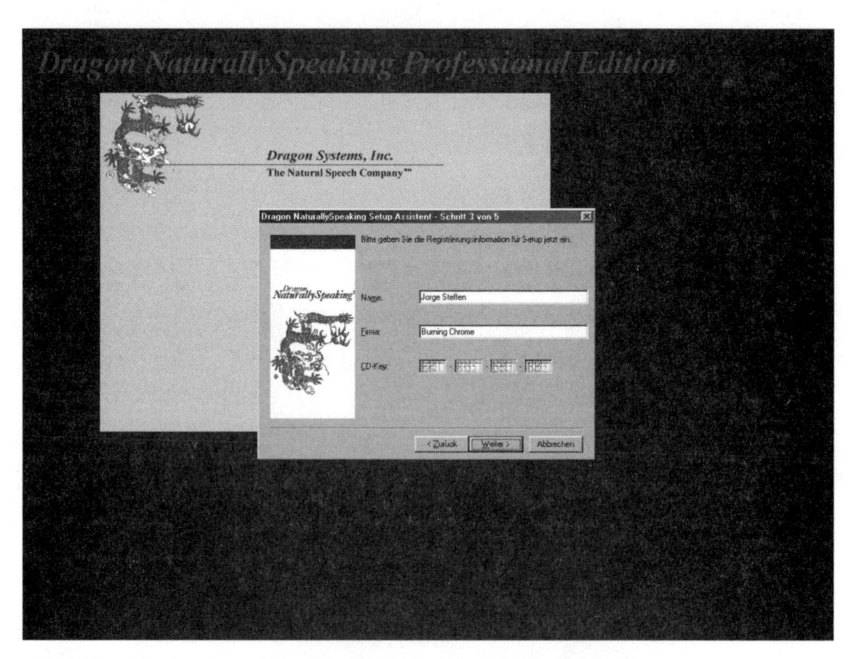

Ab. 3.7: Hier geben Sie den CD-Key Ihres Produkts ein

4. Danach können Sie die zu installierenden Programmkomponenten auswählen und erhalten eine Übersicht über den dafür benötigten Speicherplatz auf Ihrer Festplatte. Selektieren oder deselektieren Sie die einzelnen Komponenten mit einem Klick auf das kleine Quadrat neben der jeweiligen Komponente. Wenn Sie Ihre Auswahl getroffen haben, fahren Sie mit Hilfe der Schaltfläche *Weiter* mit der Installation fort.

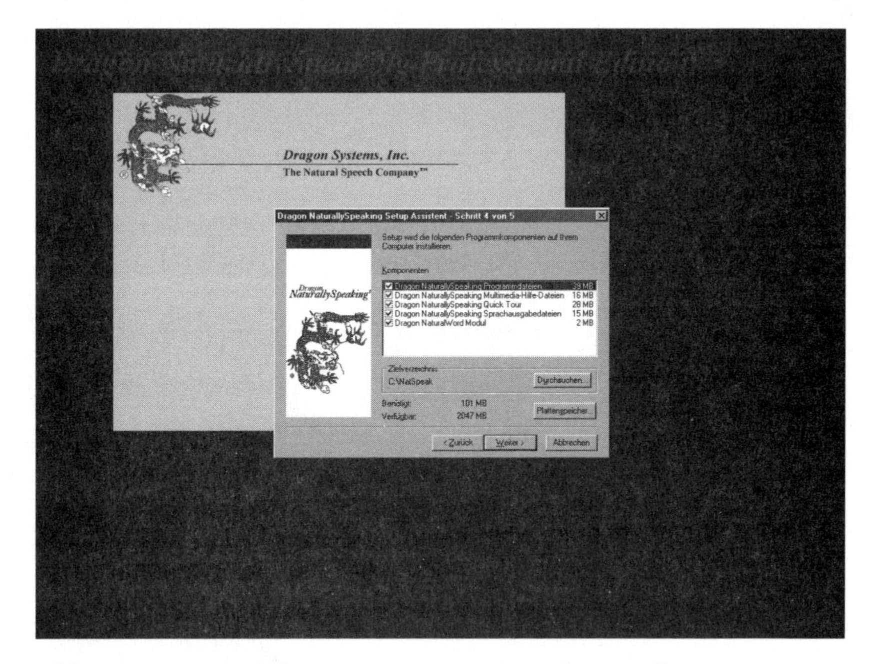

Abb. 3.8: Hier wird das gesamte Programmpaket installiert

5. Nun werden die ausgewählten Programmkomponenten auf Ihre Festplatte übertragen.

6. Am Ende der Installation können Sie entscheiden, ob Sie sich die *README*-Datei anzeigen lassen möchten und ob die Quick Tour installiert werden soll.

Die Installation der Quick Tour ist bei der ersten Installation sinnvoll, da Sie hier wichtige Informationen zum Kennenlernen von NaturallySpeaking erhalten. Ein späteres Aufrufen ist aber jederzeit problemlos möglich. Sie können die Quick Tour später durch Entfernen des Ordners *Tour* problemlos wieder löschen.

Die Deinstallation

Um NaturallySpeaking von Ihrem System zu entfernen, wählen Sie in der Task-Leiste *Start* > *Programme* und dann unter *Dragon NaturallySpeaking* die Option *Deinstallieren*.

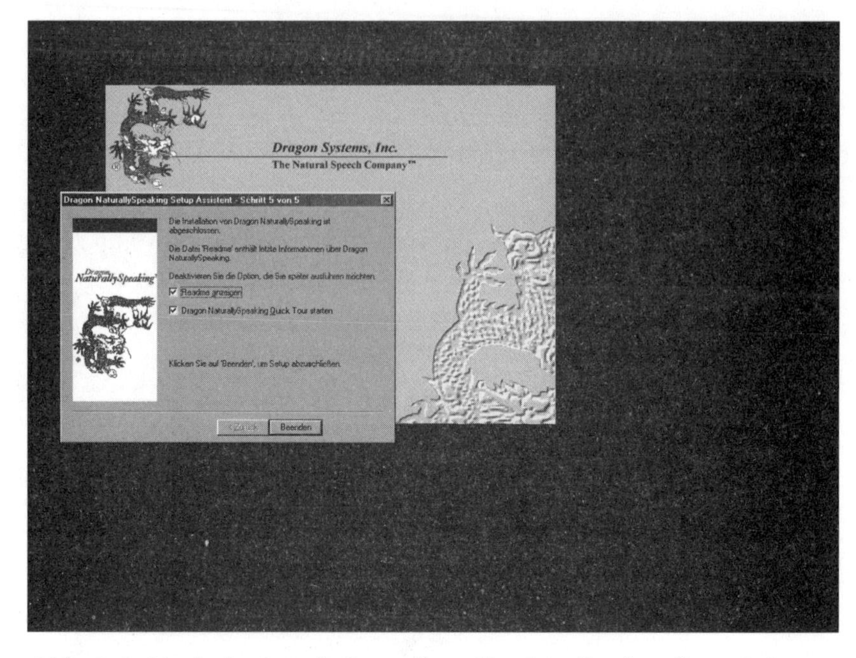

Abb. 3.9: Nach der Installation sollten Sie sich die aktuellsten Informationen zu Ihrem Produkt anzeigen lassen

Das erste Mal

Beim ersten Start werden Sie von NaturallySpeaking aufgefordert, folgende Arbeitsschritte vorzunehmen:

1. Sie müssen einen Benutzernamen angeben. Unter diesem Benutzernamen werden in Sprachdateien bestimmte Informationen über Stimme, Vokabular, Wortgebrauch und Sprachbefehle des Benutzers definiert.

2. Der Audio Setup-Assistent prüft die Fähigkeit Ihres Audiosystems, gesprochene Daten zu verstehen und später wiederzugeben. Dabei nimmt er die Einstellungen weitgehend automatisch vor.

3. Danach müssen Sie sich der ersten Trainingssitzung unterziehen. Im Verlauf dieser Sitzung macht sich NaturallySpeaking ein Bild Ihrer Sprechweise.

4. Nur anhand dieser Arbeitsschritte kann NaturallySpeaking aktiviert und die Abstimmung zwischen den einzelnen Komponenten justiert werden. Bei Problemen finden Sie Ratschläge in der Online-Hilfe.

Zur Verbesserung der Erkennungsgenauigkeit sollten Sie nach durchlaufener Trainingssitzung die Funktion *Vokabular erstellen* wählen. Hier können Sie das automatisch erstellte allgemeine Standardvokabular der bevorzugten Schreibweise und dem von Ihnen gewählten Fachgebiet anpassen.

Neue Benutzerprofile erstellen

Die beim ersten Start von NaturallySpeaking erstellte Benutzerkonfiguration bezieht sich nur auf den genannten Benutzer.

Im weiteren Verlauf können jedoch neue Benutzernamen angelegt werden, die nach nochmaligem Durchlauf von Audio Setup und Trainingssitzung individuell verwendet werden können. Bei Bedarf ist es aber möglich, Benutzerthemen zu ex- und importieren.

Qualität der Soundkarte

Mitunter kann eine schlechte Qualität der Soundkarte die Erkennungssicherheit deutlich beeinträchtigen.

Auswirkungen durch mangelhafte Soundkarten entstehen in Form eines erhöhten Rauschpegels des Eingangssignals in der Schnittstelle von NaturallySpeaking. Dieses Rauschen beeinflußt das Sprachsignal und damit die Arbeitsgenauigkeit.

Probleme können auch durch die Inkompatibilität einiger Soundkarten mit Standardmikrophonen entstehen. Wählen Sie deshalb beim eventuellen Neukauf eine der Soundkarten, die von Dragon Systems zur Zusammenarbeit mit NaturallySpeaking empfohlen werden.

Der Audio Setup-Assistent

Der Audio Setup-Assistent ermöglicht die Konfiguration der Audio-Hardware sowie die Kalibrierung des Mikrophons. Er überprüft weiterhin, ob Mikrophon und Lautsprecher richtig angeschlossen sind.

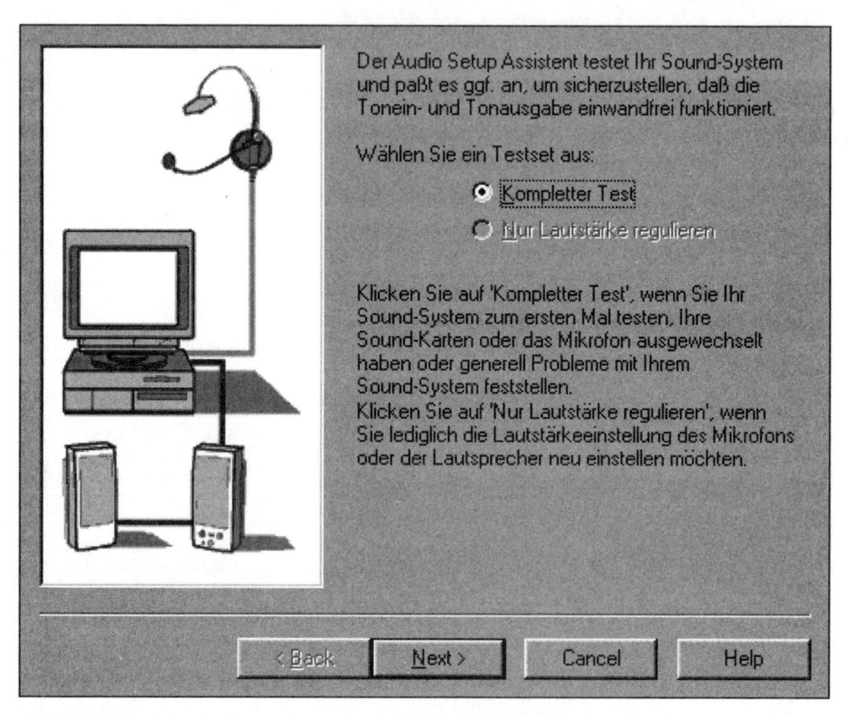

Abb. 3.10: Nach der ersten Installation führt der Audio Setup-Assistent eine komplette Prüfung Ihres Audio-Equipments durch

Beachten Sie aber dennoch, daß trotz automatischer Konfiguration die Erkennungsleistung von NaturallySpeaking maßgeblich von der Qualität der Soundkarte und der richtigen Positionierung des Mikrophons abhängt.

Die Qualitätsangaben sind verwirrend

Die Qualitätseinschätzungen des Audio Setup-Assistenten führen oft eher zu Verwirrung, als daß sie aufklären. Auch wenn der Bericht des Assistenten nur eine normale Lautstärke und akzeptable Tonqualität attestiert oder behauptet, daß die Tonqualität zur Spracherkennung unter dem Durchschnitt liegt, muß das noch nicht viel heißen. Hier folgt die Anleitung mit der Sie die wahren Qualitäten Ihrer Audio-Hardware feststellen können:

1. Wenn Sie wirklich wissen wollen, wie gut Ihre Audio-Hardware ist, starten Sie zuerst den Audio Setup-Assistenten.
2. Drücken Sie dann am Begrüßungsbildschirm die Tasten Alt + 1.
3. Daraufhin gelangen Sie in ein Analysefenster, in das Sie etwa 15 bis 30 Sekunden wie bei einem normalen Diktat hineindiktieren sollten.
4. Am oberen linken Rand des Fensters sehen Sie drei Zahlen, wobei die erste Zahl den Rauschanteil des Signals beschreibt, die zweite Zahl das Sprachsignal und die letzte Zahl - Speech to Noise genannt - schließlich den Abstand der beiden ersten.

Speech to Noise oder wie gut ist Ihre Audio-Hardware wirklich?

Der Signal-Rauschabstand ist der wirklich wichtige Wert für die Spracherkennung. In Abhängigkeit von der hier ermittelten Zahl bedeutet der Wert:

0-14: Ihre Audio-Hardware ist nicht für die Spracherkennung zu gebrauchen.

15: Mit einem solchen Wert können Sie Dragon NaturallySpeaking ausprobieren, Sie müssen jedoch damit rechnen, daß diese Kombination ebenfalls nicht für die Spracherkennung zu nutzen ist.

16-17: Ab diesem Wert sollten Sie mit der Spracherkennung arbeiten können. Der Erkennungsvorgang wird jedoch eventuell sehr langsam ablaufen. Schnellere Prozessoren und mehr Arbeitsspeicher können Ihnen helfen, diesen Nachteil auszugleichen.

18-20: Ein solcher Wert ist durchaus akzeptabel. Hier brauchen Sie sich keine Gedanken darüber zu machen, eventuell eine neue Soundkarte zu kaufen, da die meisten von Dragon Systems getesteten Audiosysteme in diesem Bereich liegen. Versuchen Sie es eventuell mit einem der weiter unten stehenden Vorschläge, um die Erkennungsleistung noch zu verbessern.

21-24: Mit einem solchen Wert haben Sie ein optimales Ergebnis für die Spracherkennung erzielt. Konzentrieren Sie sich hier mehr auf die Aussprache und auf das regelmäßige Trainieren neuer Begriffe.

25 oder höher: Einen solchen Wert erreichen Sie in der Regel nur mit professionellem Audio-Equipment. Dabei können Sie sich sicher sein, aus technischer Sicht alle Problemquellen ausgeschaltet zu haben.

Wenn Sie einen Wert über 20 erzielen, teilen Sie Dragon Systems ruhig die Ergebnisse und Ihre Systemkonfiguration mit, eventuell verfügen Sie ja über bisher noch nicht von Dragon Systems getestete Hardware und helfen so mit, die Kompatibilitätslisten für die Produkte zu erweitern.

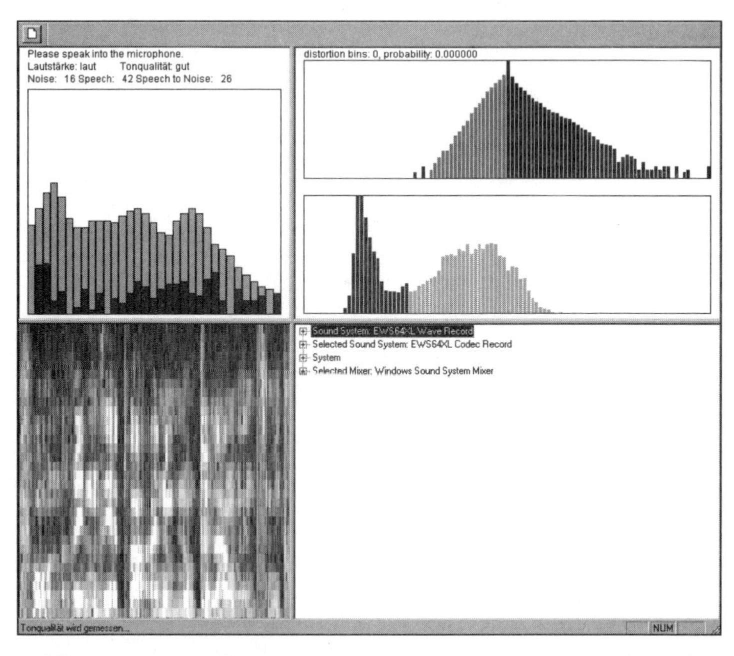

Abb. 3.11: Hier beweist die Terratec EWS 64XL ihre überragenden klanglichen Qualitäten

Verbessern des Signal to Noise-Abstands

Eine Möglichkeit, das Signal-Rausch-Verhältnis zu verbessern, liegt in der Veränderung der Mikrophonlautstärke. Dabei können Sie eine Verbesserung um bis zu drei Punkte erreichen. Gehen Sie dazu folgendermaßen vor:

1. Klicken Sie mit der linken Maustaste auf das Lautsprechersymbol in der Task Notification Area am rechten unteren Bildschirmrand. (Um das Lautsprechersymbol dort zur Verfügung zu haben, müssen Sie über *Start > Einstellungen > Systemsteuerung > Multimedia* in der Registerkarte *Audio* die Checkbox *Lautstärkeanzeige in der Taskleiste anzeigen* anklicken.)

2. Wählen Sie den Menüpunkt *Lautstärke* aus.

3. Klicken Sie jetzt im Menü auf die Option *Eigenschaften*.

4. Unter *Lautstärke regeln für* klicken Sie jetzt auf *Aufnahme* und dann auf *OK*.

5. Wenn Sie die Box *Mikrophon* ausgewählt haben, finden Sie im Aufnahmeregler das Mikrophon. Mit diesem Regler können Sie nun den Eingangspegel des Mikrophons einstellen.

6. Wenn Sie weiter in das Prüffenster des Audio Setup-Assistenten diktieren, während Sie den Eingangspegel des Mikrophons verändern, können Sie die Veränderung des Signal-Rausch-Verhältnisses beobachten. Denken Sie jedoch daran, daß Sie nach jeder Veränderung des Eingangspegels des Mikrophons erst wieder einige Sekunden diktieren müssen, bis sich die Werte stabilisiert haben und somit aussagekräftig sind.

Achten Sie auf Updates

Dragon Systems entwickelt natürlich auch den Audio Setup-Assistenten weiter, eine neue Version soll als Ergebnis nicht mehr die verwirrenden Kommentare von sich geben, sondern mit aussagekräftigeren Bildern arbeiten. Halten Sie daher regelmäßig auf den Internet-Seiten von Dragon Systems nach Updates Ausschau. Sollte mit Erscheinen dieses Buches bereits eine neue Version verfügbar sein, so könnten Sie sie auch auf der dem Buch beigelegten CD-ROM finden. Schauen Sie einfach mal nach.

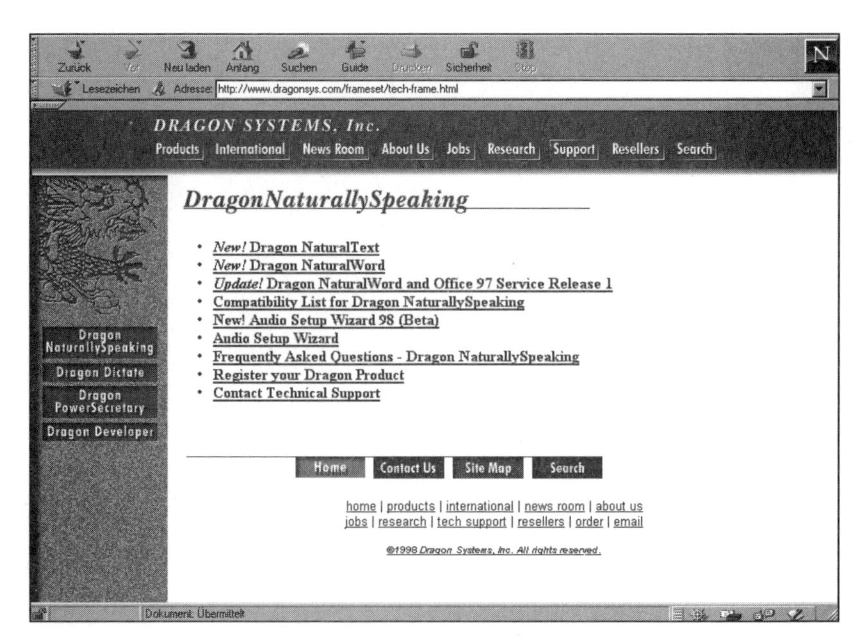

Abb. 3.12: Auf den Internet-Seiten von Dragon Systems erhalten Sie Updates und neue Informationen zu Ihrem Spracherkenner

Ausrichtung des Mikrophons

Wenn Sie darauf achten, daß Ihr Mikrophon optimal positioniert ist, können Sie deutlich bessere Ergebnisse bei der Spracherkennung erzielen. Schon geringfügige Positionsänderungen können sich negativ auf die Sprachqualität auswirken.

Beachten Sie zur optimalen Ausrichtung Ihres Mikrophons bitte folgende Möglichkeiten:

1. Drücken Sie den Schaumgummi, der in geräuschhemmender Funktion das Mikrophon umhüllt, leicht zusammen, bis Sie die flachen Seiten des Mikrophonkopfes fühlen. Dabei sollte - falls vorhanden - der kleine farbige Punkt auf dem Mikrophon in Richtung Ihres Mundes gerichtet sein.

2. Das Mikrophon sollte leicht seitlich an Ihrem Mund ausgerichtet werden, da ansonsten Atemgeräusche aufgenommen werden können. Es darf dabei Ihre Lippen nicht berühren - der optimale Abstand beträgt ca. eine Daumenbreite zum Mundwinkel.

3. Bemühen Sie sich außerdem darum, die einmal eingestellte Position beizubehalten, damit die Sprachqualität möglichst immer gleich bleibt und NaturallySpeaking nicht durch qualitativ unterschiedliche Sprachsignale irritiert wird.

Starten des Audio Setup-Assistenten

Zum erneuten Einstellen der Mikrophon- und Lautsprechereinstellungen können Sie den Audio Setup-Assistenten durch Aufrufen in der Task-Leiste unter *Audio Setup-Assistent* oder während der Arbeit mit NaturallySpeaking im Menü *Extras* aufrufen.

Dies wird erforderlich, wenn Sie ein neues Benutzerprofil erstellen möchten, Soundkarte bzw. Mikrophon ausgetauscht haben oder mit den eingestellten Werten und der aktuellen Erkennungsleistung nicht mehr zufrieden sind.

Beim ersten Start des Audio Setup-Assistenten wird ein kompletter Test Ihrer Audio-Hardware durchgeführt.

1. Als erstes sollten Sie Ihre Kopfhörer-Mikrophon-Kombination mit Ihrer Soundkarte verbinden. Wenn Ihre Soundkarte einen Mikrophoneingang besitzt, schließen Sie das Mikrophonkabel dort an, ansonsten stecken Sie es mit Hilfe des batteriebetriebenen Mikrophonverstärkers in den Line In-Eingang Ihrer Sound-

karte. Mit einem Klick auf die Schaltfläche *Next* setzen Sie das Audio Setup fort.

2. Nun wird die Lautstärke Ihres Kopfhörers bzw. der angeschlossenen Lautsprecher getestet. Mit dem Schieberegler haben Sie die Möglichkeit, die Lautstärke Ihren Bedürfnissen entsprechend einzustellen. Mit einem Klick auf *Test beenden* schließen Sie das Testen der Ausgabelautstärke ab, und nach einem Klick auf die Schaltfläche *Next* geht es weiter.

3. Das nun folgende Fenster verlangt Ihnen eine Entscheidung ab, wenn Ihnen mehrere Soundkarten oder verschiedene Aufnahmemöglichkeiten in Ihrem Computer zur Verfügung stehen. Nach Auswahl des richtigen Aufnahmegerätes setzen Sie das Audio Setup wieder mit Hilfe der *Next*-Schaltfläche fort.

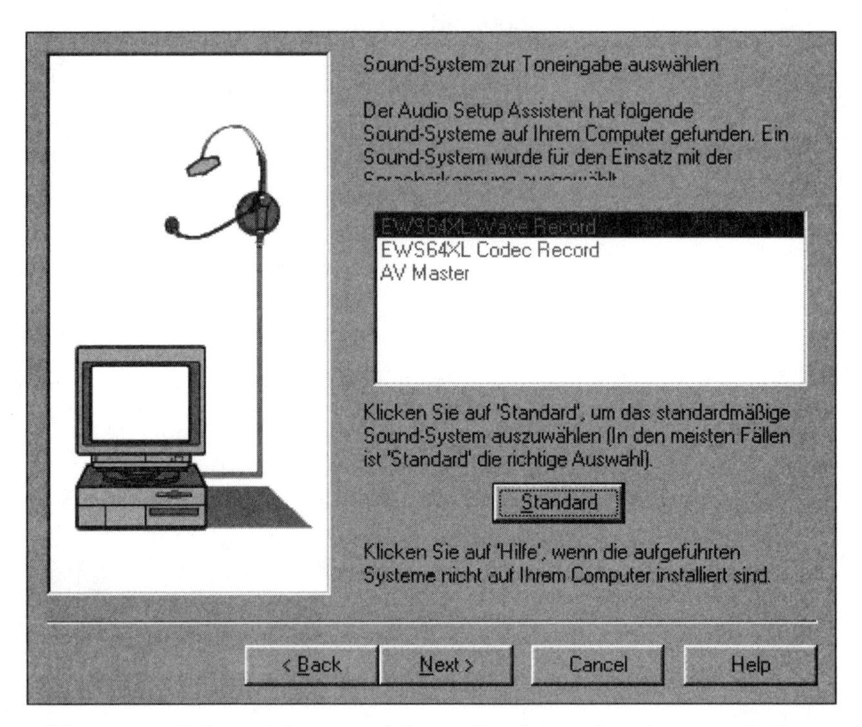

Abb. 3.13: Bei diesem System muß aus den drei vorhandenen Aufnahmequellen die richtige ausgewählt werden

4. Eventuell muß in Ihrem System auch die eingebaute Mikrophonverstärkung abgeschaltet werden, was im nächsten Fenster geschieht.

5. Im nun folgenden Fenster erhalten Sie Hinweise, wie Sie Ihr Mikrophon anschließen und optimal positionieren.

6. Schließlich wird dann der Test der Aufnahmequalität durchgeführt. Halten Sie sich dabei an die Anweisungen im Fenster des Audio Setup-Assistenten.

Die erste Trainingssitzung

Nach Abschluß dieser Arbeitsschritte kommen die ersten, durch Ihre Sprache aktivierten, geschriebenen Sätze in Reichweite. Sie müssen dafür allerdings noch das Training absolvieren, das sich in zwei Phasen gliedert:

1. In der ersten Phase werden Sie aufgefordert, einige vorgegebene kurze Sätze zu diktieren. Dabei führt NaturallySpeaking erste Änderungen durch, um das Programm an den aktuellen Benutzer zu „gewöhnen".

2. Die zweite Phase des Trainings sollte gleich im Anschluß an die erste absolviert werden, da Sie diese sonst bei jedem Programmstart wiederholen müssen.

Sie müssen für die zweite Phase mindestens eine halbe Stunde einkalkulieren, da NaturallySpeaking mindestens 18 Minuten reine Sprechdaten benötigt, um die Spracherkennung optimieren zu können. Ferner sollten Sie je nach Rechnerausstattung ca. 15 bis 40 Minuten für die rechnerinterne Verarbeitung dieser Daten berücksichtigen.

Ihnen stehen folgende Texte für das Training der zweiten Phase zur Auswahl:

- Gebrüder Grimm: Der Hase und der Igel
- Hans-Christian Andersen: Das Feuerzeug

- Dave Berry: Von Enter bis Quit (Ein Computerfeind packt aus)
- Theodor Fontane: Der Stechlin

Das Absolvieren des Trainingsprogramms sollte vorgenommen werden, um die Erkennungsgenauigkeit und die Diktiergeschwindigkeit zu verbessern. Weiterhin können erst nach Abschluß des Trainings Sprachdateien aufgezeichnet werden.

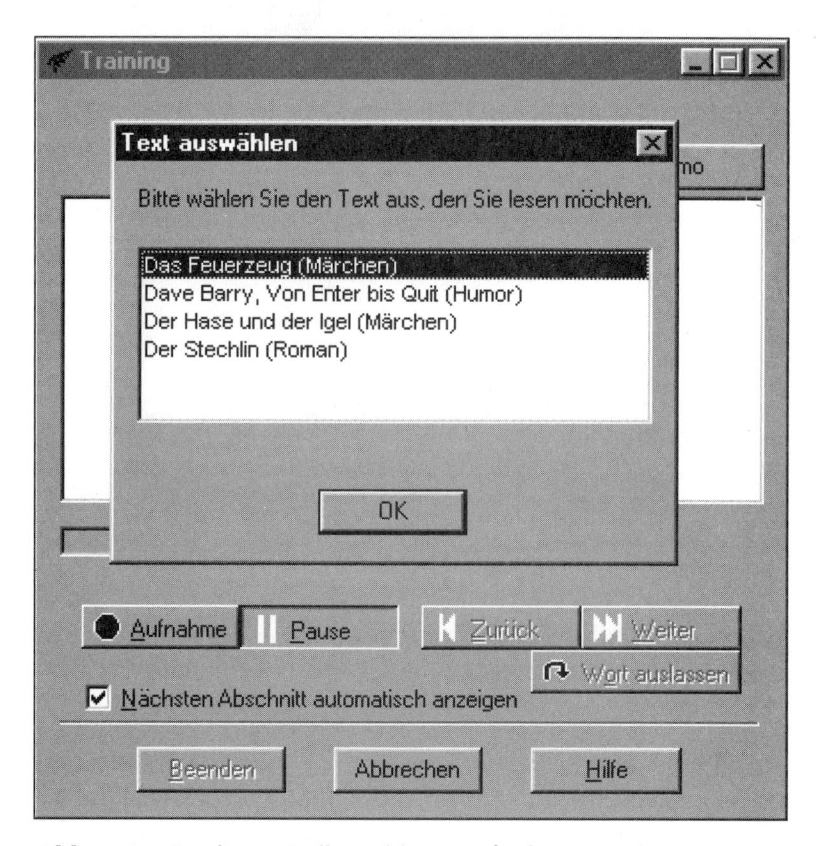

Abb. 3.14: An dieser Stelle wählen Sie die kommende Trainingssitzung aus

Trainieren Sie von vornherein gründlich

Wenn Sie die Spracherkennung wirklich ernsthaft einsetzen wollen, sollten Sie sich gerade zu Beginn die Zeit nehmen, alle der angebotenen Trainingssitzungen durchzuführen. Je mehr Informationen der Spracherkenner über Ihr Sprachprofil sammeln kann, desto höher werden die Erkennungsraten später ausfallen. Um alle vier Texte zu trainieren, werden Sie mehr als nur die reine Sprechzeit von 90 bis 120 Minuten benötigen. Erstens handelt es sich wahrscheinlich für viele meist um unbekannte Texte, zweitens benutzen gleich drei von ihnen eine etwas altertümliche Sprache. Im folgenden erhalten Sie einen kurzen Überblick über die vier Trainingssitzungen.

1. Das Märchen *Der Hase und der Igel* der Gebrüder Grimm besteht aus 34 Sätzen und ist wahrscheinlich der kürzeste und am einfachsten zu lesende Text, weshalb Sie am besten damit beginnen. Je nach Sprechgeschwindigkeit sollten Sie nach 5 bis 10 Minuten damit fertig sein.

2. Der zweitkürzeste Text ist der Roman *Der Stechlin* von Theodor Fontane. Er ist weitaus anspruchsvoller als der erste Text. In seinen 61 Sätzen begegnen Sie vielen alten Worten und Begriffen und treffen häufig auf komplizierte Schachtelsätze. Gerade bei diesem Text sollten Sie sich die Zeit nehmen, jeden Satz vor dem Diktieren bereits einmal zu lesen, dann können Sie in ca. 15 bis 25 Minuten auch diesen Trainingsabschnitt beendet haben.

3. Das Märchen von Hans Christian Andersen, *Das Feuerzeug*, ist mit 77 Sätzen der zweitlängste Text. Da Sie auch hier teilweise auf alte Sprache und ungewohnte Ausdrücke treffen werden, sollten Sie sich darauf einstellen, einige Passagen langsam und deutlich zu diktieren. Nach etwa 20 bis 30 Minuten können Sie auch diese Trainingssitzung absolviert haben.

4. Die humorvolle Geschichte *Von Enter bis Quit* von Dave Barry ist nach den beiden vorherigen Texten eine sprachliche Wohltat. Sie werden hier eher auf ein anderes Problem treffen - daß Sie nämlich an einigen Stellen vor Lachen nicht mehr diktieren können. Stellen Sie sich darauf ein, daß Sie für die 173 Sätze mit Sicherheit mehrere Anläufe benötigen werden, und nehmen Sie sich auch dann mindestens eine halbe Stunde Zeit für diesen Text.

So trainieren Sie erfolgreich

Das Durchlaufen des Trainings wirft keine großen Probleme auf, da Ihnen die Menüpunkte erklärt werden. Dennoch können Sie durch Beachtung verschiedener Richtlinien die Trainingssitzung vereinfachen und vor allem das Ergebnis verbessern:

1. Sie sollten das Mikrophon wie erwähnt richtig positioniert haben.
2. Nehmen Sie sich Zeit. Sprechen Sie laut, aber mit normaler Stimme. Bemühen Sie sich um eine sorgfältige Aussprache und eine angemessene Geschwindigkeit.
3. Als Hilfe können Sie durch Betätigung der Schaltfläche *Demo* eine Demonstration des Textes hören, der gesprochen werden soll.
4. Achten Sie beim Training von vornherein darauf, Fehler zu vermeiden, indem Sie jeden Satz erst nur lautlos ablesen, bevor Sie ihn dann laut diktieren. Das Trainingsprogramm von Dragon NaturallySpeaking ist etwas zu großzügig in der Verarbeitung von diktierten Fehlern oder Verhasplern. Daher sind Sie um so mehr gefordert, jeweils auf die korrekte Aussprache zu achten.
5. Geben Sie keine Befehle zur Groß- und Kleinschreibung ein, ebensowenig müssen Sie Interpunktionszeichen angeben.
6. Versuchen Sie, die angegebenen Wörter der Schreibweise entsprechend auszusprechen. Sie brauchen Fehler nicht zu korrigieren, sondern können einfach weitersprechen. Das beste Ergebnis erzielen Sie jedoch, wenn Sie wirklich darauf achten, alles fehlerfrei zu diktieren.
7. Die einzelnen Absätze sollten so lange vorgelesen werden, bis NaturallySpeaking Sie zum Aufhören auffordert.
8. Wenn Ihre Maus oder Ihr Trackball eine sogenannte „Smart Move"-Funktion unterstützt, sollten Sie diese vor Beginn des Trainings unbedingt ausschalten. Diese Funktion positioniert den Mauszeiger bei einem neuen Fenster immer automatisch über dem aktiven Dialogfeld, damit Mauszeigerbewegungen erspart werden und man vielfach nur noch zu klicken braucht. Beim

Training erweist sich dies als äußerst störend, wenn zum Beispiel der Trainingsassistent automatisch zum nächsten Satz übergegangen ist, man selbst aber der Meinung ist, daß im vorherigen Satz ein Aussprachefehler vorlag und diesen Satz neu trainieren möchte. Anstatt die *Zurück*-Schaltfläche zu betätigen, um den vorherigen Satz erneut zu diktieren, landet man so oft vorschnell auf der Schaltfläche zum Beenden des Trainings und zur Adaption der Sprachdateien, was Sie natürlich nicht wollen, wenn Sie versuchen, alle Texte gründlich und vollständig zu trainieren. Dann bleibt Ihnen nämlich nichts weiter übrig, als die Trainingssitzung neu zu starten und alle bereits diktierten Sätze mit der Schaltfläche *Weiter* oder der Tastenkombination Alt+W zu überspringen. Da das Überspringen von Sätzen jedoch auch seine Zeit beansprucht, ist man oft besser beraten, gleich alles erneut von Anfang an zu diktieren und zu versuchen, diesmal fehlerfrei durch die Übungssätze zu gelangen.

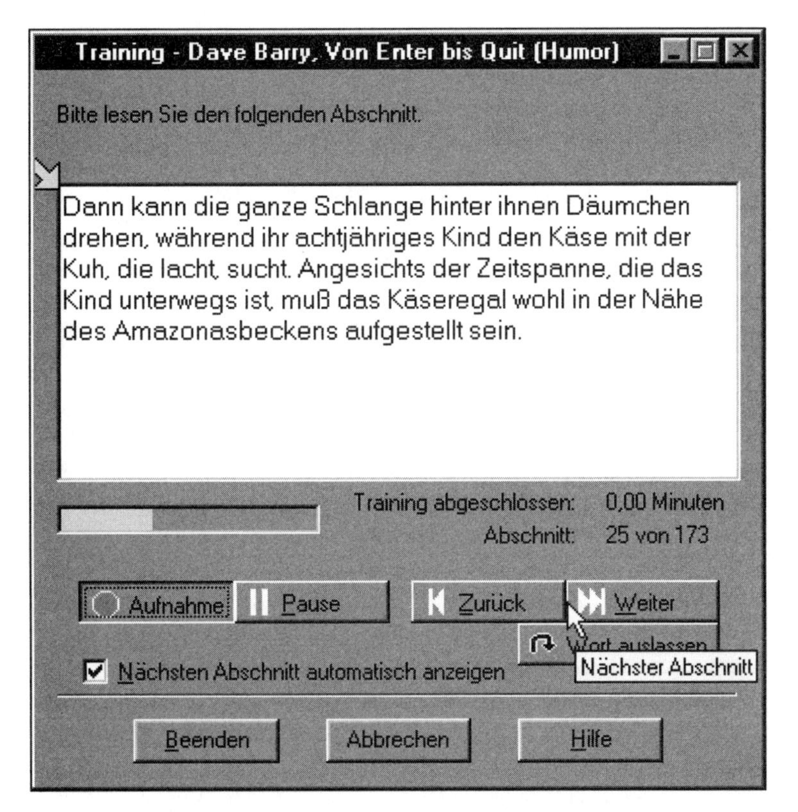

Abb. 3.15: Oftmals ist das erneute Diktieren der Trainingssätze schneller als das Überspringen bereits trainierter Sätze

Wiederholen der Trainingssitzungen

Zusätzliche Trainingseinheiten können zu weiterer Verbesserung der Erkennungsgenauigkeit führen. Sie müssen in diesem Fall allerdings nicht die gesamte Sitzung durchführen, sondern können nach Bedarf das weitere Training stoppen.

In folgenden Fällen ist weiteres Trainieren der Spracherkenners besonders wichtig:

1. Falls Sie eine neue Soundkarte bzw. ein anderes Mikrophon zum Diktieren verwenden als das, mit dem Sie das System bisher trainiert haben.

2. Wenn die Hintergrundgeräusche sich verändern, z.B. bei einem Wechsel der Arbeitsumgebung oder weil Sie plötzlich lieber mit Hintergrundmusik diktieren.

3. Wenn generell Probleme bei der Spracherkennung auftreten oder die Erkennungsleistung sinkt.

4. Außerdem sollte jedes einzelne Benutzerprofil, das in NaturallySpeaking eingerichtet wird, mit einem eigenen Training verbunden werden.

Das NaturallySpeaking-Hauptfenster

Nach Abschluß der Trainingssitzung und Verarbeitung der Sprachdaten öffnet NaturallySpeaking das Hauptfenster des Programms. Hier können Sie nun mit der Spracheingabe beginnen.

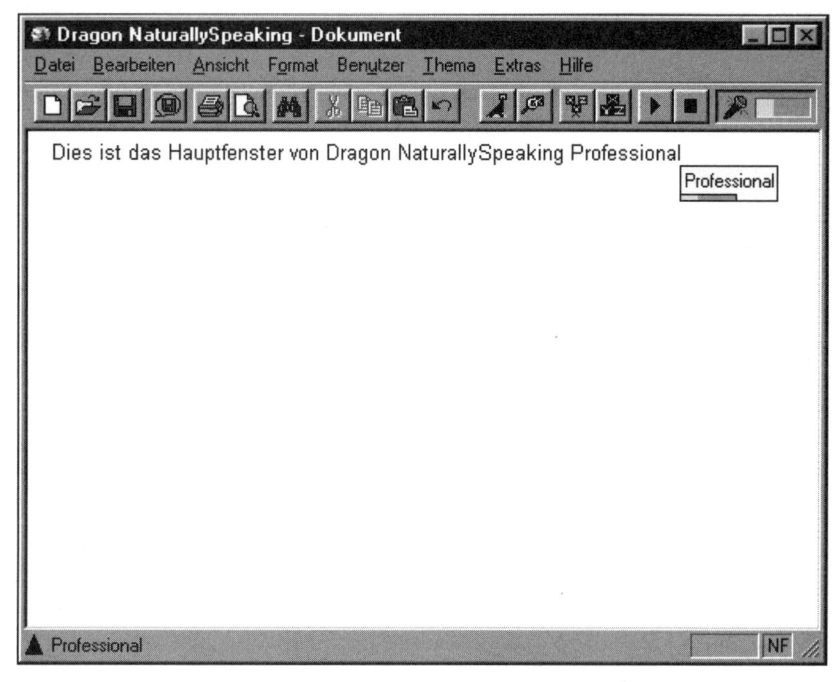

Abb. 3.16: Jetzt können Sie mit der Spracherkennung beginnen

Ein wiederholtes Öffnen dieses Fensters zu einem späteren Zeitpunkt ist durch Auswahl von *NaturallySpeaking Professional* im Menü *Dragon NaturallySpeaking Professional - Deutsch* über das *Start*-Menü möglich.

Vokabular erstellen

Zur nochmaligen Verbesserung der Spracherkennungsleistung sollten Sie diese Funktion ausgiebig nutzen. Sie bietet die Möglichkeit, durch Verarbeitung Ihrer bereits abgefaßten Dokumente das Standardvokabular Ihrem Wortgebrauch anzugleichen.

Neben dem Hinzufügen neuer Wörter aus Word-Dokumenten, ASCII-Dokumenten und sogar HTML-Dateien wird auch der individuelle Kontext der Texte übernommen. Die Funktion *Vokabular erstellen* analysiert die angegebenen Texte auf die verwendeten Wörter und erstellt darüber Statistiken. Dabei werden die gefundenen Wörter nicht nur mit dem aktiven Vokabular von 50.000 Wörtern abgeglichen, sondern es wird auch auf das externe Wörterbuch mit einem Umfang von 280.000 Wörtern (bei der Professional Version) zurückgegriffen.

Was passiert bei der Analyse existierender Dokumente?

Für jedes gefundene Wort führt das Programm *Vokabular erstellen* folgende Funktionen aus:

1. Zuerst wird überprüft, ob sich das Wort bereits im aktiven Vokabular befindet.
2. Danach wird überprüft, ob es sich im externen Wörterbuch befindet.
3. Ist das Wort einem der beiden Vokabulare bereits bekannt, wird es mit den vorgegebenen sprecherunabhängigen phonetischen Informationen sowie Kontextinformationen in den aktiven Erkennungsteil gebracht. Da dort jedoch nur maximal 50.000 Wörter Platz finden, wird das neue Wort gegen ein bisher unbenutztes oder eines mit geringer Priorität ausgetauscht.
4. Als nächstes werden alle Wörter gesucht, die dem System bisher völlig unbekannt sind. Dabei kann es sich um fremde Wörter oder bestimmte Fachwörter handeln. Diese Wörter werden schließlich in einer Liste dargestellt, aus der Sie die zu trainierenden Wörter auswählen können.
5. Bevor Sie völlig dem Trainingswahn verfallen und die Schaltfläche *Alle Wörter markieren* anklicken, sollten Sie sich vergewissern, daß die aufgefundenen Wörter auch wirklich richtig geschrieben sind, da selbstverständlich alle Wörter, die Rechtschreibfehler enthalten, vom System als unbekannte Wörter eingestuft werden.
6. Wenn Sie die zu trainierenden Wörter ausgewählt haben, werden Sie aufgefordert, jedes dieser Wörter einmal auszusprechen.

Sollten Sie einwandfreies Hochdeutsch sprechen, könnten Sie theoretisch die Ausspracheübung für deutsche Wörter überspringen, da die Software in der Lage ist, die notwendige Aussprache deutscher Wörter anhand der Schreibweise zu generieren, da wir ja im Deutschen nahezu so schreiben, wie wir sprechen.

Bei Fremdwörtern oder englischen Begriffen sollten Sie die Aussprache in jedem Fall trainieren, da die Software die zu erwartende Aussprache ansonsten mit deutschen Phonemen generiert, was zur Folge hätte, daß Sie diese Begriffe so aussprechen müßten, als wenn Sie z.B. noch nie im Leben Englisch gehört oder gesprochen hätten, damit das System Sie versteht.

Haben Sie die Trainingsphase beendet und die Funktion *Vokabular erstellen* durchgeführt, befindet sich NaturalSpeaking in dem Zustand, als hätten Sie alle dort analysierten Texte wirklich diktiert. Damit erreichen Sie bei gleichen oder ähnlichen Texten eine Erkennungsleistung von nahezu 100%.

Die Funktion *Vokabular erstellen* können Sie wiederholt aufrufen, um auch später das Standardvokabular Ihrem Gebrauch anzupassen. So ist es möglich, zusätzliche typische Dokumente oder eine Liste vordefinierter Wörter dem Vokabular hinzuzufügen. Für spezielle Fachgebiete ist es sinnvoll, für jedes Fachgebiet ein eigenes persönliches Vokabular einzurichten. Dazu sollten Sie repräsentative Dokumente aussuchen, die zu diesem Themengebiet bereits existieren. *Vokabular erstellen* bestimmt dabei - nach der Analyse eines Dokuments - die Häufigkeit von Wörtern und Wortketten und bietet Ihnen die Möglichkeit, neue Vokabeln hinzuzufügen. Beim Abschluß der Funktion werden das Vokabular und die Informationen zum Wortgebrauch dann neu eingerichtet.

Sie haben nur Vorteile

Mit der ausgiebigen Nutzung von *Vokabular erstellen* bietet sich Ihnen eine ganze Reihe von Vorteilen:

1. Die Erkennungsgenauigkeit des Spracherkenners wird durch die Anpassung des Vokabulars und der dazugehörigen Informationen an Ihren persönlichen Sprachgebrauch angepaßt und somit verbessert.

2. Sie erhalten die Möglichkeit Ihre Vokabeln nach Fachgebieten zu gruppieren, mit der Option, Vokabulare in unterschiedliche Verzeichnisse zu übertragen.

3. Sie können Listen mit den von Ihnen verarbeiteten Dokumenten aufstellen und verwalten. Diese können erweitert oder für die Erweiterung anderer Vokabulare verwendet werden.

4. Sie können Listen mit vordefinierten neu erstellten Vokabeln speichern und ebenfalls anderen Vokabularen zuteilen.

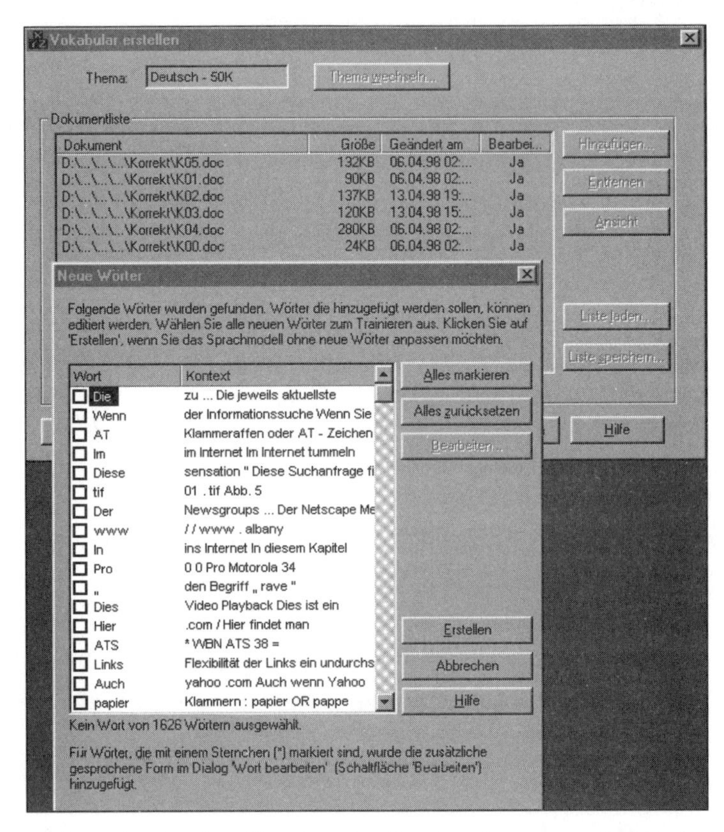

Abb. 3.17: In den Dateien des Buches *Internet mit Windows 98 - Das erste Mal* finden sich noch 1.626 unbekannte Wörter

Starten von *Vokabular erstellen*

Um den Befehl *Vokabular erstellen* per Spracheingabe zu starten, sagen Sie *Auf Extras klicken* und anschließend *Vokabular erstellen*.

Mit der Maus starten Sie *Vokabular erstellen*, indem Sie das Menü *Extras* und dort *Vokabular erstellen* auswählen.

Die ersten Schritte in NaturallySpeaking

Nach erfolgreichem Abschluß der Installation und der Trainingssitzung können Sie nun die ersten Versuche für die Spracheingabe starten.

Damit Sie sich im Programm besser zurechtfinden und schnell mit NaturallySpeaking vertraut werden, werden hier noch einige wichtige Themen erläutert.

Das NaturallySpeaking-Fenster

Das NaturallySpeaking-Fenster zeigt standardmäßig eine Menüleiste, eine Symbolleiste und eine Statusleiste und bietet Ihnen folgende Möglichkeiten:

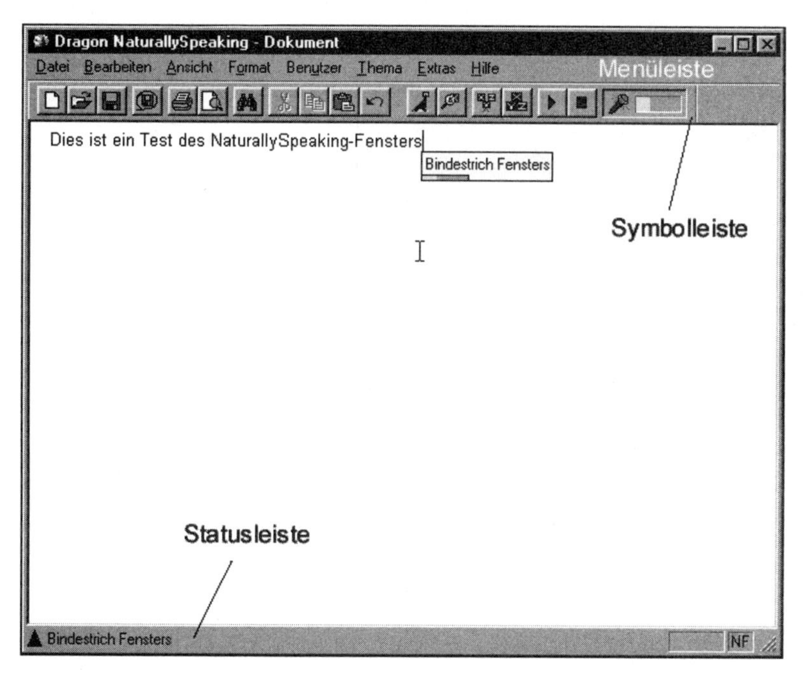

Abb. 3.18: Die Hauptanwendung, das NaturallySpeaking-Fenster

1. Wenn Sie den Mauszeiger auf die Menübefehle und die Schaltflächen der Symbolleiste bewegen, werden in der Statusleiste Meldungen, welche die Schaltflächen und Befehle erklären, und Quick-Infos, die die Befehle benennen, eingeblendet.

2. Sie können eine Bearbeitungsleiste und das Lineal durch die entsprechende Auswahl im Menüpunkt *Ansicht* aktivieren.

3. Das NaturallySpeaking-Fenster ist in seinem Aufbau normalen Textverarbeitungsprogrammen angepaßt. Die Menüpunkte *Datei, Bearbeiten, Ansicht* und *Format* entsprechen weitgehend z.B. dem Windows-WordPad und können analog benutzt werden.

Im folgenden werden die Bedienelemente behandelt, die im Rahmen der Spracheingabe eine spezielle Funktion besitzen.

Einschalten des Mikrophons

Die Spracheingabe und die Verwendung von Sprachbefehlen sind nur möglich, wenn Ihr Mikrophon eingeschaltet ist.

Das Mikrophon kann zum einen per Mauseingabe aktiviert werden. Dazu finden Sie zwei Symbole auf Ihrem Bildschirm vor: Ein *Mikrophonsymbol* befindet sich zusammen mit einer Lautstärkeanzeige auf der rechten Seite der Symbolleiste. Das zweite Symbol ist auf der Windows Task-Leiste plaziert.

Außerdem wird das Mikrophon eingeschaltet, wenn Sie die Plustaste [+] Ihrer Tastatur drücken.

Ausschalten des Mikrophons

Sie haben die Möglichkeit, durch Spracheingabe des Befehls *Mikrophon ausschalten* eben dies zu tun.

Durch Auswählen des Mikrophonsymbols mit der Maus oder erneutes Drücken der Plustaste auf der Tastatur wird das Mikrophon ebenfalls deaktiviert.

Abb. 3.19: Mit Hilfe des Mikrophonsymbols können Sie die Spracherkennung aktivieren und deaktivieren

Benutzer

Mit Hilfe des Menüs *Benutzer* können Sie verschiedene Befehle zur Verwaltung Ihrer Sprachdateien aufrufen, im einzelnen sind dies:

- *Neu* – Aufbauend auf dem Stammvokabular werden neue Sprachdateien angelegt.
- *Öffnen* – Eine vorhandene Sprachdatei kann geöffnet werden.
- *Sprachdateien speichern* – Ausgehend von der aktuellen Anwendung werden Sprachinformationen gesichert.
- *Backup* – Eine Kopie der aktuellen Sprachdatei wird erstellt.
- *Wiederherstellen* – Die momentan verwendete Sprachdatei wird durch die zuletzt gespeicherte Sicherheitskopie ersetzt.

Thema

Durch Auswahl des Menüpunkts *Thema* haben Sie die Möglichkeit, Befehle zum Aufruf bereits existierender Vokabulare auszuführen.

Außerdem können Sie natürlich auch neue Vokabulare auf der Basis bereits vorhandener Vokabulare erstellen.

Extras

Unter diesem Menüpunkt finden Sie eine Reihe von Tools, die Ihnen bei der Erweiterung des Vokabulars und bei der Verbesserung der Genauigkeit der Spracherkennung behilflich sind.

- *Wörter trainieren* – Mit Hilfe dieses Befehls können Sie die Aussprache bestimmter Wörter oder Sprachbefehle trainieren.

- *Neue Wörter suchen* – Diese Funktion untersucht ein erstelltes Dokument auf Wörter, die nicht im aktiven Vokabular oder Lexikon enthalten sind. Solche Wörter können dem aktiven Vokabular dann hinzugefügt werden.
- *Vokabular bearbeiten* – Einzelne Wörter des Vokabulars können angezeigt, hinzugefügt, entfernt oder geändert werden.
- *Vokabular erstellen* – Ein Benutzer kann für spezielle Fachgebiete eigene Vokabulare einrichten, die sich nach den von ihm angegebenen Dokumenten richten.
- *Audio Setup-Assistent* – Dieser Assistent überprüft und kalibriert Ihre Audioausstattung, d.h. Lautsprecher und Mikrophon.
- *Training* – Dieser Befehl ermöglicht durch das Absolvieren der Trainingssitzungen eine präzisere Anpassung der Spracherkennung an den Benutzer.
- *Befehle erstellen* – Sie können nach Aufruf dieses Tools benutzerdefinierte Sprachbefehle einrichten, die voreingestellte Befehlsfolgen ausführen.
- *Befehle bearbeiten* – Die vorhandenen Befehle können im Namen und in der Befehlsaktion editiert werden.
- *Diktat wiedergeben* – Der zuletzt diktierte Text wird akustisch wiedergegeben.
- *Auswahl lesen* – Zuvor markierter Text wird durch Aufrufen dieser Funktion vom Programm akustisch wiedergegeben.
- *Wiedergabe beenden* – Dieses Tool stoppt die Wiedergabe diktierten Textes bzw. ausgewählter Texte.

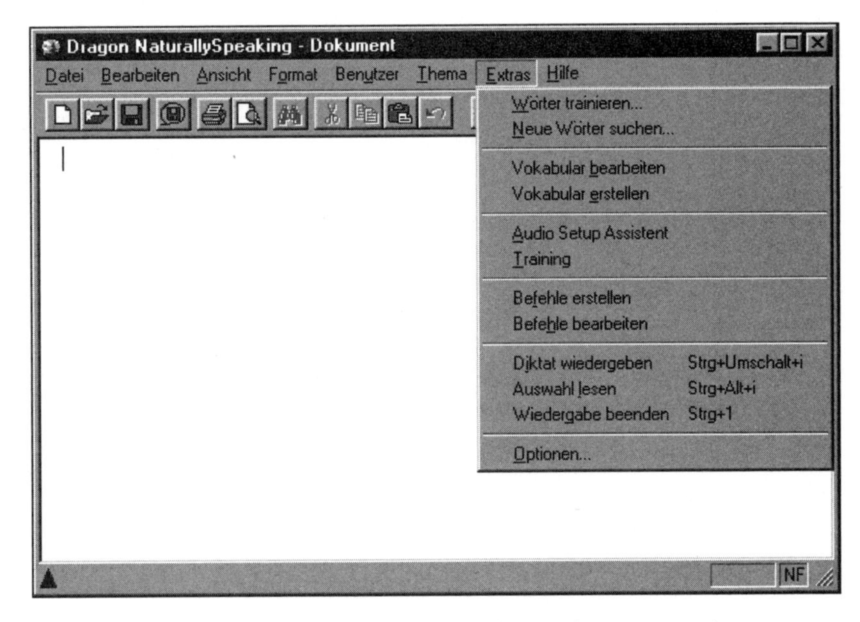

Abb. 3.20: Im Menü *Extras* finden Sie die wichtigsten Funktionen zur Verbesserung der Spracherkennungsleistung

Elemente der Diktierfunktion

Erkennungsfenster – In diesem Fenster wird der Vorgang angezeigt, der die gerade gesprochenen Wörter danach in Dokumenttext umsetzt. Zusätzlich werden die Ergebnisse dieser Erkennungsverarbeitung in der Statusleiste angezeigt.

Korrekturfenster – Mit Hilfe dieses Fensters können Sie Korrekturen vornehmen, falls Spracheingaben nicht korrekt umgesetzt wurden. Verwenden Sie zur Korrektur die Sprachbefehle *Korrigier das*, *Schreib das abc* oder *Korrigier Text*.

Die *Hilfe*

Bei der Arbeit mit NaturallySpeaking kann auf verschiedene Hilfsprogramme zurückgegriffen werden. In der Menüleiste finden Sie unter *Hilfe* drei unterschiedliche Menübefehle:

Hilfethemen

Unter diesem Menüpunkt finden Sie wichtige Anleitungen und Beispiele aller Features von NaturallySpeaking. Dieser Befehl übernimmt somit eine unterstützende Funktion bei der Erlernung des Programms.

Sie können das Hilfefenster während Ihrer Arbeit mit NaturallySpeaking problemlos geöffnet und parallel zum NaturallySpeaking-Fenster anzeigen lassen.

Starten von *Hilfethemen*

1. Bei eingeschaltetem Mikrophon sagen Sie im NaturallySpeaking-Fenster *Hilfe aufrufen*.
2. Das nun angezeigte Hilfethema *Grundlagen* der Inhaltsansicht können Sie mit den Worten *Auf Öffnen klicken* öffnen.
3. Zwischen den daraufhin angezeigten Themen können Sie mit *Eins nach oben* bzw. *Eins nach unten* hin- und herspringen.
4. Angezeigt wird das vorher gewählte Hilfethema durch Nennung des Schaltflächennamens *Anzeigen*. In diesem Fall sagen Sie *Auf Anzeigen klicken*.
5. Ein „Scrollen" über die angezeigten Hilfethemen erfolgt durch den Befehl *<Zahl 1 bis 20> nach oben* bzw. *<Zahl 1 bis 20> nach unten*.
6. Das Sprechen der Worte *Auf <Name der Schaltfläche> klicken* ermöglicht Ihnen generell die Navigation zwischen den gewünschten Ebenen.
7. Einen Wechsel zum vorher benutzten Fenster können Sie anhand des Befehls *Vorheriges Fenster* bewirken.

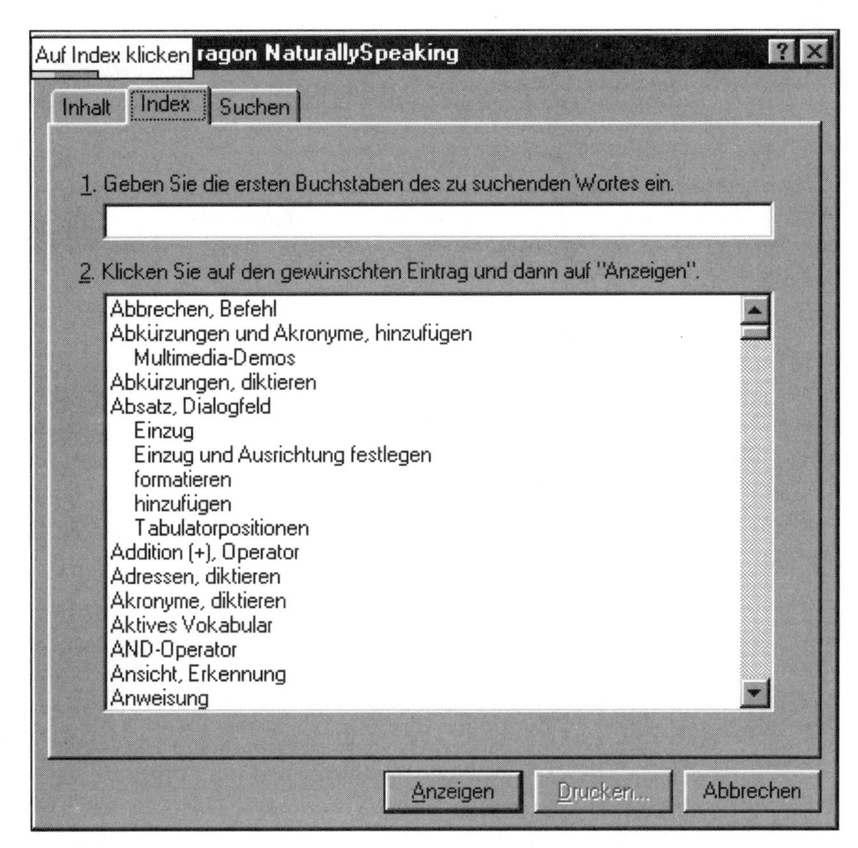

Abb. 3.21: Auch in den Hilfethemen können Sie mit der Stimme navigieren

Weitere wichtige Sprachbefehle im Menü *Hilfe* sind:

- *Befehle anzeigen* – Durch Aussprechen dieses Befehls werden Ihnen alle Befehle angezeigt, die Sie in der gegebenen Situation aufrufen können.
- *Hilfe aufrufen zu <Hilfethema>* – Dieser Befehl liefert Ihnen weitere Informationen zum gewünschten Thema. Die Variable <Hilfethema> kann ersetzt werden durch:
  - *Groß- und Kleinschreibung*
  - *Korrektur*
  - *Komposita*
  - *Erkennungsleistung verbessern*

- *Zahlen diktieren*
- *Interpunktion*
- *Überarbeitung*
- *Aktionen rückgängig machen*

Viele der Hilfethemen werden anhand von Beispielen und Multimedia-Demos ergänzt. Zur Nutzung eines Multimedia-Demos schalten Sie das Mikrophon aus (sehen Sie bitte unter *Mikrophon ausschalten* nach).

Weiterhin finden Sie zu jedem Dialogfeld von NaturallySpeaking Hilfeschaltflächen.

Bei Bedarf kann im Index nach einem Thema, das nicht im Inhaltsverzeichnis aufgelistet ist, gesucht werden.

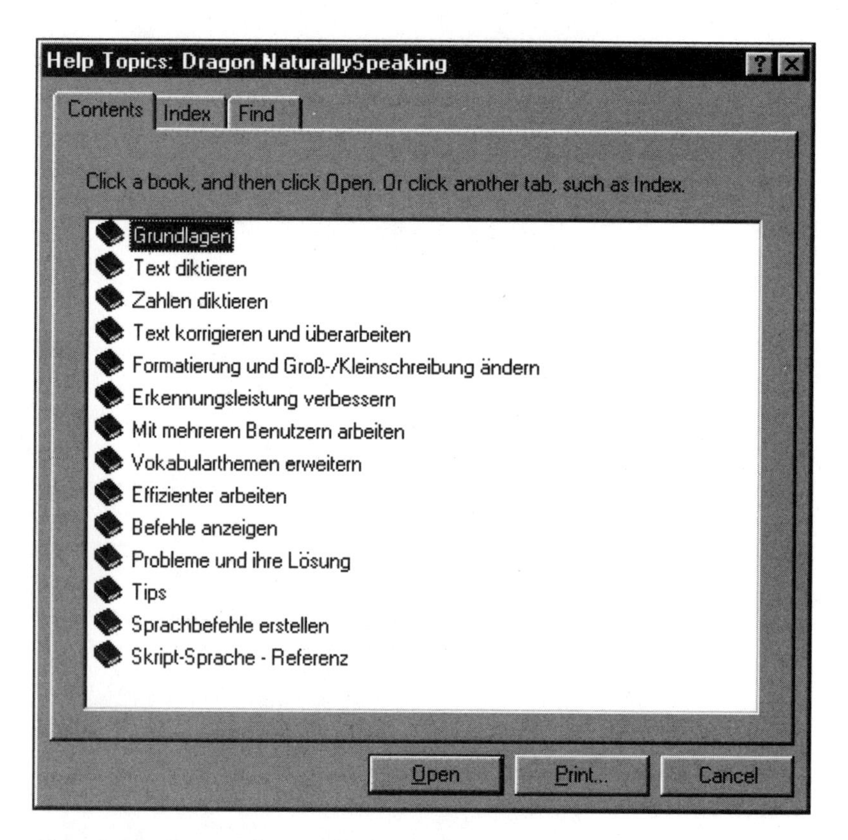

Abb. 3.22: Die Online-Hilfe kann Ihnen in den ersten Tagen unschätzbare Dienste erweisen

Tip des Tages

In diesem Menüpunkt finden sich Vorschläge zur Anwendung und Leistungssteigerung von NaturallySpeaking. In der Voreinstellung wird Ihnen bei jedem Start des NaturallySpeaking-Fensters einen neuen *Tip des Tages* angezeigt.

Starten des *Tip des Tages*

Der *Tip des Tages* wird, wie bereits erwähnt, beim Start von NaturallySpeaking automatisch aufgerufen. Sie können diese Funktion deaktivieren, indem Sie die Option *Tips beim Start anzeigen* ausschalten, da sich alle Tips auch in der Online-Hilfe befinden.

Manuell können Sie den *Tip des Tages* im Hilfemenü aufrufen.

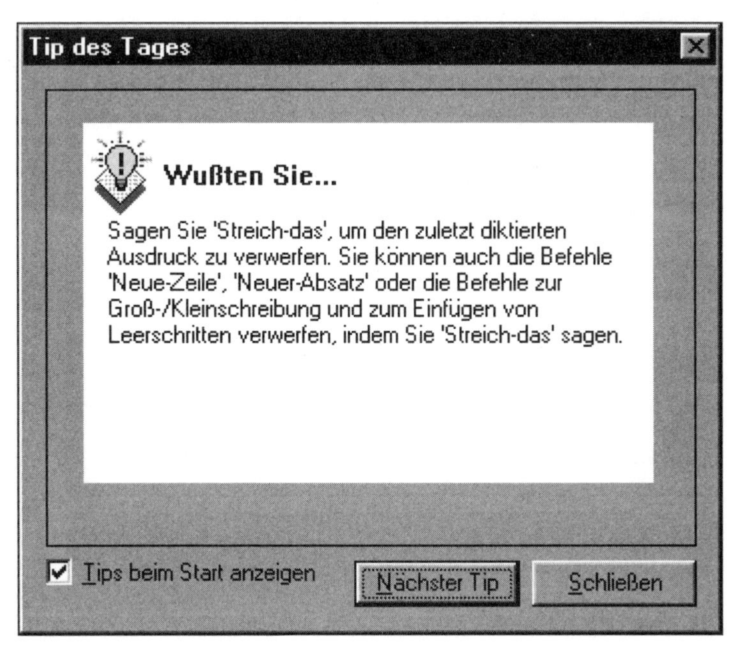

Abb. 3.23: Der *Tip des Tages* ist immer für eine Überraschung gut

Die *Quick Tour*

Der Menüpunkt *Quick Tour* erklärt Ihnen im NaturallySpeaking-Fenster, wie Sie folgende Themen angehen können:

1. Anwendung von Sprachbefehlen und Diktieren von Text- und Interpunktionszeichen
2. Markieren, Überarbeiten und Korrigieren von eingegebenem Text
3. Bildung von zusammengesetzten Wörtern
4. Änderung der Textformatierung
5. Änderung der Groß- und Kleinschreibung

Starten der *Quick Tour*

Bei Spracheingabe sprechen Sie die Befehlskette *Auf Hilfe klicken* und anschließend *Quick Tour*.

Bei Mauseingabe wählen Sie das Menü *Hilfe* und klicken danach auf *Quick Tour*.

Mit Hilfe von *Quick Tour* können Sie sich das kontinuierliche Diktieren aneignen, indem Sie die Arbeitsschritte, die dort vorgeschlagen werden, nachgehen und einfach ausprobieren.

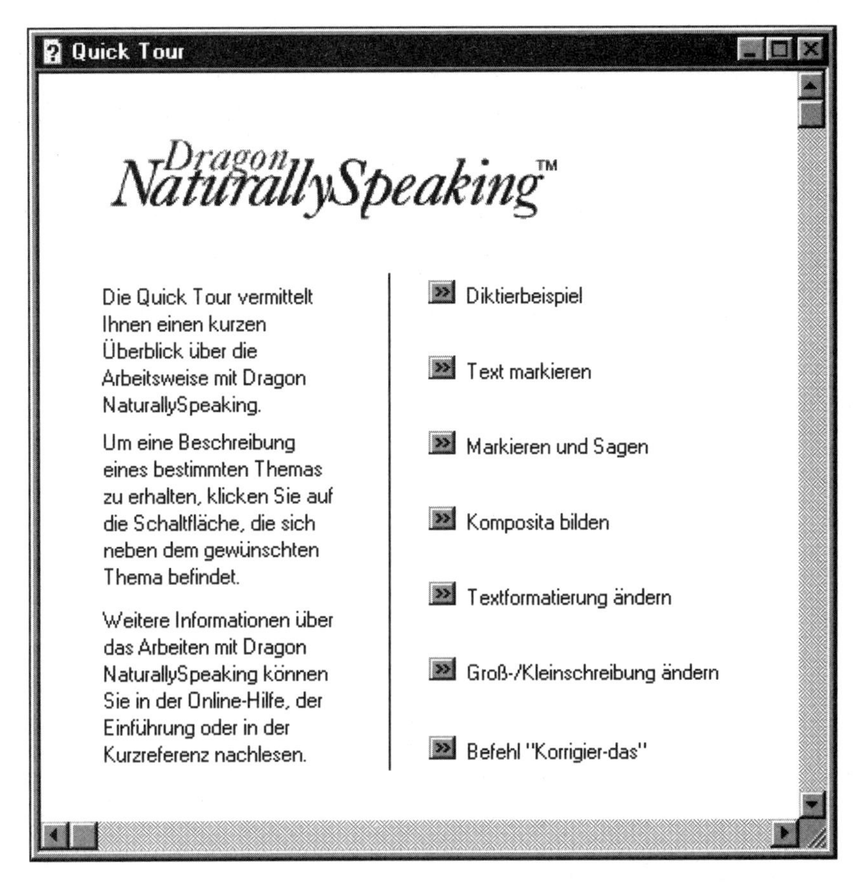

Abb. 3.24: In der *Quick Tour* können Sie sich jeder Zeit mit den grundlegenden Arbeitsschritten vertraut machen

Sprachdateien

Die Sprachdateien sammeln alle Informationen, die Sie in NaturallySpeaking einstellen, in Form eines Benutzerprofils. Dort werden Informationen über die Stimme des Benutzers, die Audio Setup-Einstellungen, die vorgenommenen Änderungen im Dialogfeld *Optionen* und die benutzerdefinierten Sprachbefehle gespeichert. Außerdem enthalten diese Dateien vokabularbezogene Informationen, die NaturallySpeaking beim Aufruf des Tools *Vokabular erstellen* anlegt.

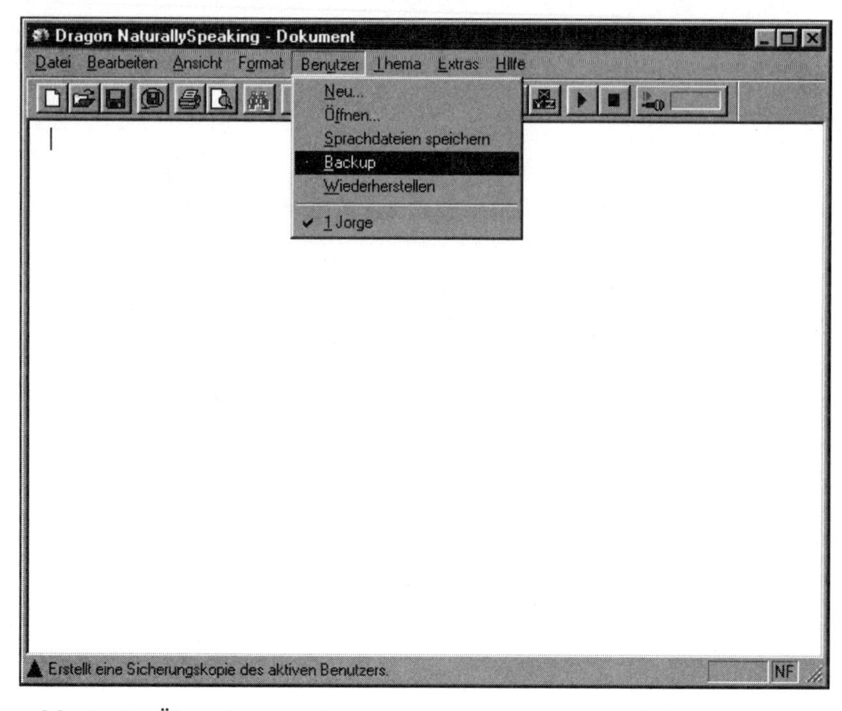

Abb. 3.25: Über das Menü *Benutzer* können Sie Sprachdateien sichern und wiederherstellen

Sprachdateien speichern

Es empfiehlt sich, zur kontinuierlichen Erkennungsverbesserung solche Sprachdateien zu speichern. Dazu werden Sie in drei Fällen aufgefordert:

1. Wenn Sie das Tool *Vokabular erstellen* verlassen
2. Wenn Sie einen anderen Benutzer anmelden
3. Wenn Sie NaturallySpeaking beenden wollen

Durch das Speichern einer Sprachdatei werden alle Eingaben und Modifikationen in den Optionen *Vokabular erstellen*, *Vokabular bearbeiten* und *Wörter trainieren* festgehalten.

Sprachdateien sichern und wiederherstellen

Sicherheitskopien Ihrer Sprachdateien werden von NaturallySpeaking automatisch bei jedem fünften Speichervorgang erstellt.

Manuell können Sie diesen Vorgang durch den Befehl *Backup* ausführen. Sie finden ihn im Menü *Benutzer*. Die gespeicherten Dateien werden dabei im Verzeichnis *Users* abgelegt.

Sollten Sie die aktuell gespeicherte Sprachdatei jedoch verwerfen, haben Sie die Möglichkeit, die zuletzt erstellte Sicherheitskopie durch den Befehl *Wiederherstellen* als aktuelle Sprachdatei zu aktivieren.

Falls Sie die Speicherfrequenz für Sicherheitskopien verändern bzw. abschalten möchten, rufen Sie das Register *Weitere Einstellungen* des Menüs *Extras > Optionen* auf, und nehmen Sie dort die gewünschte Änderung neben dem Eintrag *Anzahl Speicherungen zwischen Backups* vor.

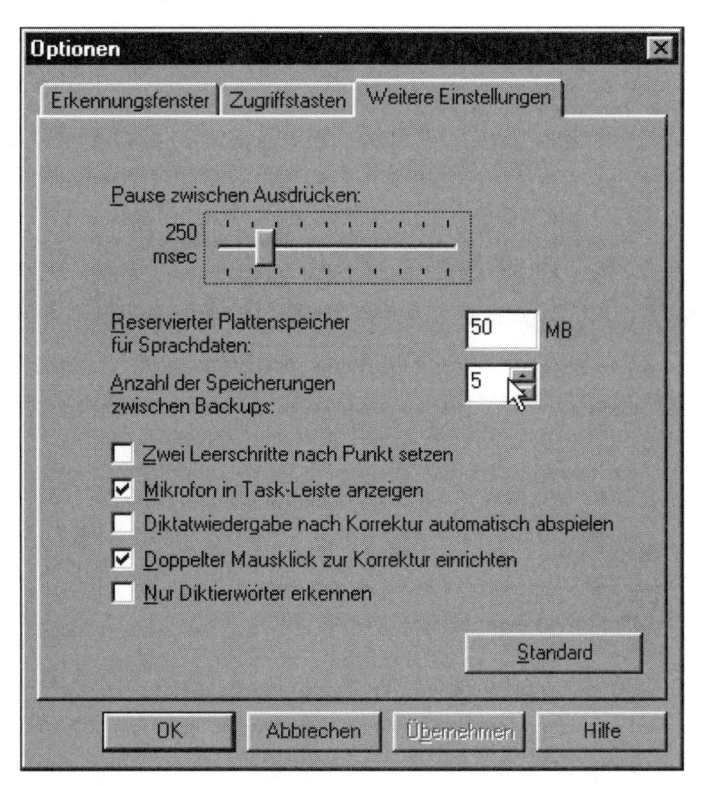

Abb. 3.26: An dieser Stelle können Sie den Umgang mit den Sprachdateien genauer einstellen

NaturallySpeaking in Kombination mit anderen Programmen

Sie haben die Möglichkeit, in NaturallySpeaking Text (z.B. für E-Mails, Berichte etc.) zu diktieren, den Sie über die Funktion der Zwischenablage auch in andere Anwendungsprogramme exportieren können.

1. Für diesen Arbeitsschritt sollten Sie bei aktiviertem NaturallySpeaking-Fenster und eingeschaltetem Mikrophon den Befehl *Alles in die Zwischenablage kopieren* sprechen.
2. NaturallySpeaking speichert nun diesen Text in der Zwischenablage, so daß Sie jetzt das Programm aktivieren können, in das Sie den ausgeschnittenen Text einfügen möchten. Hatten Sie diese Anwendung vorher schon geöffnet, so bringt Sie der Befehl *Vorheriges Fenster* wieder in das zuletzt geöffnete Fenster.
3. Suchen Sie für den Cursor die Stelle, an der Sie den Text einfügen möchten. Dort integriert der Befehl *Alles einfügen* den zwischengespeicherten Text. Vergessen Sie bitte nicht, abzuspeichern!
4. Über den Befehl *Zurück zu Dragon* gelangen Sie wieder auf die Ebene der Spracheingabe von NaturallySpeaking zurück.

Microsoft Word

Nach der Installation von NaturallySpeaking verfügen Sie in Microsoft Word über einen neuen Menüpunkt namens *Dragon NaturallySpeaking*. Wenn Sie diesen anklicken und den Menüpunkt *NaturalWord aktivieren* auswählen, starten Sie das Spracherkennungsmodul für diese Anwendung.

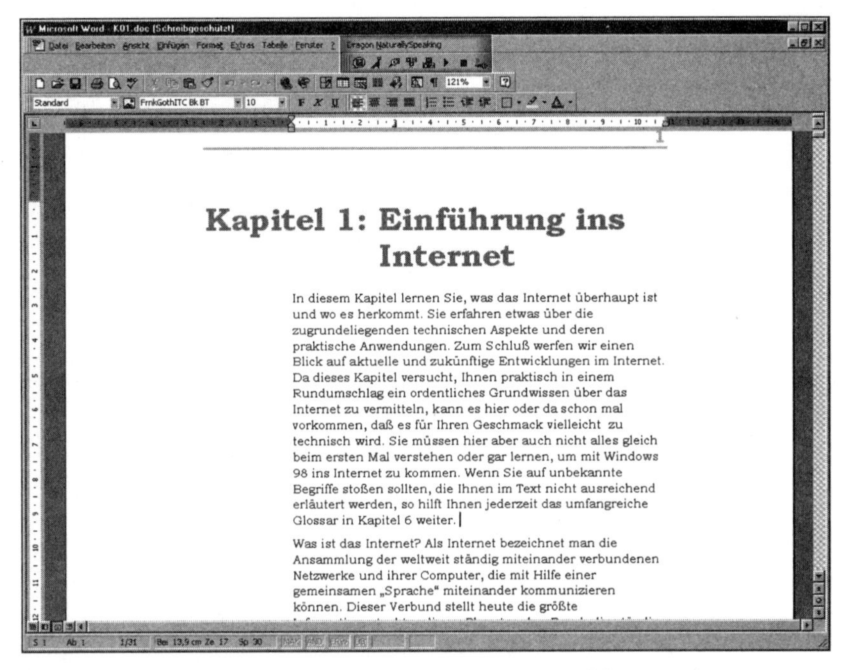

Abb. 3.27: Die umrandeten Menüs werden Word hinzugefügt

Sollte der Menüpunkt dort nicht zu finden sein, ist es möglich, daß Sie Microsoft Word erst nach Dragon NaturallySpeaking installiert haben. Installieren Sie in diesem Fall Dragon NaturallySpeaking erneut.

Steuerung von Microsoft Word

Da Microsoft bei der Erstellung von Office 97 mit den eigenen Standards gebrochen hat und nun auch Grafiken in die Menüzeilen eingebunden hat, können Sie hier mit NaturallySpeaking nicht auf die Dialogfeldelemente wie Textfelder oder Schaltflächen zugreifen. Dazu müssen Sie DragonDictate 3 (welches bei der Naturally-Speaking Professional Version sogar mitgeliefert wird), die Maus oder die Tastatur benutzen. Sobald Microsoft die Active Accessibility API fertigstellt und freigibt, werden diese Probleme behoben sein.

Optimales Arbeiten

Um mit Dragon NaturallySpeaking und Microsoft Word möglichst optimal arbeiten zu können, sollten Sie einige Vorkehrungen treffen:

1. Wenn Sie mit Dragon NaturallySpeaking in die Office-Anwendung Microsoft Word diktieren möchten, sollten Sie auf jeden Fall das Office-Paket bzw. Word auf den letzten Stand gebracht haben.

2. Zur Aktualisierung des Office 97-Pakets auf die neueste Version, müssen Sie das Microsoft Office 97 Service Release 1 installieren, das leider nur von Microsoft direkt entweder über das Internet oder auf CD-ROM erhältlich ist.

3. Wenn Sie nur Word oder einzelne andere Office-Anwendungen auf den neuesten Stand bringen wollen und keinen Zugang zum Internet haben oder Ihnen die Verbindungsgebühren für das Herunterladen der Updates zu hoch sind, dann bietet die Power!-CD Office 97 aus dem SYBEX-Verlag eine gute und günstige Alternative zur Aktualisierung Ihrer Software.

4. Durch dieses Upgrade arbeiten Sie nicht nur mit einer stabileren Office-Anwendung, sondern die Geschwindigkeit, mit der die erkannten Wörter im Dokument erscheinen, wird erheblich gesteigert.

5. Um die Erkennungsleistung noch weiter zu steigern, sollten Sie im Menü *Extras > Rechtschreibung und Grammatik* unter *Optionen* die Rechtschreibprüfung während der Eingabe ausschalten.

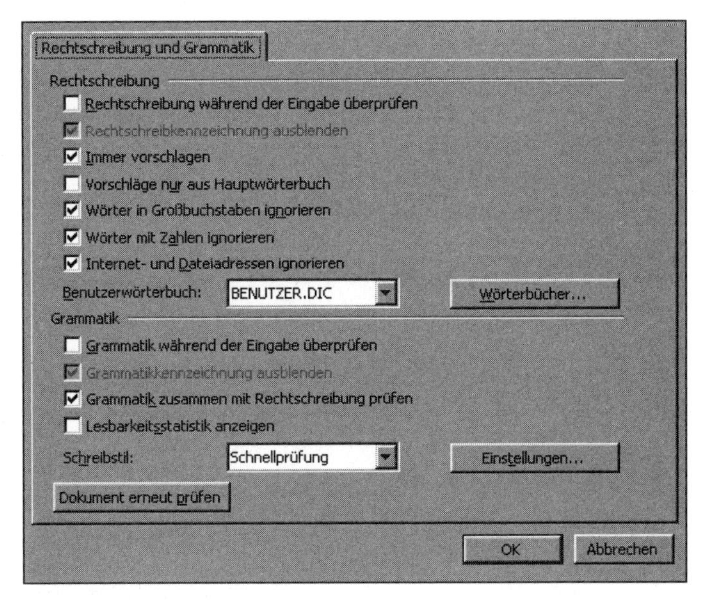

Abb. 3.28: Mit diesen Einstellungen optimieren Sie die Erkennungsleistung in Word

6. Wenn Sie weniger als 64 MByte RAM in Ihrem Rechner haben, sollten Sie auch darauf achten, in Word Dokumente mit über 25 Seiten Umfang in kleinere Dokumente aufzuteilen.

Tips zur Verbesserung der Erkennungsleistung

Zum Abschluß dieses Kapitels erhalten Sie noch eine konzentrierte Übersicht über die wichtigsten Tips und Hinweise, um die Erkennungsleistung Ihres Spracherkenners auf einem hohen Niveau zu stabilisieren.

Audioeinstellungen

1. Für eine hohe Erkennungsleistung ist der richtige Sitz des Mikrophons unerläßlich. Optimal wäre es etwa einen Daumen breit seitlich von Ihrem Mundwinkel entfernt, damit es beim Sprechen nicht im Atemstrom liegt und auch kurze und gleich klingende Wörter gut erkannt werden.

2. Regeln Sie die Mixer-Einstellungen Ihrer Soundkarte so, daß Sie beim Diktieren Ihre eigene Stimme leise im Kopfhörer bzw. über Ihre Lautsprecher mithören können. Diese Monitorfunktion kann erstens die Sicherheit Ihres Diktats erhöhen, und zweitens haben Sie so eine Kontrolle darüber, was der Spracherkenner für ein Signal empfängt.

3. Achten Sie beim Regeln der Monitorlautstärke darauf, daß Sie keine Rückkoppelung erzeugen, bei dem das Signal aus dem Kopfhörer oder Lautsprecher wieder das Mikrophon erreicht und sich so in Form eines Echos immer wieder selbst verstärkt.

Aussprache und Diktat

1. Bemühen Sie sich darum, deutlich zu sprechen, und verschlukken Sie vor allen Dingen keine Endungen. Dann werden auch Wörter, die auf EN oder EM enden, korrekt erkannt.

2. Überlegen Sie vor dem Diktieren schon den Wortlaut des nächsten Satzes. Damit ersparen Sie sich Füllwörter, die im eigentlichen Text später nichts zu suchen haben. Außerdem reduziert die Erkennung von Öhs, Ähs oder Emms die Effizienz der Spracherkennung, da der Spracherkenner damit beschäftigt sein wird, diese komischen Geräusche zur identifizieren, anstatt bedeutungsvollen Text in Zeichen zu verwandeln.

3. Sollten Sie bemerken, daß Sie Unsicherheiten beim Diktieren aufweisen, üben Sie es doch einfach, indem Sie Texte laut vorlesen. Einerseits können Sie damit Ihre Sprachqualität verbessern, andererseits können Sie bei zunehmender Sicherheit auch die Diktiergeschwindigkeit erhöhen.

Korrekturen und Vokabular

1. Im Laufe Ihrer alltäglichen Arbeit mit Dragon NaturallySpeaking können Sie die Erkennungsleistung nur noch verbessern, wenn Sie Fehler mit dem Korrekturdialog korrigieren und neue sowie falsch erkannte Begriffe und Wörter trainieren.

2. Machen Sie ausgiebigen Gebrauch von der Funktion *Vokabular erstellen*. Damit können Sie dem aktiven Vokabular die Wörter hinzufügen, die Sie auch benutzen, und Dragon NaturallySpeaking paßt sich besser Ihrem Sprachverhalten an.

3. Wenn ein von Ihnen häufig benutztes Wort falsch erkannt, und als ein Wort interpretiert wird, welches Sie praktisch gar nicht benutzen, sollten Sie mit Hilfe der Funktion *Vokabular bearbeiten* das von Ihnen nie benutzte Wort aus dem aktiven Vokabular entfernen.

4. Wenn der Spracherkenner die von Ihnen benutzten Abkürzungen nicht oder falsch erkennt, benutzen Sie ebenfalls die Funktion *Vokabular bearbeiten*. Suchen Sie dort das betreffende Wort oder fügen Sie es, wenn es nicht vorhanden ist, hinzu. Achten Sie jetzt besonders darauf, daß Sie die beiden Felder *gesprochene Form* und *geschriebene Form* für den betreffenden Begriff nach Ihrem Gusto ausfüllen.

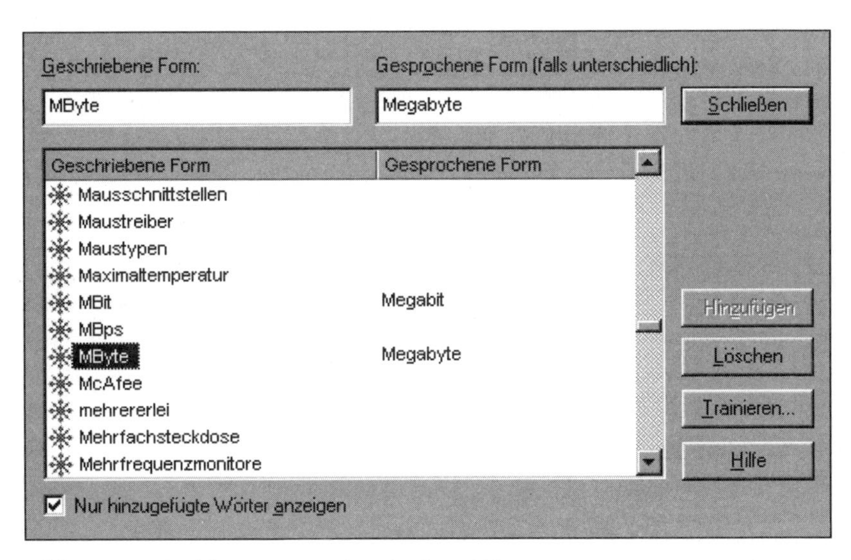

Abb. 3.29: So klappt es auch mit den Abkürzungen

Training

1. Führen Sie alle Trainingseinheiten gründlich und sorgfältig durch. Nehmen Sie sich dafür Zeit, führen Sie die Einheiten in Ruhe durch, und nutzen Sie das Training, um auch selbst Ihre Diktierstimme kennenzulernen.

2. Nutzen Sie die Möglichkeit, zusätzliche Trainingseinheiten durchzuführen, wenn sich permanent die Hintergrundgeräusche geändert haben oder für eine Weile Ihre Stimme nicht wie üblich klingt, weil Sie zum Beispiel erkältet sind.

3. Sollten Sie an einer periodisch wiederkehrenden Krankheit leiden, die sich auch auf Ihre Sprachqualität auswirkt, brauchen Sie dennoch nicht zu verzagen. Legen Sie für diesen Fall einfach einen zweiten Benutzer Ihres Namens an, verpassen Sie diesem Benutzernamen noch den Zusatz *Krank*, und trainieren Sie das System ein weiteres Mal unter den veränderten Stimmbedingungen. Dann können Sie sich bei jedem Systemstart neu fragen, „wer Sie eigentlich sind“, und den Spracherkenner mit den entsprechenden Benutzerdaten starten.

4. Wenn Sie Schwierigkeiten bei der Erkennung von Befehlen haben, also Dragon NaturallySpeaking Befehle lieber ausschreibt, anstatt sie auszuführen, können Sie ihn jederzeit durch Druck auf die Taste Strg dazu zwingen, das gleichzeitig dazu Diktierte als Befehl zu interpretieren. Besser ist es jedoch, die falsch erkannten Befehle mit Hilfe des Menüs *Extras > Wörter trainieren* oder mit dem Korrekturdialog zu trainieren.

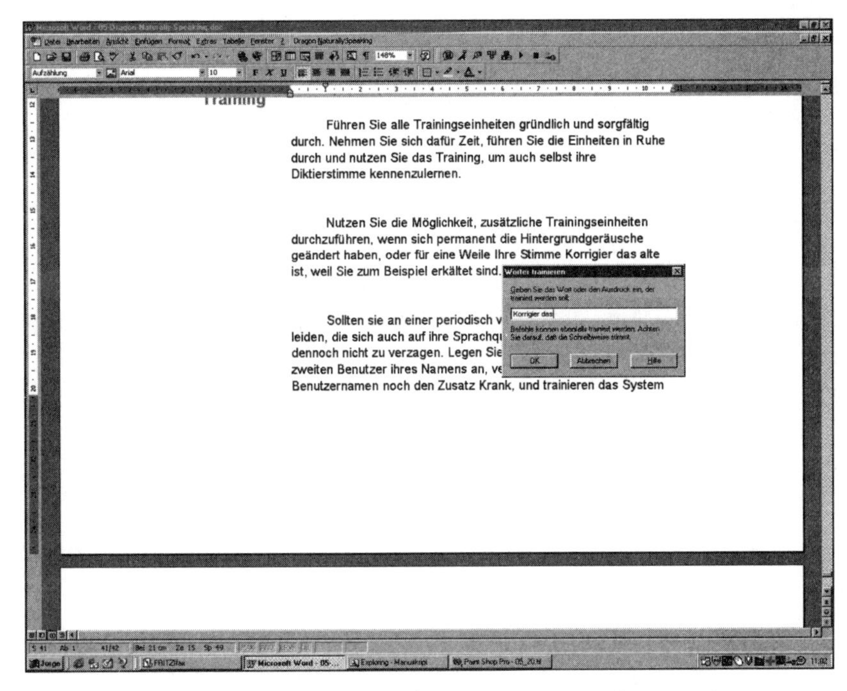

Abb. 3.30: Der Spracherkenner - bis er pariert, wird er trainiert...

5. Ihre gesamte Trainings- und Korrekturarbeit wird nicht von großem Nutzen sein, wenn Sie nicht darauf achten, beim Beenden Ihrer Anwendung, sei es nun Word oder Naturally-Speaking selbst, Ihre Sprachdateien zu sichern. Nur so weiß das System auch beim nächsten Start noch, was Sie sagen, wenn Sie etwas sagen.

Befehle und sonstiges

1. Denken Sie daran, eine kleine Pause einzulegen, bevor Sie einen Befehl an das System geben. Wenn Sie Ihre Befehle in das fließende Diktat einstreuen, hat der Spracherkenner keine Zeit, sich zu überlegen, was er schreibt, sondern er schreibt nur. Erst nach einer kleinen Pause denkt der über das Gehörte insofern nach, als er einen Befehl zu verstehen versucht, und wenn das nicht fruchtet, beginnt er mit der Niederschrift des Gehörten.

2. Sehen Sie in der Datei *DRAGON.LOG* im *NatSpeak*-Verzeichnis nach, ob ein Game Compatible Device oder Spiele-kompatibler Gerätetreiber benutzt wird. Mit solchen Standard-Soundtreibern kann die Spracherkennung zwar funktionieren, doch optimale Ergebnisse erzielen Sie nur, wenn Sie die für Ihre Soundkarte spezifischen Treiber installiert haben.

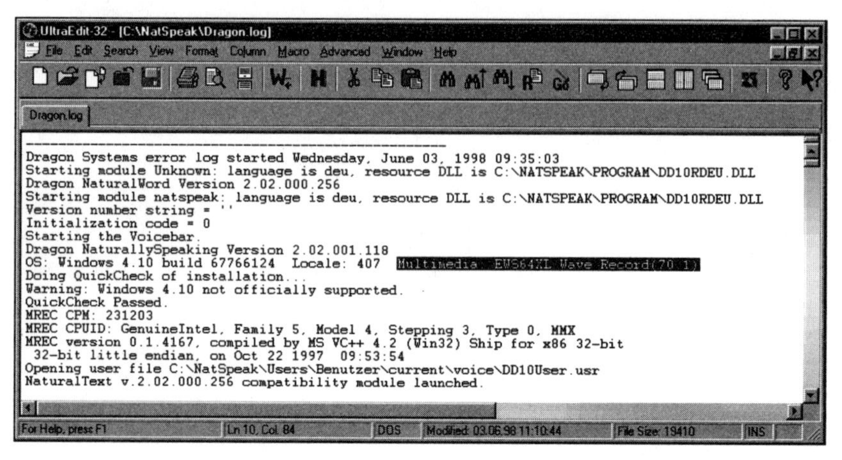

Abb. 3.31: In diesem System ist der richtige Soundkartentreiber installiert

Kapitel 4: DragonDictate 3.0

DragonDictate ist ein Programm zur diskreten Spracherkennung, welches nicht nur die Spracheingabe per Diktat erlaubt, sondern es dem Benutzer auch ermöglicht, die gängigsten Windows-Anwendungen mit sprachgesteuerten Befehlen zu dirigieren.

Dieses Kapitel erläutert Ihnen, welche Systemanforderungen DragonDictate 3.0 an Ihr Computersystem stellt. Außerdem finden Sie hier eine Installationsanweisung mit zusätzlichen Tips. Des weiteren erfahren Sie, wie Sie dem Computer neue Befehle beibringen, indem Sie eigene Makros erstellen, und zu guter Letzt erhalten Sie noch Hinweise zum optimalen Umgang mit der Software. Die Hinweise und Tips können Sie natürlich auch auf die lizenzierten Versionen anderer Hersteller, wie z.B. Terratecs SmartWord Professional, anwenden.

Systemanforderungen

DragonDictate begnügt sich gegenüber Programmen zur kontinuierlichen Spracherkennung mit sehr moderaten Hardware-Anforderungen. Damit DragonDictate 3.0 auf Ihrem System einwandfrei laufen kann, sollte Ihr Computer jedoch folgenden Mindestanforderungen genügen:

1. Sie sollten mindestens einen IBM 486/66 MHz oder Intel-Pentium in Ihrem System eingebaut haben. Aber wie immer verbessert eine schnellere CPU in jedem Fall die Erkennungsleistung und die Antwortzeiten von DragonDictate. Wenn Sie noch ein älteres Computersystem besitzen, welches die Verwendung eines eigenen mathematischen Coprozessors zuläßt, so benötigen Sie diesen für die Spracherkennung nicht. Ein mathematischer Coprozessor bewirkt zwar eine Leistungssteigerung bei rechenintensiven Programmen, wirkt sich jedoch nicht auf den Spracherkenner von DragonDictate aus.

2. Selbstverständlich benötigen Sie auch hier wieder eine geeignete Soundkarte. Sinnvollerweise sollten Sie sich bei einem Neukauf für eine Soundkarte entscheiden, die Kompatibilität mit der SoundBlaster 16 oder SoundBlaster 32 aufweist, damit eine problemlose Arbeitsweise ermöglicht wird. Soundkarten

wie die SoundBlaster Pro oder dazu kompatible Karten besitzen nur einen acht Bit Digitalwandler, dessen Qualität für die Spracherkennung meist nicht ausreicht.

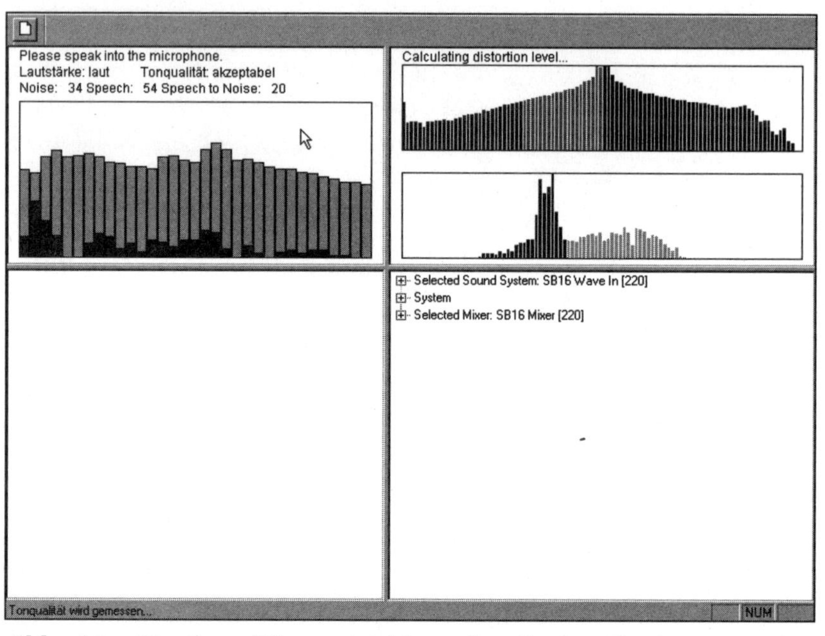

Abb. 4.1: Die SoundBlaster 16 bietet für die Spracherkennung eine akzeptable technische Qualität

3. Als Sonderfall können Sie in Verbindung mit DragonDictate auch eine M-ACPA-Soundkarte verwenden. Eine solche Karte verfügt über einen digitalen Signalprozessor, der die Erkennungsleistung - gerade auf leistungsschwachen Systemen - kräftig unterstützt. Ihr Einsatzzweck ist vor allem bei Computersystemen zu sehen, deren Rechenleistung unter der eines Pentium-Prozessors liegt. Sollten Sie eine solche Karte benutzen, beachten Sie bitte, daß Sie dafür im *Geräte-Manager* der *Systemsteuerung* die M-ACPA-Treiber der Audio-, Video- und Game-Controller entfernen müssen, da diese Karte nicht als Multimedia-Gerät genutzt werden kann, wenn sie für die Spracherkennung eingesetzt wird.

Minderwertige Soundkarten können sich negativ auf die Spracherkennungsleistung von DragonDictate auswirken, da ein erhöhter Rauschpegel auftritt, der die Erkennung Ihres Sprachsignals erschwert.

4. Die von Ihnen verwendete Festplatte sollte ca. 55 MByte freien Speicherplatz haben, die genau benötigte Menge hängt von der installierten Version ab. So benötigt die Classic Version mit einem Wortschatz von 30.000 Wörtern ungefähr 48 MByte, die Power Version (60.000 Wörter) ca. 54 MByte. Berücksichtigen Sie, daß die Einrichtung weiterer Benutzer pro Anmeldung bis zu 14 MByte Festplattenspeicher verschlingt.

5. Da Spracherkennungssysteme erhebliche Ansprüche an den Arbeitsspeicher stellen, sollte Ihr System mit durchschnittlich16 MByte in der Classic Version und mindestens 20 MByte in der Power Version ausgerüstet sein. NT-User benötigen alleine schon durch das Betriebssystem mehr Speicher und sollten diesen bereits als Voraussetzung für die NT-Verwendung besorgt haben. 32 MByte sollten hier die unterste Grenze darstellen. Sollten Sie merken, daß der von Ihnen verwendete Arbeitsspeicher nicht ausreicht, stocken Sie ihn auf – die Preise für Speicherbausteine sind in den letzten Jahren kontinuierlich gefallen und inzwischen für jedermann bezahlbar.

Installation von DragonDictate

Die Installation kann von Ihrem Diskettenlaufwerk aus erfolgen, schneller und komfortabler geht dies jedoch sicherlich mit einem CD-ROM-Laufwerk.

Haben Sie Ihren Computer erst 1997 oder später neu gekauft, werden die Anforderungen an die vorhandene Hardware sicherlich erfüllt, da die genannten Systemvoraussetzungen längst Standard sind. Höherwertige Komponenten verringern selbstverständlich immer die Warte- und Rechenzeiten, die genannten Voraussetzungen gelten zwar nicht als unbedingte Untergrenze für die Verwendung von DragonDictate, ermöglichen aber erst eine flüssige Umsetzung der gesprochenen Eingaben.

Schritte vor der Installation

Bevor Sie mit der Installation von DragonDictate beginnen, sollten Sie folgende Punkte überprüft haben:

1. Ein auf Ihrem Rechner ständig wachsames Virenerkennungsprogramm kann eventuell bei der Installation Fehlermeldungen anzeigen. Damit solche Meldungen vermieden werden, sollten Sie ein derartiges Programm deaktivieren.

2. In Ihrem Computersystem sollte bereits eine geeignete Soundkarte fertig installiert sein. Wie Sie eine Soundkarte installieren und für Ihren Spracherkenner einstellen, erfahren Sie im Kapitel *Soundkarten und Soundverarbeitung* dieses Buches.

Sie können bereits vor dem Installationsvorgang das mitgelieferte Mikrophon anschließen. Achten Sie auf den richtigen Anschluß der Klinkenstecker an der Soundkarte. Sollte Ihr Mikrophon mit zwei Steckern ausgerüstet sein, sehen Sie noch einmal auf dem Beipackzettel zum Mikrophon nach. Meist ist der Mikrophonstecker in einer anderen Farbe (z.B. grün, blau) gehalten als Lautsprecherstecker und Kabel.

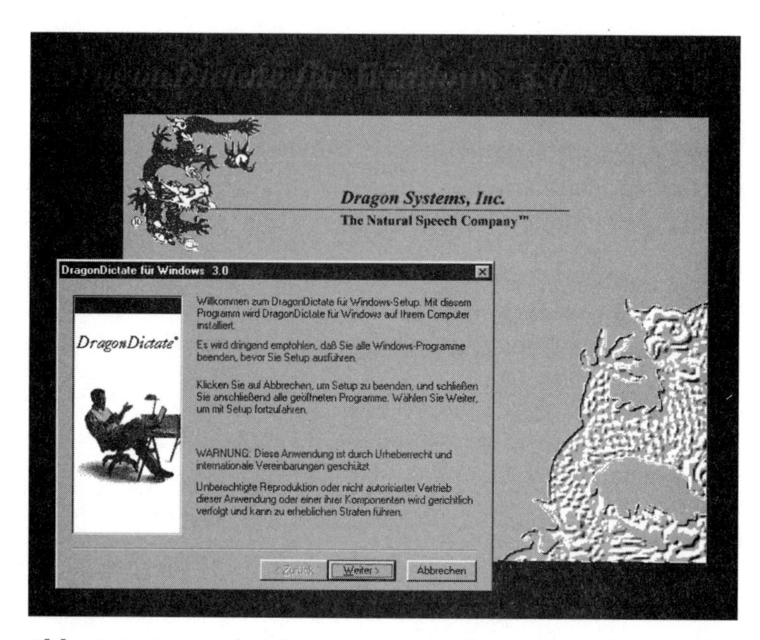

Abb. 4.2: So werden Sie von DragonDictate bei der Installation begrüßt

Dieser Arbeitsgang kann allerdings auch nach erfolgter Installation vorgenommen werden, dabei unterstützt Sie dann auch der Audio Setup-Assistent.

Die Installation

Bei der Installation von DragonDictate sollten Sie sich an den hier aufgelisteten Punkten orientieren. Dies hilft Ihnen, Probleme während des Installationsvorgangs zu vermeiden.

1. Starten Sie die Windows-Oberfläche, und speichern Sie alle laufenden Anwendungen mit wichtigen Informationen.

2. Sie können nun die Diskette ins Diskettenlaufwerk bzw. die CD-ROM ins CD-Laufwerk einlegen.

Bei Verwendung der CD-ROM sollte der Installationsvorgang automatisch gestartet werden, wenn Sie die *AutoRun*-Funktion für Ihr CD-ROM Laufwerk aktiviert haben. Dabei begleitet Sie der Setup-Assistent durch die verschiedenen Arbeitsschritte der Installation.

Andernfalls (*AutoRun* ist bei Ihnen nicht eingeschaltet) sollten Sie den folgenden Weg zum Starten des Installationsvorgangs wählen:

1. Die Diskette bzw. CD-ROM liegt bereits im jeweiligen Laufwerk. Aktivieren Sie mit der Maus in der Task-Leiste das Menü *Einstellungen* und im dortigen Unterverzeichnis die *Systemsteuerung*.

2. Daraufhin öffnet Windows das Fenster *Systemsteuerung*. Hier suchen Sie nun das Symbol *Software*. Ein Doppelklick mit der Maus startet ein neues Fenster namens *Eigenschaften von Software*. Hier müssen Sie die Schaltfläche *Installieren* wählen.

Anschließend wird der Installationsvorgang von DragonDictate gestartet, der im folgenden beschrieben wird:

1. Als erstes lädt Windows den InstallShield, ein Programm, das Sie bei der Installation unterstützt. Daraufhin wird das Willkommen-Fenster geöffnet. Hier finden Sie einige Informationen zur Vorgehensweise und Lizenzvereinbarung. Klicken Sie auf *Weiter*.

2. Das nächste Fenster des Setup trägt den Namen Setup-Option. Hier sollten Sie den gewünschten Installationsumfang angeben. Wählen Sie für eine normale Installation die Schaltfläche *Schnelle Installation*. Wünschen Sie dagegen, bestimmte Komponenten auszuwählen, klicken Sie auf *Benutzerspezifiziertes Installieren*. Dort können Sie später die zu installierenden Bestandteile der Software auswählen. Die beiden Möglichkeiten *Deinstallieren* und *Benutzerspezifiziertes Deinstallieren* sollten Sie erst bei einer eventuellen Deinstallation ins Auge fassen. Im Zweifelsfall wählen Sie die *Schnelle Installation*, da hier alle nötigen Programmteile automatisch eingerichtet werden. Anschließend bestätigen Sie Ihre Wahl mit *Weiter*.

3. Das folgende Fenster verlangt die *Eingabe Ihres Namens*. Geben Sie einfach Ihren eigenen oder den Namen, unter dem Windows angemeldet wurde, ein. Ein *Firmenname* muß nicht zwingend angegeben werden. Wichtig ist hier der *CD-Key*, der dem Paket üblicherweise auf einer separaten Karte beiliegt. Damit identifizieren Sie sich als berechtigter Benutzer des Programms. Die Eingabefelder können Sie durch einen einfachen Mausklick aktivieren und dann die jeweilige Eingabe mit der Tastatur vornehmen. Mit der Tabulatortaste gelangen Sie von einem Feld zum nächsten. Wenn Sie fertig sind, wählen Sie *Weiter*.

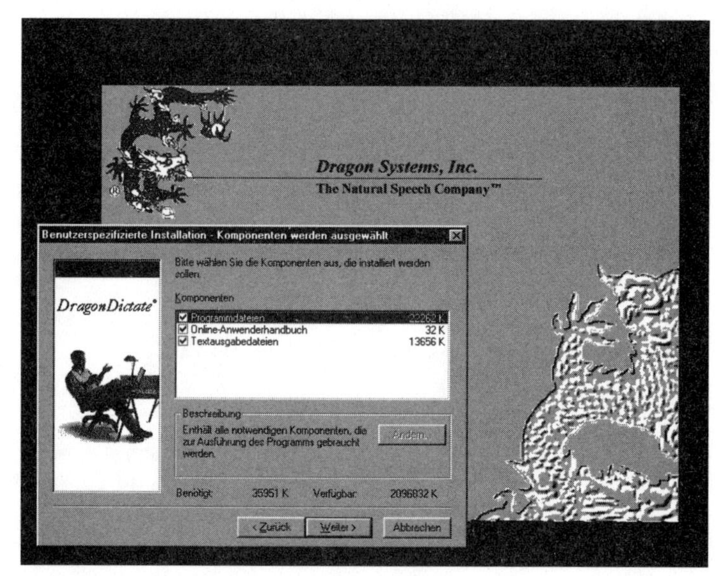

Abb. 4.3: Hier treffen Sie die Auswahl der zu installierenden Komponenten

4. Der *Zielpfad* im nun geöffneten Fenster gibt an, auf welcher Festplatte und in welchem Ordner die DragonDictate-Dateien eingerichtet werden. Diese Option ist z.B. dann interessant, wenn Sie bestimmte Programmgruppen (hier vielleicht Multimedia-Programme) in gemeinsamen Ordnern zusammenfassen wollen. Die vorgegebenen Einstellungen können Sie aber problemlos übernehmen und auf *Weiter* klicken.

5. In letzten Fenster vor Beginn des eigentlichen Installationsvorgangs sollten Sie überlegen, ob Sie bereits Microsoft Office 97 verwenden. Ist dies der Fall, wählen Sie die Option *Macros für MS Office 97*, andernfalls die Option *Für ältere Office-Versionen*. Nach einem Klick auf die Schaltfläche *Weiter* beginnt die Datenübertragung.

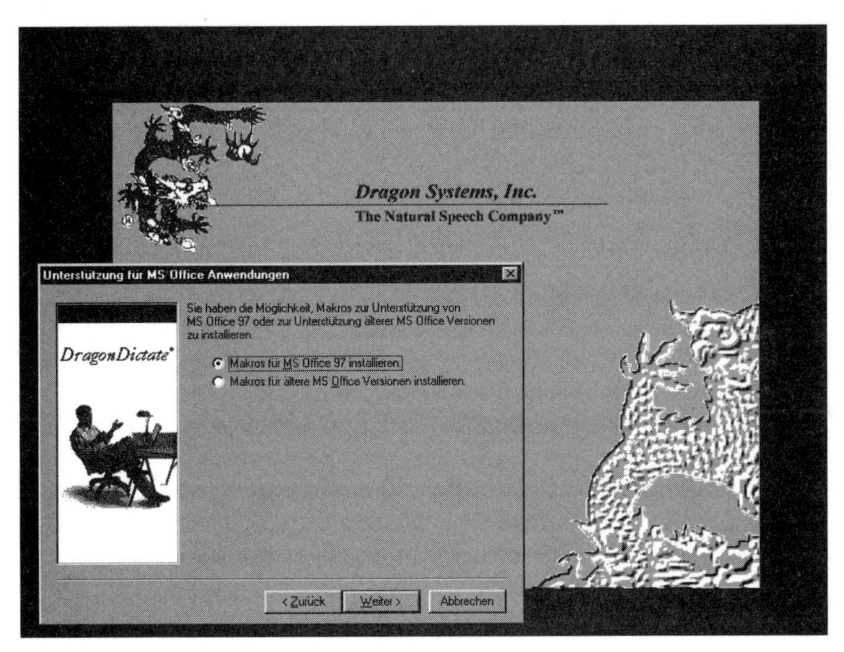

Abb. 4.4: Hier müssen Sie Ihre Office Version auswählen, damit DragonDictate die richtige Unterstützung installieren kann

6. Nun werden Ihre Daten von Diskette bzw. CD-ROM auf Ihrem Computer installiert. Dieser Vorgang kann je nach benutztem Software-Medium und Computersystem zwischen 5 und 20 Minuten dauern. Sollten Sie Disketten verwenden, müssen Sie diese nach Aufforderung durch das Setup-Programm wechseln.

7. Nach Abschluß des Installationsprogramms können Sie sich im abschließenden Fenster entscheiden, ob Sie nach dem Setup-Programm die Readme-Datei und/oder DragonDictate starten wollen. Wenn Sie die Readme-Datei aktiviert haben, installiert DragonDictate - falls nicht vorhanden - den Acrobat Reader auf Ihrem Computer. Sie müssen für eine erfolgreiche Installation den Lizenzvertrag anerkennen und wiederum einen Benutzernamen/-firma eingeben. Im sich anschließend öffnenden Fenster sollten Sie den Ordner auswählen, in welchem DragonDictate installiert wurde. Dort befindet sich die Datei *USERGUIDE.PDF*, die umfangreiche Informationen zur Anwendung von DragonDictate beinhaltet und Ihnen bei Fragestellungen Hinweise und Tips geben kann.

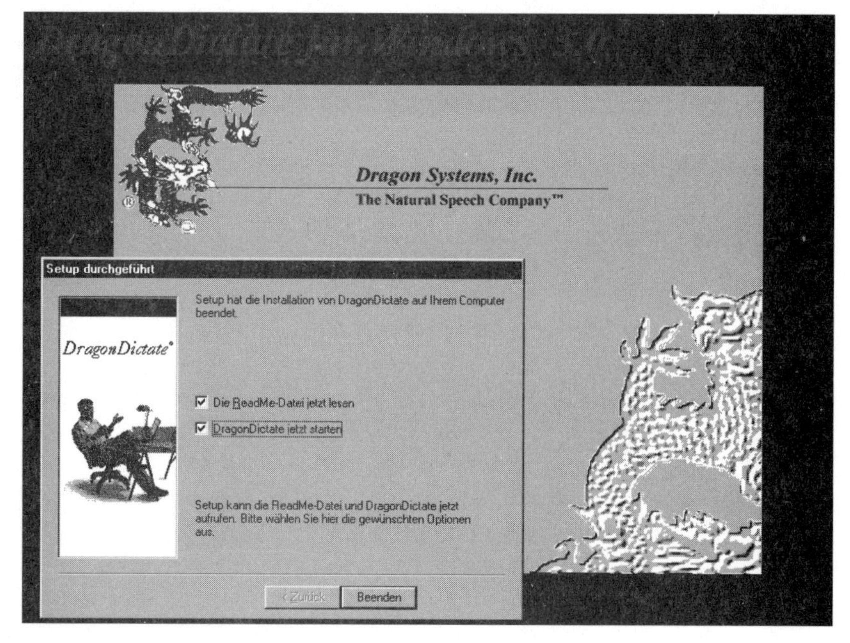

Abb. 4.5: Wenn Sie dieses Fenster sehen, wurde die Installation erfolgreich abgeschlossen

Das erste Mal

Wenn Sie am Ende der Installation die Option *DragonDictate starten* nicht ausgewählt haben, müssen Sie dies für den ersten Start von Hand tun. Zum Start von DragonDictate wählen Sie in der Task-Leiste unter *Programme* den Ordner aus, der DragonDictate enthält. Dort können Sie zudem auch verschiedene Hilfsprogramme aufrufen. Unter *DragonDictate Classic/Power Edition* rufen Sie das Spracherkennungsprogramm auf.

Beim ersten Aufruf müssen Sie einen Benutzernamen angeben. Dabei begleitet Sie der Assistent zum Anlegen neuer Benutzer durch die neun vorgesehenen Schritte:

1. Im Einführungsfenster werden Ihnen diese Schritte vorgestellt. Klicken Sie mit der Maus auf das Feld *Weiter*.

2. Als nächstes müssen Sie einen Benutzernamen eingeben. Dieser identifiziert Sie als Benutzer und ihm werden die von Ihnen vorgenommenen Spracheingaben und Audioeinstellungen zugeordnet. Benutzernamen sollten Sie separat für jeden Benutzer von DragonDictate einrichten, damit eine genaue Trennung der Benutzerprofile durch das Programm vorgenommen werden kann. Beachten Sie bitte, daß auch das Ausprobieren des Spracherkennungsprogramms durch Freunde unter Ihrem Benutzernamen die Erkennungsleistung beeinträchtigen kann.

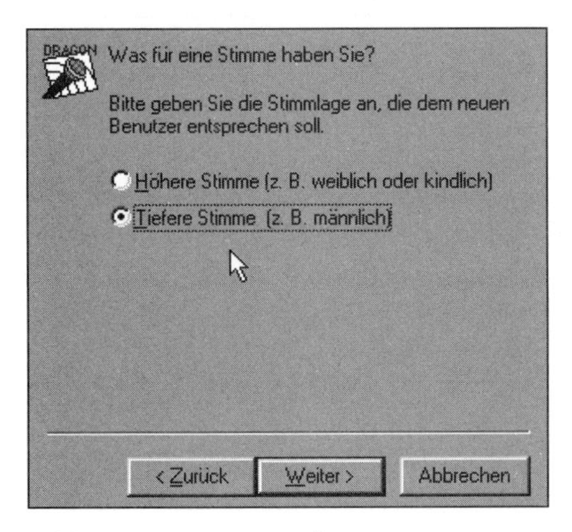

Abb. 4.6: Bevor Sie als neuer Benutzer registriert werden, müssen Sie unter anderem Ihre Tonlage bestimmen

3. Jetzt müssen Sie Ihre Stimme charakterisieren: Wählen Sie dabei eine der Einstellungen *Höhere Stimme* oder *Tiefere Stimme* aus. Klicken Sie dann auf *Weiter*.

4. Nun werden Sie aufgefordert, das Mikrophon in eine optimale Position zu bringen (natürlich muß es angeschlossen sein). Lesen Sie im Abschnitt *Mikrophon ausrichten* nach, um die wichtigsten Hinweise über die Ausrichtung Ihres Mikrophons zu erfahren. Wenn Sie die Ausrichtung vorgenommen haben, bestätigen Sie mit *Weiter*.

Abb. 4.7: Legen Sie die Kopfhörer-Mikrophon-Kombination so an, wie es auf der Abbildung zu sehen ist

5. Beim anschließenden Mikrophontest sprechen Sie den Satz *Das Mikrophon wird getestet*. Der Assistent beendet dieses Fenster automatisch, sobald er ein Mikrophonsignal empfangen hat.

6. Nun werden Sie mit dem angegebenen Namen als Benutzer in DragonDictate registriert. Bestätigen Sie mit *Weiter*.

7. Ein neues Fenster informiert Sie darüber, daß ein weiterer kurzer Test durchgeführt werden soll. Durch diese Adaption an den Benutzer soll die Erkennungsleistung erhöht werden. Bestätigen Sie dann erneut mit der Schaltfläche *Weiter*.

8. Sie müssen in diesem Kurztest ca. 20 Wörter sprechen, die es DragonDictate ermöglichen sollen, eine erste Berührung mit Ihrer Stimme zu bekommen. Wenn DragonDictate ein Wort nicht erkennt, müssen Sie es noch einmal versuchen. Beachten Sie dabei die angegebenen Hinweise, die weiter unten noch einmal aufgeführt werden. Das Fenster schließt sich automatisch.

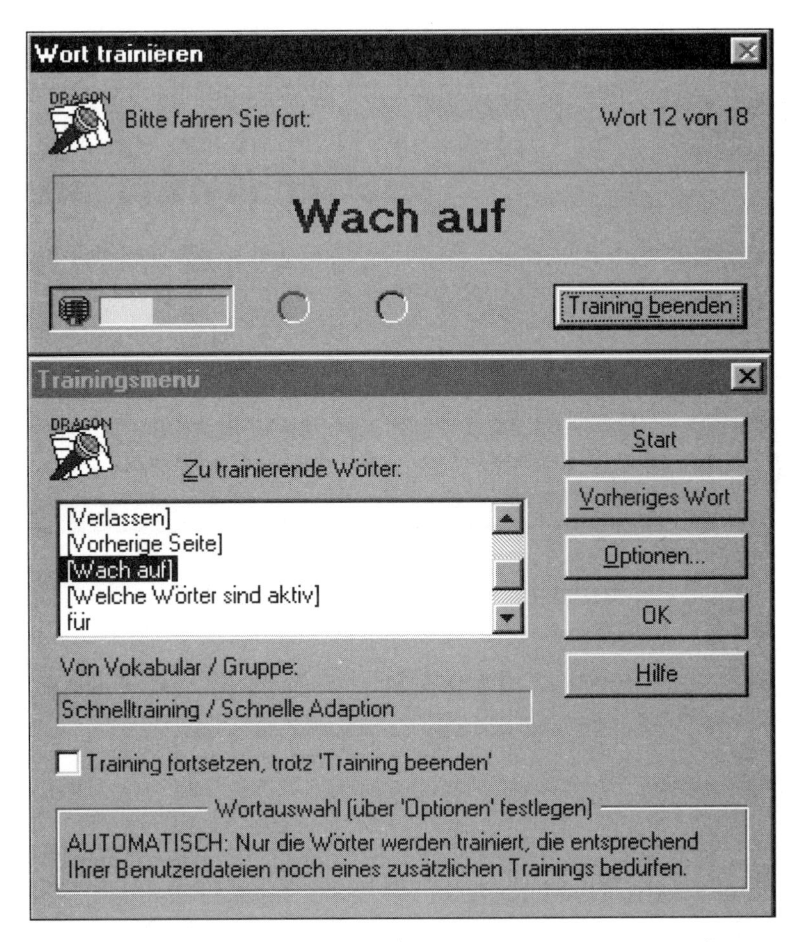

Abb. 4.8: Im Schnelltraining findet die erste Anpassung an Ihre Sprache statt

9. Nach erfolgreicher Adaption erscheint die Meldung, daß der angegebene Benutzer angelegt wurde. *Beenden* Sie das Programm, oder starten Sie das *Lernprogramm*.

Das Lernprogramm

Das Lernprogramm vermittelt Ihnen einen ersten Überblick über die Funktionen von DragonDictate. In ca. 20 Minuten wird Ihnen vom Drachen Alice anschaulich erklärt, was Sie machen oder sprechen sollen. Besuchen Sie dieses Programm für eine erste Erkundung von DragonDictate - Sie können es jederzeit problemlos mit dem Sprachbefehl *Verlassen* oder die Tastenkombination Alt+A, bzw. die Schaltfläche *Verlassen* mit der Maus beenden. Zur ersten Erkundung kann das Programm nur empfohlen werden.

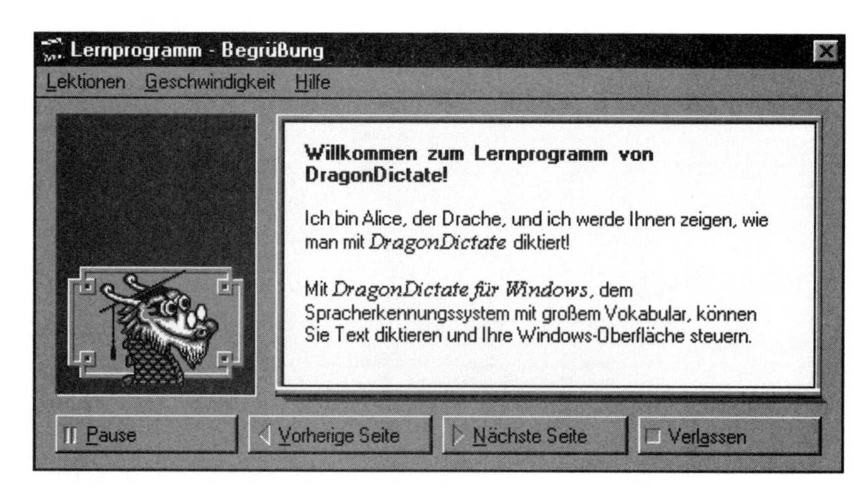

Abb. 4.9: Mit Alice erlernen Sie die ersten Schritte im Nu!

Das Mikrophon

Dem Mikrophon kommt als Ihre neue Schnittstelle zum Computer besondere Bedeutung zu. Aus diesem Grund erfahren Sie im folgenden alles Wesentliche, um das neue Eingabemedium optimal nutzen zu können.

Ausrichten des Mikrophons

Legen Sie besonderes Augenmerk auf eine optimale Mikrophonpositionierung, da Sie dadurch deutlich bessere Ergebnisse bei der Spracherkennung erzielen können. Schon geringfügige Positionsänderungen können sich negativ auf die Sprachqualität auswirken.

Folgende Möglichkeiten sollten Sie zur optimalen Ausrichtung Ihres Mikrophons beachten:

1. Drücken Sie den Schaumgummi, der in geräuschhemmender Funktion das Mikrophon umhüllt, leicht zusammen. Dabei sollten Sie die flachen Seiten des Mikrophonkopfes fühlen und - falls vorhanden - den kleinen farbigen Punkt in Richtung Ihres Mundes ausrichten.

2. Das Mikrophon sollte nicht direkt sondern leicht seitlich auf Ihren Mundwinkel zeigen, da ansonsten Atemgeräusche aufgenommen werden können. Die Lippen dürfen vom Mikrophon nicht berührt werden, achten Sie auf einen Abstand von circa einer Daumenbreite.

3. Halten Sie bitte einen Abstand von ca. 60 cm zwischen Mikrophon und Monitor ein, da der Monitor ansonsten möglicherweise das magnetische Feld des Mikrophons beeinflussen kann.

4. Versuchen Sie außerdem, die einmal eingestellte Position beizubehalten. Änderungen der Mikrophonposition beeinflussen DragonDictate, und damit werden auch unterschiedliche Sprachqualitäten erzielt.

Einschalten des Mikrophons

Die Spracheingabe und die Verwendung von Sprachbefehlen sind nur bei eingeschaltetem Mikrophon möglich.

Das Mikrophon kann zum einen per Mauseingabe aktiviert werden. Dazu klicken Sie das Mikrophonsymbol auf der DragonDictate-Steuerleiste an.

Sollten Sie dieses nicht direkt finden oder die Tastatureingabe bevorzugen, so drücken Sie die Plustaste [+] Ihrer Tastatur.

Der Ruhezustand (Unterbrechung für ein Telefonat, kurze Pause etc.) kann auch durch den Sprachbefehl *Geh schlafen* aufgerufen werden.

Abb. 4.10: In der Steuerleiste erfahren Sie jederzeit den aktuellen Zustand des Mikrophons

Ausschalten des Mikrophons

Sie haben die Möglichkeit, das Mikrophon durch Spracheingabe des Befehls *Mikrophon ausschalten* zu deaktivieren.

Durch Auswählen des Mikrophonsymbols mit der Maus oder erneutes Drücken der Plustaste auf der Tastatur wird das Mikrophon ebenfalls ausgeschaltet.

Ein Aufheben des Ruhezustandes erreichen Sie durch Aussprechen der Worte *Wach auf*.

Diktiermakros

DragonDictate bietet Ihnen die Möglichkeit, selbst Diktiermakros zu erstellen. Unter einem Makro wird dabei ein von Ihnen editierter Befehl verstanden, der auf einen Sprachbefehl hin ausgeführt wird.

Angewandt werden solche Makros bei Textoperationen, die sich häufig wiederholen. Beispielsweise können Sie einen Befehl *Brief anfangen* einrichten, der bei Aufruf Ihre Adresse und den von Ihnen gewählten Briefkopf „Sehr geehrte Damen und Herren" in das Dokument schreibt. Durch diese Automatisierung können Sie Dokumente, die Sie oft verwenden, schneller anfertigen.

Erstellen von Diktiermakros

1. Starten Sie DragonDictate und die gewünschte Textverarbeitung (z.B. MS-Word).

2. Sprechen Sie hintereinander die Befehle *Befehlsmenü*, *Hilfsmittel* und *Wort hinzufügen* aus, oder wählen Sie die entsprechenden Schaltflächen mit der Maus an.

3. Nun erscheint das Fenster *Wort hinzufügen*. Fügen Sie im Feld *Wortname* den Namen ein, den Sie Ihrem Makro geben wollen. Da es sich hierbei um einen Befehl handelt, müssen Sie diesen in eckige Klammern setzen (AltGr+8 bzw. AltGr+9).

Abb. 4.11: Hier bearbeiten Sie die Diktiermakros für Microsoft Word

4. Bei Spracheingabe verfahren Sie für diese Eingabe wie folgt: *Diktiermodus, Eckige Klammer auf, Brief anfangen, Eckige Klammer zu, Befehlsmodus.*

5. Da Sie ein Diktiermakro einrichten möchten, müssen Sie im Eingabefeld *Vokabular > Gruppe* mit der Maus das Diktiervokabular durch Auswahl von *Diktieren* auswählen bzw. *Vokabular, Gruppe* und anschließend *Dora* so oft sagen, bis *Diktieren* erscheint. Die Tastenkombination Alt + V und dann D hat die gleiche Funktion.

6. Im Feld *Auszuführende Aktion* können Sie den gewünschten Text per Tastatur oder Sprache eingeben bzw. weitere Makros angeben, die durch diesen Sprachbefehl ausgeführt werden sollen. Drücken Sie Alt + A, sagen Sie *Auszuführende Funktion*, oder klicken Sie mit der Maus auf das Feld *Auszuführende Aktion*, um dorthin zu gelangen.

7. Sagen Sie nach der Texteingabe (max. 16 KByte) abschließend *OK*, oder klicken Sie mit der Maus auf *OK*, um dieses Fenster zu verlassen. DragonDictate fügt dieses Makro nun dem Diktiervokabular hinzu.

8. Probieren Sie Ihr neues Makro ruhig aus: Wechseln Sie dazu durch den Sprachbefehl *Diktiermodus* in den Diktiermodus. Sagen Sie nun *Brief anfangen*. DragonDictate sollte daraufhin den zuvor eingegebenen Text beliebig oft wiedergeben können.

9. Wichtig ist in diesem Zusammenhang, daß Sie diese erstellten Benutzerdateien speichern: Sagen Sie dazu *Befehlsmenü* und dann *Benutzer speichern*.

Ändern von Diktiermakros

Falls Sie ein bereits erstelltes Makro ändern möchten, müssen Sie durch Aufrufen seines Namens darauf zugreifen. In diesem Fall sagen Sie *Brief anfangen*. Nun öffnet DragonDictate die Auswahlliste. (Falls Sie nicht wissen, unter welchem Vokabular das Makro abgespeichert wurde, sagen Sie einfach *Wort suchen*.)

Der Sprachbefehl *Wort ändern*, die Tastatureingabe Alt+N oder der Mausbefehl *Wort ändern* im *Systemmenü* erlauben Ihnen die Korrektur des Makros im Dialogfenster *Wort ändern*.

Dort gehen Sie wie bei der Erstellung eines Makros vor. Beachten Sie bitte bei Verwendung der Sprachsteuerung die zahlreichen Möglichkeiten zur Cursor-Steuerung.

Probieren Sie das geänderte Makro aus, und speichern Sie Ihre Benutzerdateien.

Mit zunehmender Erfahrung können Sie auf diese Weise Makros erstellen, welche Skripte ausführen. Skripte können auf eine kleine Programmiersprache zurückgreifen und dadurch vielfältige Anwendungen, nur durch Ihre Sprache gesteuert, bewältigen.

Effektiv mit DragonDictate arbeiten

Zum Abschluß dieses Kapitels erhalten Sie noch eine konzentrierte Übersicht über die wichtigsten Tips und Hinweise, um mit DragonDictate effektiv und erfolgreich arbeiten zu können.

Fehlinterpretationen vermeiden

Um DragonDictate davon abzuhalten, Geräusche zu interpretieren, die nicht von Ihnen diktierte Wörter darstellen, sollten Sie ausgiebigen Gebrauch von der Funktion zum Trainieren von Umgebungsgeräuschen machen.

1. Öffnen Sie über das Befehlsmenü die *Vokabularverwaltung*, und wählen Sie das Vokabular *System* aus.
2. Trainieren Sie nun jedes zu diesem Vokabular gehörende Wort, indem Sie jedes Geräusch, das ein einzelnes Wort dort repräsentiert, so natürlich wie möglich nachahmen.

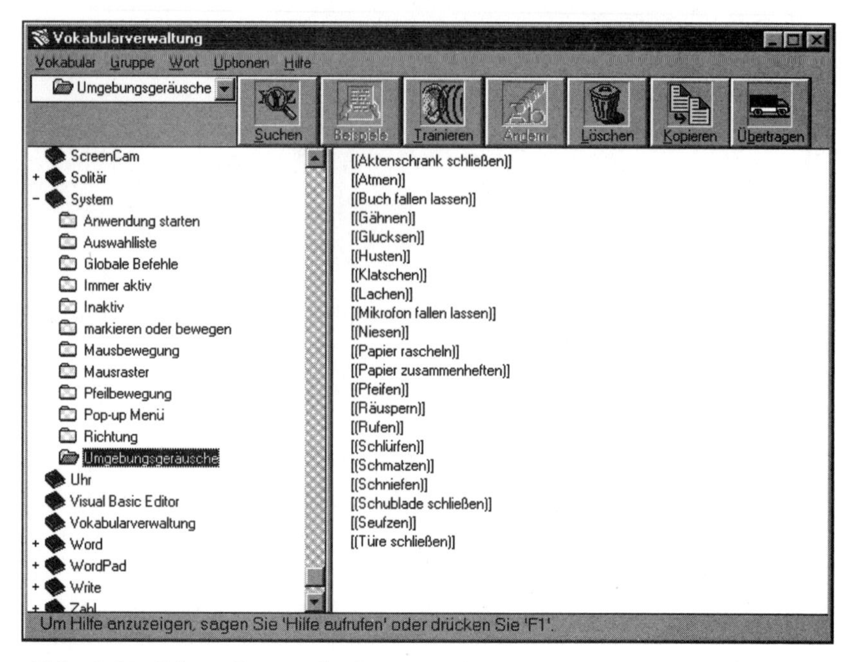

Abb. 4.12: Diese Geräusche ignoriert DragonDictate von vornherein

3. Für das Wort *Atmen* erzeugen Sie also normale Atemgeräusche.

4. Sollte ein in Ihrer Umgebung existierendes Geräusch in diesem Vokabular nicht als Wort vertreten sein, sollten Sie es hinzufügen und ebenfalls trainieren.

5. Da DragonDictate daraufhin in Zukunft konsequent alle in diesem Vokabular trainierten Geräusche ignoriert, sollten Sie hier beim Training besonders sorgfältig vorgehen.

6. Schalten Sie im Menü *Optionen* unter der Registerkarte *Diktieren* die Option *Adaption nur nach Korrektur* ein, so können Sie sich ein wenig dagegen absichern, daß falsch trainierte Geräusche in Zukunft ignoriert werden.

Verbessern der Erkennungsleistung

Interpretiert DragonDictate ein bestimmtes diktiertes Wort immer als ein anderes, so liegt das Problem bei dem erkannten Wort und nicht bei dem gesprochenen. Dies kann z.B. geschehen sein, weil während des Trainings ein fehlerhaftes Wort trainiert wurde. Ein solches Problem beheben Sie folgendermaßen:

1. Über das Befehlsmenü können Sie mit Hilfe der Befehle *Schneller Zugriff, Wort suchen* oder *Hilfsmittel* auf die benötigte Funktion *Wort suchen* zugreifen.

2. Mit diesem Dialog suchen Sie die beiden betroffenen Wörter heraus.

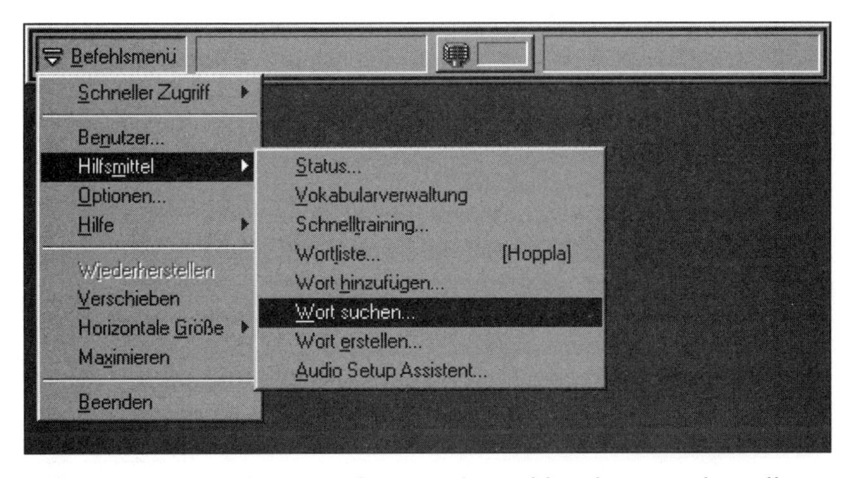

Abb. 4.13: So suchen Sie die von der Fehlererkennung betroffenen Wörter

3. Für jedes dieser Wörter klicken Sie in der genannten Reihenfolge auf die Schaltflächen *Bearbeiten, Wort ändern, Detailliert.*

4. Wählen Sie nun *Training verwerfen*, kehren Sie mit der *OK*-Schaltfläche zum Dialog *Wort ändern* zurück, und trainieren Sie dann beide Wörter erneut.

Damit werden die Sprachdaten, die zum falschen Erkennen geführt haben, verworfen und für die zukünftige Erkennung die neuen Sprachdaten verwendet.

Beschleunigen des Spracherkennungsvorgangs

Wenn Sie bereits eine Weile mit DragonDictate gearbeitet haben und das Programm beherrschen, verspüren Sie vielleicht den Wunsch, die Diktiergeschwindigkeit zu erhöhen, um eine höhere Produktivität zu erreichen. Dies sollten Sie aber nur tun, wenn Sie mit der bisherigen Erkennungsleistung wirklich zufrieden sind und nun das Gefühl haben, es sollte etwas schneller gehen.

1. Rufen Sie über das Befehlsmenü das Menü *Optionen* auf, und wählen Sie dort die Registerkarte *Erkennung* aus. Hier finden Sie den Schieberegler für die Option *Pause zwischen Wörtern*. Je mehr Sie diesen Regler nach links verschieben, desto schneller müssen Sie die einzelnen Worte sprechen, damit diese nicht als zwei Worte erkannt werden. Experimentieren Sie mit diesem Wert etwas herum, bis Sie ein gutes Mittel aus hoher Diktiergeschwindigkeit und hoher Erkennungsrate erreichen.

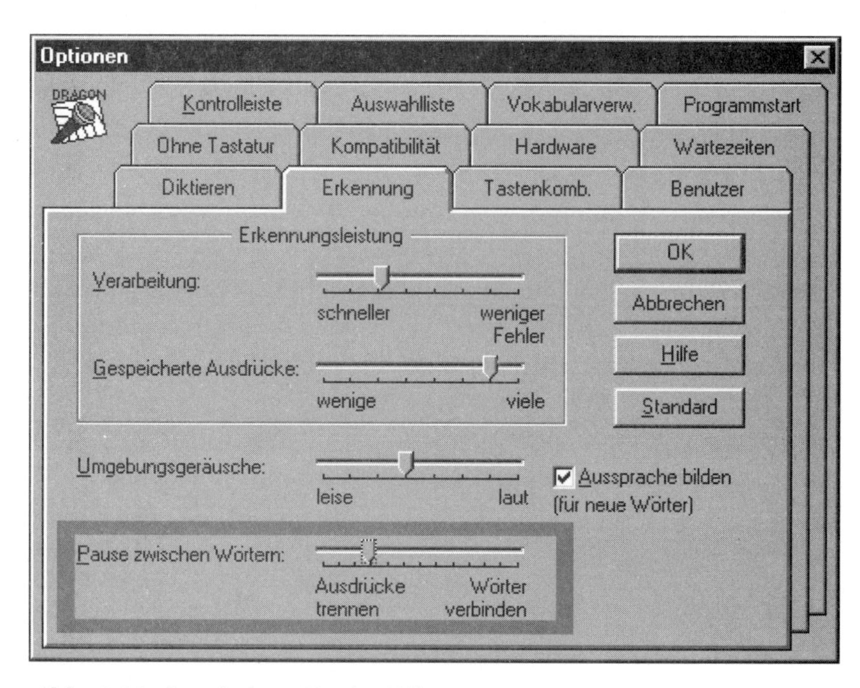

Abb. 4.14: So erhöhen Sie das Diktiertempo

2. DragonDictate muß immer einen Kompromiß zwischen hoher Sprechgeschwindigkeit und guter Erkennungsleistung finden. Wenn Sie mit beidem sehr zufrieden sind, aber noch ein bißchen mehr Tempo aus der Anwendung herauskitzeln wollen, können Sie dies tun, indem Sie DragonDictate anweisen, weniger Zeit mit der Interpretation des Gesagten zu verbringen. Dazu gehen Sie folgendermaßen vor:

   Öffnen Sie wieder über das Befehlsmenü das Menü *Optionen* und hier die Registerkarte *Erkennung*. Dort finden Sie den Schieberegler für die Option *Verarbeitung*. Je mehr Sie diesen Regler nach links verschieben, desto weniger Zeit verbringt DragonDictate damit, zu analysieren, was Sie gesagt haben. Die Beschreibung *schneller-weniger Fehler* sollte Ihnen die richtige Einstellung erleichtern.

3. Wenn Sie in der Registerkarte *Auswahlliste* die Option *Tips anzeigen* deaktivieren, können Sie die Arbeitsvorgänge ebenfalls weiter beschleunigen.

4. Im selben Registereintrag können Sie auch noch die Auswahlliste der möglicherweise gesprochenen Wörter verkürzen. Dazu reduzieren Sie einfach den Wert im Optionsfeld *Länge der Wortliste*. Ein angemessener Wert sind etwa drei bis fünf Vorschläge.

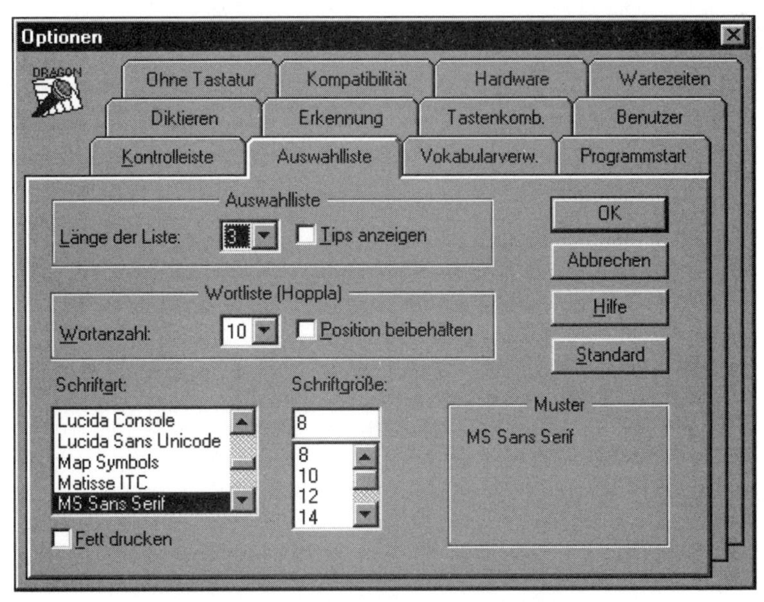

Abb. 4.15: So sehen die optimalen Tempoeinstellungen aus

5. Warten Sie beim Diktieren nicht auf das Erscheinen der Auswahlliste nach jedem Wort, Sie halten sich dabei nur unnötig auf. Um sich von der Wartezeit auf die Auswahlliste zu lösen, sollten Sie in der Registerkarte *Diktieren* den Schieberegler für Verzögerungen auf zwei Sekunden stellen. Bevor Sie nämlich immer zwei Sekunden warten, um zu sehen was der Spracherkenner verstanden hat, gewöhnen Sie sich sicherlich daran in normaler diskreter Sprechgeschwindigkeit weiterzudiktieren.

6. Im Laufe der Zeit werden Sie sich daran gewöhnen, mit einem Blick auf die bisher erkannten Wörter den vom Spracherkenner verstandenen Text zu kontrollieren, während Sie gleichzeitig weiterdiktieren.

7. Wenn Sie bemerken, daß das zuletzt diktierte Wort falsch erkannt wurde, benutzten Sie den Sprachbefehl *Hoppla,* um in den Text zurückzugehen und diesen Fehler zu korrigieren. Denken Sie daran, auch vor der Eingabe eines Sprachbefehls eine kurze aber deutliche Pause zu setzen.

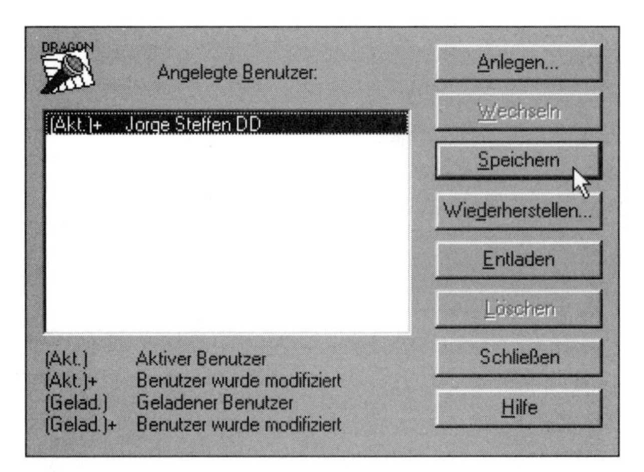

Abb. 4.16: Vergessen Sie nach Korrekturen nicht, die veränderten Benutzerdateien abzuspeichern

8. Schließlich können Sie auch noch die Anzahl der Wörter reduzieren, die DragonDictate in der Wortliste speichert, bevor es eine Adaption an Ihre Sprache vornimmt. Dies erreichen Sie dadurch, daß Sie die Option *Länge der Wortliste* in der Registerkarte *Diktieren* auf die minimale Anzeige von 10 Wörtern einstellen.

Kapitel 5: Soundkarten und Soundverarbeitung

Je mehr die Sprachverarbeitung im Computeralltag Einzug hält, desto mehr entwickelt sich die Soundkarte zur zentralen Schnittstelle zwischen Mensch und Maschine. Aufgrund markttechnischer Gesichtspunkte darf ich Ihnen hier jedoch nicht wirklich alles vermitteln, was es über Soundkarten und Soundverarbeitung im PC zu wissen gibt. Wenn Sie neben der hier erhältlichen Informationen mehr wissen möchten, empfehle ich Ihnen daher einen Besuch meines Web-Angebots unter der URL: *http://www.jorge.de/SYBEX/Spracherkennung/Index.html*.

In diesem Kapitel lernen Sie zwei aktuelle Soundkartenmodelle, die SoundBlaster AWE 64 und die Terratec EWS64, mit ihren Leistungsmerkmalen kennen und erfahren alles Wissenswerte zur Installation und Konfiguration von Soundkarten für die Spracherkennung. Zu guter Letzt erhalten Sie Entscheidungshilfen zum Kauf der Ihren Bedürfnissen entsprechenden Soundkarte.

Soundkarteninstallation

Für den hier beschriebenen Einbau und die Installation von Soundkarten sollten Sie über einen funktionstüchtigen Rechner verfügen, auf dem zumindest schon Windows 95 oder Windows 98 installiert ist.

Zum Einbau der Soundkarte oder grundsätzlich jeder Erweiterungskarte in Ihren Computer, sollten Sie möglichst genau nach folgenden Schritten vorgehen:

1. Wenn Ihr Computer eingeschaltet ist, speichern Sie eventuell noch nicht gespeicherte Daten, schließen Sie alle laufenden Programme, und beenden Sie Windows ordnungsgemäß über *Start > Beenden*.

Abb. 5.1: Beenden Sie alle Programme und fahren Sie den Computer herunter

2. Schalten Sie Ihr System und alle weiteren Peripheriegeräte aus, aber lassen Sie das Netzkabel noch befestigt, damit Ihr Computer geerdet bleibt.

3. Berühren Sie ein Blindblech am System, um sich selbst zu erden und statische Ladungen zu beseitigen. Ziehen Sie erst jetzt den Netzstecker aus der Steckdose.

4. Entfernen Sie nun die Gehäuseabdeckung.

5. Entfernen Sie das Blindblech von einem freien 16-Bit- Erweiterungssteckplatz, der möglichst weit von Video- oder Grafikkarten entfernt sein sollte, da diese Karten prinzipbedingt eine starke Strahlung aufweisen und somit die Klangqualität der Soundkarte beeinflussen können. Deponieren Sie die Schraube an einem sicheren Platz, da diese später wieder benötigt wird.

Abb. 5.2: Die weiß umrahmten Steckplätze nehmen ISA-kompatible Karten auf

6. Richten Sie bei den ISA-kompatiblen Steckkarten den 16-Bit-Anschluß der Karte mit einem freien 16-Bit-Erweiterungssteckplatz aus, und setzen Sie die Karte vorsichtig in den Steckplatz ein. Bei PCI-Karten verfahren Sie analog in einem freien PCI-Steckplatz. Eventuell müssen Sie vorsichtig aber mit etwas Druck nachhelfen, damit die Karte einwandfrei in ihrem Steckplatz steckt. Achten Sie darauf, daß die Kontakte der Karte mit denen des Steckplatzes genau aneinander ausgerichtet sind, um weder die Soundkarte noch die Hauptplatine Ihres Computers zu beschädigen.

7. Befestigen Sie nun die Karte mit der aus dem Blindblech herausgedrehten Schraube.

8. Falls Sie über ein CD-ROM-Laufwerk verfügen, verbinden Sie dieses nun mit dem mitgelieferten Kabel.

9. Bringen Sie die Gehäuseabdeckung wieder an.

10. Schließen Sie den Netzstecker wieder an die Steckdose an, und schalten Sie das System ein.

Plug & Play

Ist die Soundkarte Plug & Play-kompatibel - was alle modernen Soundkarten sein sollten -, dann wird die Karte beim ersten Start nach der Installation automatisch durch Windows 98 bzw. Windows 95 erkannt, und es werden die richtigen Treiber eingerichtet, sofern Microsoft Treiber für diese Soundkarte parat hat, bzw. Sie werden aufgefordert, den entsprechenden Datenträger (CD-ROM oder Diskette) des Soundkarten-Herstellers, auf dem sich die Treiber befinden, einzulegen, damit Windows sie installieren kann. Sie brauchen sich also keine allzu großen Sorgen zu machen, daß dies eine komplizierte Angelegenheit wird.

Wenn die Soundkarte nicht erkannt wird

Auch unter Windows 98 kann es vorkommen, daß Ihre Soundkarte nicht gleich beim Start von Windows erkannt wird. Sofern Ihre Soundkarte SoundBlaster- oder Adlib-kompatibel ist, können Sie sie einfach mit dem Hardware-Assistenten anmelden.

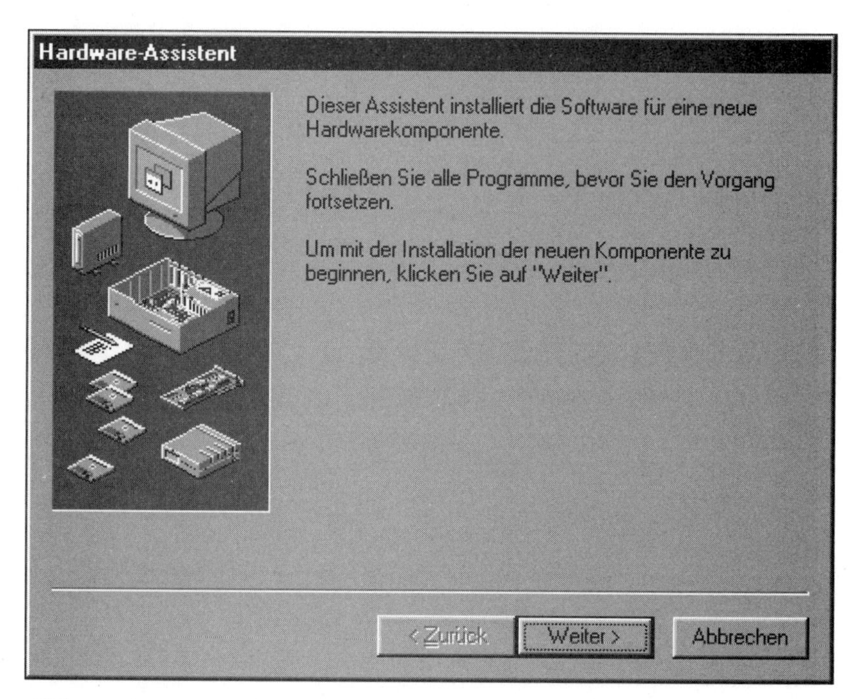

Abb. 5.3: Der Hardware-Assistent ist für die Einbindung neuer Hardware zuständig

Wählen Sie dazu den Befehl *Start > Einstellungen > Systemsteuerung*, und aktivieren Sie das Icon *Hardware*. Klicken Sie mit *Weiter* durch die Dialogfenster, und lassen Sie die standardmäßig aktivierte Funktion *Ja (empfohlen)* aktiviert. Windows sucht anschließend, ob es zu der erkannten Hardware einen Treiber findet, und installiert ihn gegebenenfalls nach einer vorherigen Abfrage.

Installation per Hand

Wurde die Soundkarte nicht erkannt, kein passender Treiber auf der Festplatte gefunden, oder wollen Sie die Hardware-Erkennung umgehen und gleich einen Treiber von der Diskette oder einem anderen Speichermedium laden, dann beantworten Sie die Frage, ob der Hardware-Assistent selbsttätig nach neuer Hardware suchen soll, mit *Nein* und klicken auf die Schaltfläche *Weiter*.

Wählen Sie dann im Dialogfenster *Hardwareassistent* aus der Liste *Hardwaretypen* den Eintrag *Audio-, Video- und Game-Controller*, und klicken Sie auf die Schaltfläche *Weiter*.

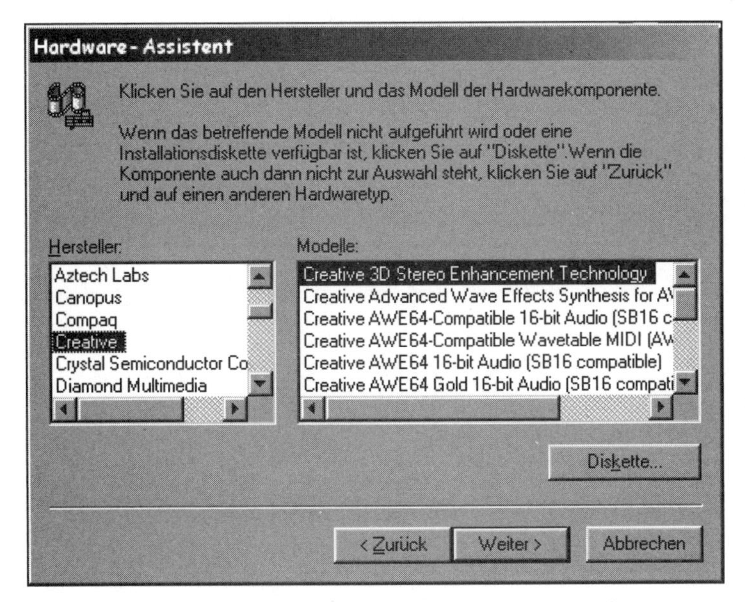

Abb. 5.4: So gelingt die Installation auch von Hand

Wählen Sie im nachfolgenden Dialogfenster aus der Liste *Hersteller* den Hersteller Ihrer Soundkarte, also beispielsweise Creative Labs, und in der Liste *Modelle* das genaue Modell Ihrer Soundkarte, also beispielsweise Creative Labs SoundBlaster 16 Plug & Play, und klikken Sie auf *Weiter* (dieses Beispiel ist allerdings unglücklich gewählt, da die SoundBlaster-Karten praktisch den Standard der PC-Soundkarten darstellen, daher von Windows gut unterstützt werden und in der Regel sehr problemlos zu installieren sind).

Wollen Sie einen Treiber von Diskette oder einem anderen Speichermedium laden, klicken Sie die Schaltfläche *Diskette* an und geben den Pfad und den Namen des zu ladenden Treibers an.

Sonstiges

Wenn die Karte eingebaut ist und die Treiber erfolgreich installiert wurden, können Sie Ihre Soundkarte prinzipiell mit beliebigen Windows-Anwendungen, also auch den Spracherkennungsprogrammen, verwenden. Hier folgen noch einige Informationen und Hinweise, die im Falle von Problemen mit der neuen Hard- oder Software von Nutzen sein können.

Ressourcen

Da Soundkarten für einen fehlerfreien Betrieb einige Ressourcen des Computers benötigen, sollten Sie sich während der Installation aufschreiben, welche Ressourcen Windows Ihrer Soundkarte zugeteilt hat, da einige Programme, vor allem jedoch ältere DOS-Anwendungen und Spiele, noch nicht in der Lage sind, diese Daten selbst zu ermitteln und dann zumeist von Ihnen verlangen, daß Sie diese Werte per Hand (oder bald ja auch per SpracheJ) eingeben.

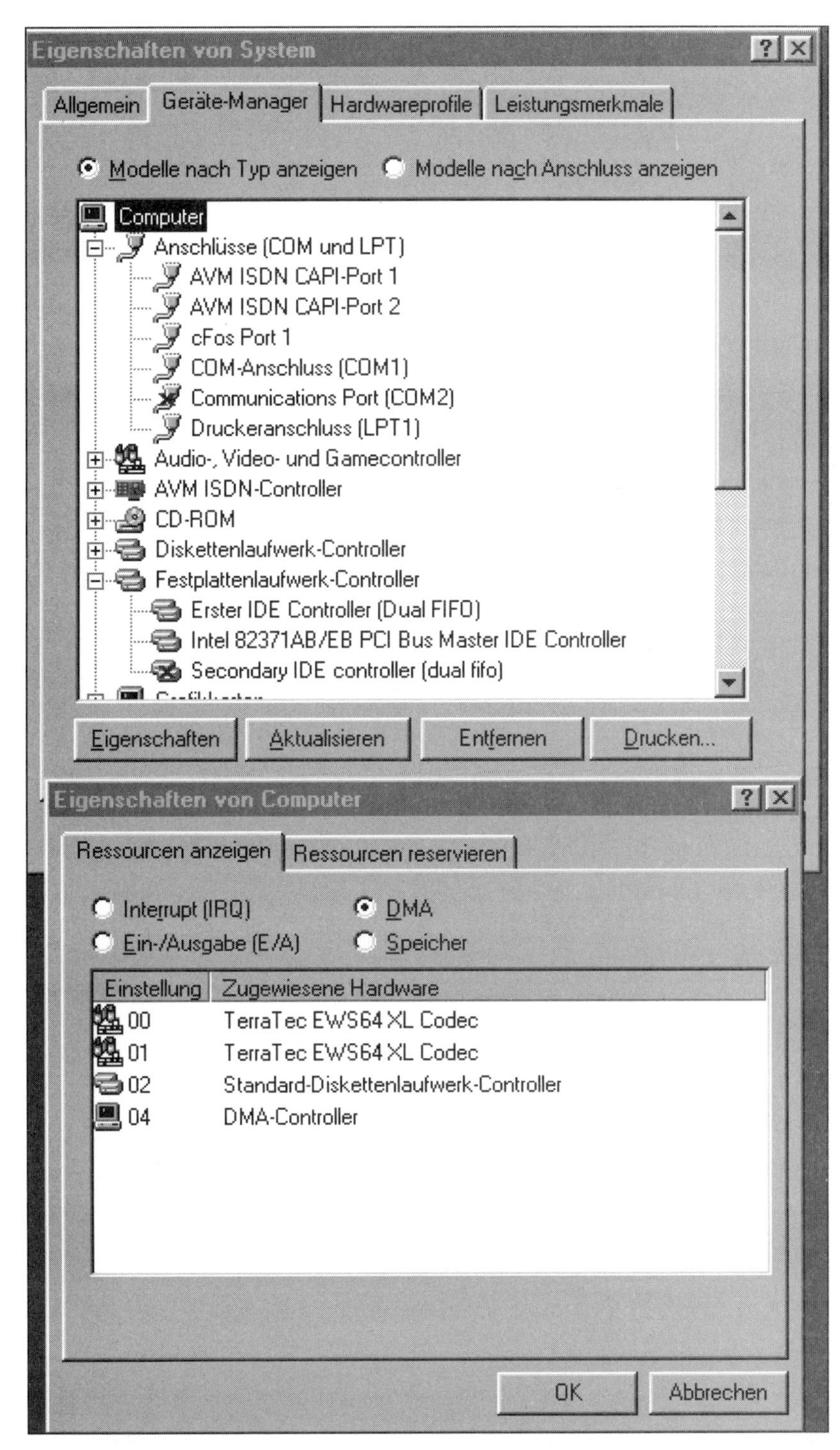

Abb. 5.5: So erhalten Sie eine Übersicht über die belegten Ressourcen in Ihrem Computer

Die SoundBlaster 16 verlangt beispielsweise drei I/O-Adressen, zwei DMA-Kanäle und einen IRQ, um ihre volle Funktionalität zu bieten. Falls Sie ahnungslos sein sollten, was überhaupt bereits alles in Ihrem PC steckt, sollten Sie sich noch vor der Installation bzw. dem Erwerb einer solchen Karte darüber informieren, welche Komponenten Ihr Computer besitzt und ob noch genügend Ressourcen frei sind. Diesen Überblick bietet Ihnen der *Geräte-Manager*, den Sie am schnellsten erreichen, indem Sie mit der rechten Maustaste auf *Arbeitsplatz* klicken und in dem nun erscheinenden Menü *Eigenschaften* auswählen.

Lautsprechersymbol in der Task-Leiste - der Mixer

Mit einem Doppelklick auf dieses Symbol öffnet sich ein Dialogfenster, in dem Sie die Lautstärke und die Balance für die einzelnen Funktionen Ihrer Soundkarte separat einstellen können.

Wenn Sie dieses Symbol nicht sehen, aktivieren Sie es wie folgt:

1. Wählen Sie den Befehl *Start* > *Einstellungen* > *Systemsteuerung* aus und aktivieren das Icon *Multimedia*.
2. Aktivieren Sie die Registerkarte *Audio*.

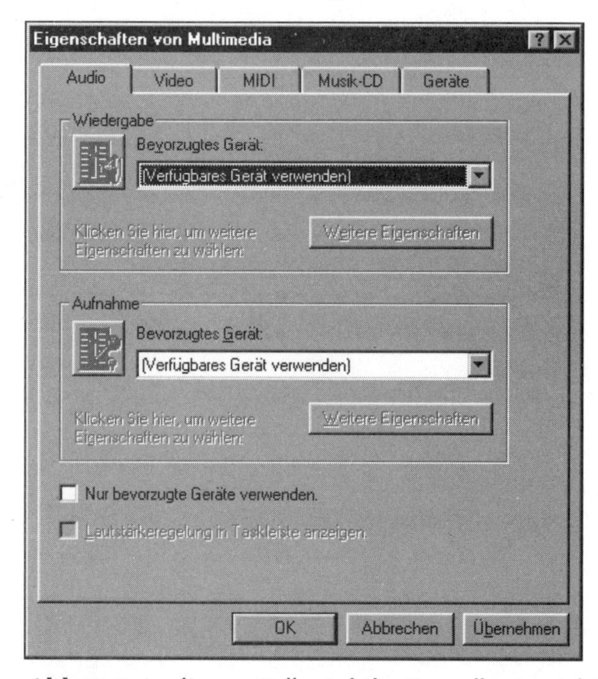

Abb. 5.6: In diesem Fall wird die Soundkarte nicht direkt von Windows unterstützt

3. Aktivieren Sie die Funktion *Lautstärkeregelung in Task-Leiste anzeigen*. Wenn diese Funktion nicht verfügbar ist, dann liegt dies daran, daß die Soundkarte nicht von Windows 98 unterstützt wird.

Aufnahmequalität

Die Wahl der Aufnahmequalität ist in zweierlei Hinsicht zu bedenken: Nur wenn der Sound mit einer ausreichenden Qualität digitalisiert wird, ist später auch eine hochwertige Wiedergabe möglich, in bezug auf die Spracherkennung genügen jedoch prinzipiell 16 Bit mit 22.000 Hz aus, um eine normale Sprechstimme umfassend zu digitalisieren.

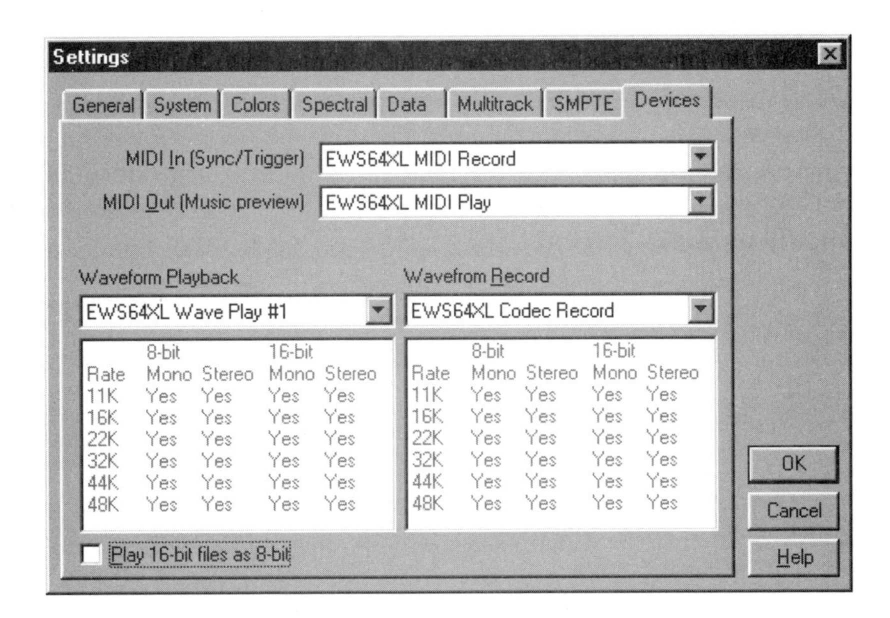

Abb. 5.7: Moderne Soundkarten bieten weitaus mehr Möglichkeiten, als zur Sprachverarbeitung nötig sind

Lautstärke

Als erstes sollten Sie überprüfen, ob die Lautstärke über den Mixer nicht auf eine niedrige Lautstärke geregelt ist. In diesem Fall wird über den Verstärker der Soundkarte auch nur ein leiser Klang erzeugt. Bei der Mixersteuerung gibt es Knöpfe oder Schieberegler. Unter einem davon sollten Sie die Bezeichnung *Vol.* sehen. Wenn Sie den Mauszeiger auf den entsprechenden Regler bewegen, können Sie ihn bei gedrückter Maustaste bewegen und damit die Lautstärke je nach Bedarf erhöhen oder reduzieren.

SoundBlaster AWE 64 PnP

Die SoundBlaster AWE 64 stellt das modernste Produkt des Erfinders des SoundBlaster-Standards dar, das mit einem Preis von unter DM 150,- praktisch für jedermann erschwinglich ist. Übertroffen wird sie nur noch von der Gold-Version, die für ein Quentchen mehr an Klangqualität vergoldete Ein- und Ausgänge bietet und dafür aber auch etwa doppelt soviel kostet. Ansonsten können Sie sich auch für die Gold-Version an folgenden Abschnitten orientieren, sei es um eine Kaufentscheidung zu treffen oder die Hardware bzw. die Software der Karte zu installieren.

Einbau der SoundBlaster AWE 64 in Ihr bestehendes System

Als erstes sollten Sie die Karte in Ihren Rechner einbauen. Benötigen Sie dazu eine Anleitung, so finden Sie eine allgemein gültige Einbauanleitung weiter oben in diesem Kapitel.

Software-Installation

Zur Software-Installation der SoundBlaster AWE 64 müssen Sie zuerst die Treiber für die Audiokarte einrichten. Danach können Sie die zur SoundBlaster gehörigen Anwendungen installieren. Schließlich müssen Sie die Audio-Software noch konfigurieren. Wie Sie dabei vorgehen, erfahren Sie in den folgenden Abschnitten.

Treiber für die Audiokarte einrichten

Wenn Sie die Treiber für Ihre Soundkarte bereits installiert haben, fahren Sie mit dem Abschnitt *Anwendungen installieren* fort.

Sind die Treiber nicht eingerichtet, müssen Sie Ihre Windows 95/98-CD-ROM bzw. die Installationsdisketten bereithalten, da diese während der Installation möglicherweise benötigt werden.

Um Komponenten der Audiokarte zu steuern, benötigt Windows sogenannte Gerätetreiber, andernfalls kann kein Programm die Soundkarte nutzen.

Nach dem Einbau der Karte und dem Einschalten des Systems sucht Windows 98 automatisch nach den Komponenten und meldet sich mit dem Dialogfenster *Neue Hardware gefunden*. Nun installiert das Betriebssystem die Treiber entweder sofort vom Windows-Installationspfad aus oder Sie werden aufgefordert, diese zu installieren.

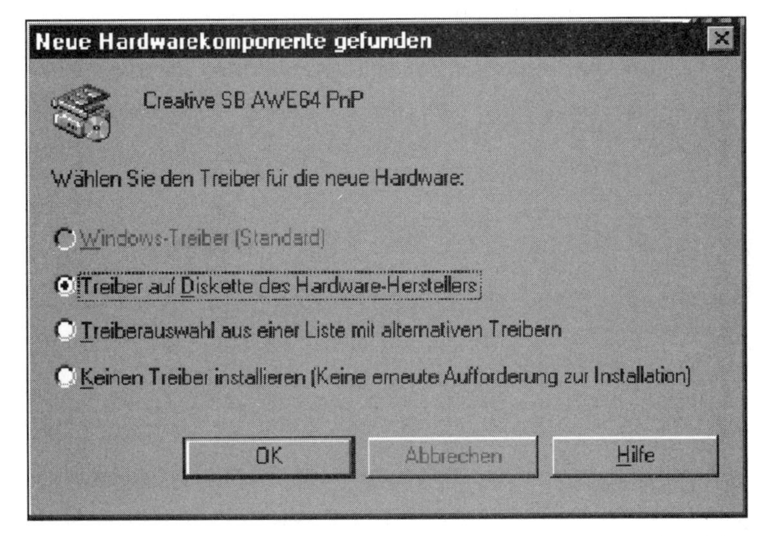

Abb. 5.8: Hier können Sie die Treiber von den Herstellerdisketten aus installieren

Wenn Ihr System sich mit einer Dialogbox mit dem Inhalt *Creative SB AWE64 PnP* meldet, klicken Sie auf die erste Option *Treiber auf Diskette des Hardware-Herstellers* und anschließend auf *OK*.

Falls das Dialogfeld *Von Diskette installieren* angezeigt wird und Ihr Paket eine Treiberdiskette enthält:

Legen Sie die Diskette in das Diskettenlaufwerk ein, wählen Sie das entsprechende Laufwerk in der Installationsdialogbox aus, und klikken Sie auf *OK*.

Wenn Ihrer Soundkarte keine Treiberdiskette beigelegt war (vielleicht haben Sie einfach ein sog. OEM-Produkt erstanden, welches eigentlich gar nicht für den direkten Verkauf an Endverbraucher, sondern eher für Hersteller, die eigene Komplett-PCs zusammenschrauben, gedacht ist), führen Sie folgende Schritte aus:

1. Legen Sie die Installations-CD-ROM in das CD-ROM-Laufwerk ein, und wählen Sie das Laufwerk aus.
2. Klicken Sie auf die Schaltfläche *Durchsuchen*, und suchen Sie im Stammverzeichnis den Ordner *Sprache\Win95\Drivers*, wobei *Sprache* die Sprache bedeutet, in der Sie die Software installieren möchten, bzw. die Sprache, in der Ihr Betriebssystem läuft. In aller Regel wird das *Deutsch* sein.

Wenn Sie jetzt auf *OK* klicken, werden die benötigten Dateien auf Ihre Festplatte kopiert.

Die Software der AWE 64 PnP

Von Hause aus ist die SoundBlaster AWE 64 mit einem reichhaltigen Software-Paket ausgestattet, das Ihnen im folgenden nur kurz vorgestellt werden soll, da doch für viele Menschen die Software-Ausstattung eines Produkts auch ein Kaufargument bedeutet.

Abb. 5.9: Von hier aus installieren Sie die Zusatz-Software

Creative Video WebPhone - Mit dieser Software wird Ihnen das Telefonieren mit anderen Menschen über das Internet ermöglicht.

Real Audio Player Plug-In für den Microsoft Internet Explorer oder den Netscape-Navigator - Zum Abspielen und Anzeigen von Real-Audio-Dateien, denen Sie besonders im Internet begegnen werden.

Microsoft Internet Explorer - Der Microsoft Internet Browser ist die zentrale Benutzerschnittstelle unter Windows 98.

Creative Inspire - Ermöglicht dem Benutzer das Anschauen von Fernseh- oder das Hören von Radiosendungen oder aber auch das Spielen von Online-Games über das Internet.

Total Entertainment Networks dient dem Spielen von Online-Games wie z.B. Duke Nukem, Command and Conquer oder Quake über ein angeschlossenes Netzwerk. Hierbei kann es sich um das Internet oder aber auch einen zweiten Personal Computer handeln.

Creative Audio Software

Diese Software stellt die Kern-Software zum Betrieb und zur Arbeit mit der Soundkarte dar und besteht aus folgenden Komponenten:

- Creative Remote - Diese Anwendung steuert den Creative CD Player, Creative MIDI Player und den Creative WAVE Recorder.
- Creative CD - Dieses Programm dient dem Abspielen von Audio-CDs, die Sie in Ihr CD-ROM-Laufwerk eingelegt haben. Es ersetzt somit den original Windows 95/98-CD-Player.
- Creative Wave - Mit dem Creative Wave Recorder können Sie WAVE-Dateien von allen möglichen Klang- und Geräuschquellen aufzeichnen. Es ist jedoch keine Bearbeitung der erstellten Dateien möglich.
- Creative MIDI - Dieses Programm stellt ein Sequenzer-Programm dar und ermöglicht Ihnen das Erstellen von MIDI-Musikstücken.

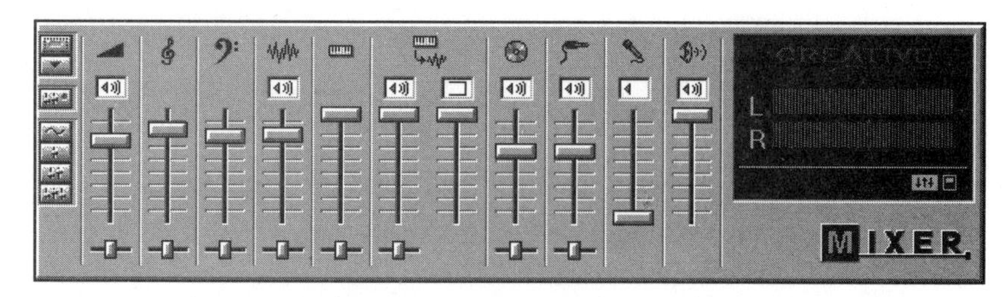

Abb. 5.10: Mit dem Creative Mixer regeln Sie die Lautstärke der Ein- und Ausgänge der Soundkarte

- Creative Mixer - Mit dem Creative Mixer verändern Sie die Aufnahme- und Wiedergabe-Einstellungen der verschiedenen Eingangs- und Ausgabemöglichkeiten Ihrer Soundkarte.
- Creative Soundo´LE - Creative Soundo´LE dient zum Abspielen und Aufzeichnen von Wave-Dateien. Besonderheiten sind dabei das Abspielen aller Formate von .WAV-Dateien und das Aufzeichnen von Klängen von allen verfügbaren Klangquellen in .WAV-Dateien.

- Creative WaveStudio - Dies ist eine sehr komfortable Anwendung zum Erstellen und Bearbeiten von WAVE-Dateien.
- AWE Systemsteuerung - Dies ist die zentrale Systemsteuerung für den EMU8000 Sample-Synthese Audioprozessor.

Vienna Soundfont Studio - Das Vienna Soundfont Studio dient dem Abspielen und Aufzeichnen von bestimmten Sample-Daten, eine Erläuterung von Soundfonts konnten Sie bereits im Abschnitt über die Technologie der Soundkarten lesen. Für Entwickler ist hier zu erwähnen, daß das Soundfont Studio die Funktion *Objekte verknüpfen und einbetten* (OLE) in der Version 2.0 unterstützt.

Anwendungen installieren

Die Anwendungen für die Audiokarte können entweder von Disketten oder von einer CD-ROM installiert werden, je nachdem, welchen Datenträger Ihr Paket enthält.

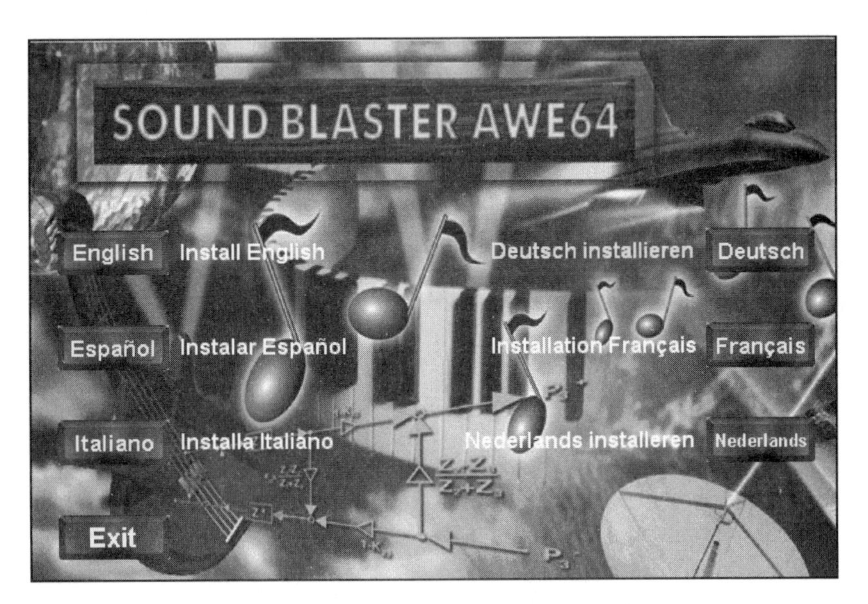

Abb. 5.11: Hier beginnt die Installation der Anwendungen

Installieren der Anwendungen von CD-ROM

1. Legen Sie zuerst die Installations-CD-ROM in Ihr CD-ROM-Laufwerk ein.

2. Wenn bei Ihrem CD-ROM-Laufwerk die *AutoRun*-Funktion unter Windows 95/98 aktiviert ist, startet automatisch der Installationsassistent.

3. Klicken Sie nun im Auswahlfenster auf die von Ihnen bevorzugte Sprache.

4. Nun können Sie mit der Maus auswählen, welche der sechs angebotenen Software-Komponenten auf Ihrem System installiert werden sollen.

5. Nach erfolgreicher Installation der von Ihnen gewählten Komponenten sollten Sie Ihren Computer neu starten, damit die neu installierten Anwendungen ordnungsgemäß in Ihr System eingebunden werden.

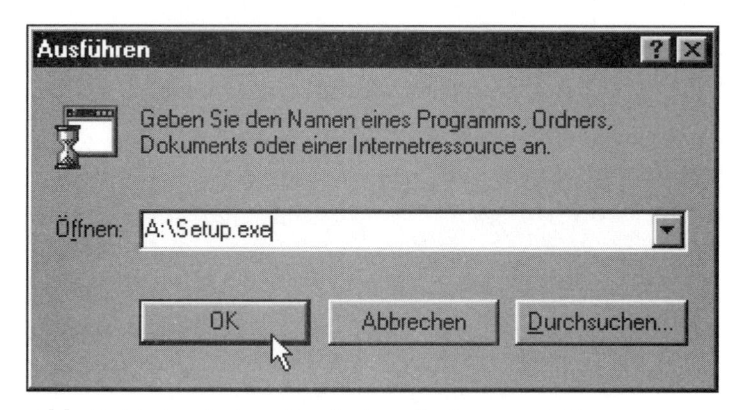

Abb. 5.12: So starten Sie die Installation von Diskette

Installieren der Anwendungen von Diskette

Für eine Installation der Anwendungen von Diskette gehen Sie einfach folgendermaßen vor:

1. Legen Sie die erste Installationsdiskette in das Diskettenlaufwerk ein.
2. Klicken Sie in der Windows-Task-Leiste auf *Start* und anschließend auf *Ausführen*.
3. Geben Sie im Dialogfeld *Ausführen* den Befehl *A:\Setup* ein, wobei *A:* die Bezeichnung für Ihr Diskettenlaufwerk ist, in das Sie die Diskette eingelegt haben sollten.
4. Klicken Sie auf *OK*, und folgen Sie den Anweisungen auf dem Bildschirm, um die Installation abzuschließen.

Einstellungen für die Spracherkennung

Gehen Sie nun mit der Maus auf das SystemTray, das ist die rechte untere Seite der Task-Leiste, in der für gewöhnlich die Systemzeit angezeigt wird. Dort sollte sich nun, falls bei der Installation alles geklappt hat, ein kleines Lautsprechersymbol befinden. Nach einem Doppelklick auf dieses Symbol öffnen sich die Audioeinstellungen für Ihre SoundBlaster-Karte.

Abb. 5.13: Über das Lautsprechersymbol gelangen Sie zu den Audioeinstellungen

Im Normalfall werden hier mögliche Einstellungen von den Spracherkennungsprogrammen während der Mikrophoninstallation automatisch vorgenommen. Falls Sie jedoch aus irgendeinem Grund selbst Hand an diese Einstellungen legen wollen, beachten Sie bitte die folgenden Hinweise:

1. In dem Pulldown-Menü *Optionen* > *Eigenschaften* können Sie auswählen, welche Geräte für Wiedergabe, Aufnahme oder andere Befehle wie zum Beispiel Sprachbefehle in diesen Mixereinstellungen angezeigt werden sollen bzw. modifiziert werden können.

2. Überlegen Sie sich vorher, was Sie tun wollen, warum Sie es tun wollen und was Sie damit zu erreichen gedenken, wenn Sie die Einstellungen des Mikrophoneingangs verändern. Im schlimmsten Falle hört Ihr Spracherkenner Sie gar nicht mehr, oder Ihr Sprachsignal kommt völlig übersteuert - und damit ebenfalls unbrauchbar - bei ihm an. Wenn Sie sich dann nicht gemerkt haben, auf welcher Stellung sich der Schieberegler vorher befand, müssen Sie erneut die Mikrophoninstallation bzw. den entsprechenden Assistenten Ihrer Spracherkennungs-Software ausführen.

3. Wenn Sie die Lautstärke des Ausgabekanals für digitalisierte Klänge, in der Regel mit WAV bezeichnet, erhöhen, um sich z.B. selbst während des Diktierens im Kopfhörer bzw. über Lautsprecher hören zu können, achten Sie darauf, keine zu laute Einstellung zu wählen. Ihre aus den Lautsprechern oder dem Kopfhörer erklingende Stimme kann nämlich, wie jedes andere Geräusch, wieder vom Mikrophon aufgenommen werden, wodurch Sie eine Rückkoppelung erzeugen würden, die jedes Diktieren unmöglich macht.

4. Außer den beiden eben genannten Kanälen benötigen Sie zur Spracherkennung keine weitere Funktion der Soundkarte. Wenn Sie also z.B. mit der Erkennungsleistung Ihres Systems unzufrieden sein sollten, können Sie sich in den Audioeinstellungen davon vergewissern, daß die Regler aller sonstigen Kanäle auf Null stehen und eventuelle Effekteinstellungen alle ausgeschaltet sind, damit Ihr Sprachsignal durch andere Signale möglichst nicht verfälscht werden kann.

5. Sollten Sie über ein Lautsprecher-Set mit 3D-Enhancement verfügen, sollten Sie für einen umfassenderen Soundgenuß auf jeden Fall bei dem Schieberegler *Wiedergabe* in den erweiterten Funktionen die Einstellung *3D Stereo Enhancement* aktivieren. Dies trägt dazu bei, daß Sie auf Ihrem System einen Surround-Effekt erhalten. Zusätzlich können Sie dort auch die Klangcharakteristik wie Höhen oder Tiefen verändern. Für die Spracherkennung sollten Sie die Funktion jedoch lieber deaktivieren, um - wie bereits erwähnt - eventuell störende Signale auf der Soundkarte zu vermeiden.

6. Falls Sie über einen Internet-Zugang verfügen, sollten Sie regelmäßig die Seiten von Creative Labs besuchen und sich dort nach den neuesten Treibern und der neuesten Anwendungs-Software für Ihre SoundBlaster AWE64 umschauen. Dies kann unter Umständen zu erheblichen Verbesserungen der Soundqualität und der Arbeit mit dem Spracherkenner führen, da Sie ja beim Kauf Ihrer Karte nicht feststellen können, wie alt oder neu das beigefügte Software-Paket bereits ist.

Die Internet-Adresse von Creative Labs lautet: *http://www.creativelabs.com oder http://www.SoundBlaster.com*.

Terratec EWS64 XL

Die eierlegende Wollmilchsau EWS64 XL von der Nettetaler Firma Terratec kam Mitte 1997 auf den Markt und entpuppte sich als Soundkarte, die höchste audiophile Ansprüche am PC befriedigen konnte. Für Menschen, die Musikuntermalung nur bei Spielen benötigen, ist diese Karte sicherlich überdimensioniert und wohl auch etwas zu wertvoll. Wer jedoch keine Kompromisse in puncto Klangqualität eingehen möchte und möglichst wenig oder keine Beschränkungen bei der Soundbearbeitung wünscht, findet auch ein Jahr nach ihrem Erscheinen kaum eine leistungsfähigere Soundkarte für seinen PC.

Anmerkung zum Spracherkennungsdauertest

Für die Erstellung dieses Buches wurden drei Monate lang fünf aktuelle Spracherkennungsprogramme auf ebenso vielen Computern mit unterschiedlichsten Soundkarten im Dauergebrauch von mehreren Personen getestet. Keine Kombination erreichte auch nur annähernd die Leistung und Qualität wie das System, das mit der EWS64 XL ausgestattet war. Mit dem Signal/Rausch-Abstandstest des Audio Setup-Assistenten von Dragon Systems erreichte die EWS64 XL Werte, die mindestens 20% besser waren als die der anderen Systeme. (P.S: Der Autor ist weder mit Terratec verwandt oder verschwägert, noch wird er von ihnen bezahlt.)

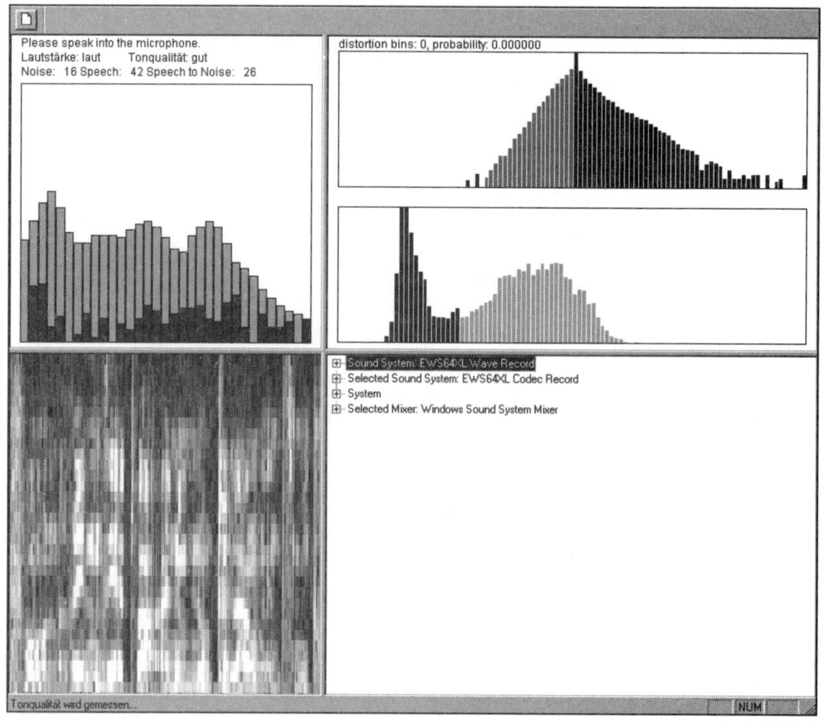

Abb. 5.14: Die EWS64 stellte sich im mehrmonatigen Dauertest als Qualitätssieger heraus

Einbau der EWS64 XL in Ihr bestehendes System

Als erstes sollten Sie die Karte in Ihren Rechner einbauen. Benötigen Sie dazu eine Anleitung, so finden Sie eine allgemein gültige Einbauanleitung weiter oben in diesem Kapitel. Wegen der umfangreichen Hardware-Ausstattung der XL-Version dieser Karte sollten Sie sich beim Einbau an die Anleitung des ausführlichen Handbuchs halten.

Die Software-Ausstattung

Von Hause aus ist die Terratec EWS64 XL mit einem reichhaltigen Software-Paket für die Steuerung und Nutzung der Soundkarte ausgestattet, das Ihnen im folgenden kurz vorgestellt werden soll, da doch für viele Menschen die Software-Ausstattung eines Produkts auch ein Kaufargument bedeutet.

Das Control Panel. Das Control Panel ist die zentrale Steuereinheit der EWS64. Es beinhaltet den Mixer, der die verschiedenen Audiosignale mischt und dem Synthesizer (DSP) zur weiteren Verarbeitung zuführt. Im Control Panel der L- und XL-Versionen werden hier auch die Schaltungen der verschiedenen Signalwege durchgeführt, wie es für die vielfältigen Aufgaben der Karte notwendig ist.

Das FX-Panel. Das FX-Panel steuert die Effekte und Effektwege der EWS64. Hiermit sind Sie in der Lage, die Effekte Hall, Chorus, Equalizer und VSpace zu beeinflussen und zu routen. Hier stellen Sie auch ein, ob Sie für Wave- und MOD-Dateien die Effekte benutzen wollen oder die vierkanalige Ausgabe vorziehen. Für die Spracherkennung sollten Sie alle Effekte ausschalten.

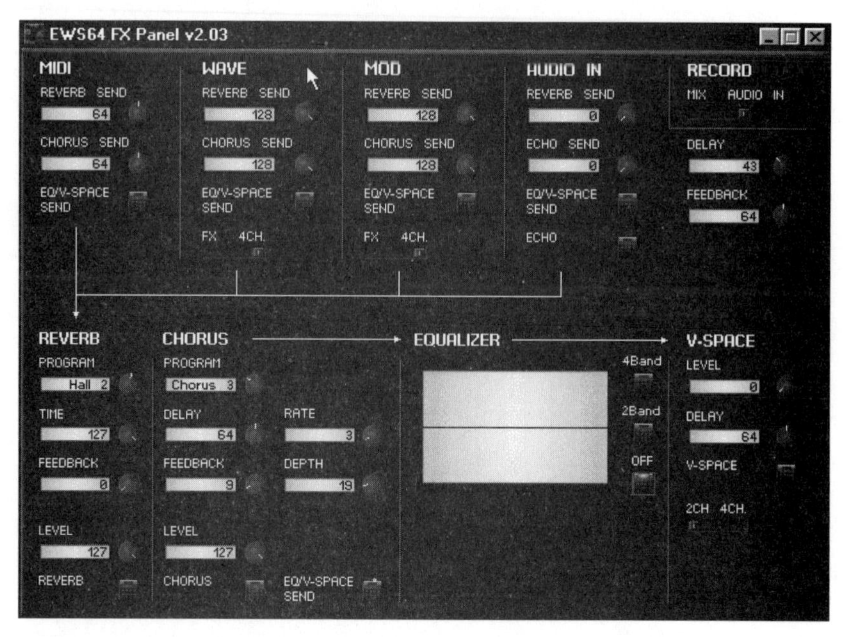

Abb. 5.15: Für die Spracherkennung sollten alle Effekte abgeschaltet sein

Ed!son Wave. Ed!son Wave ist der Wave-Editor der EWS64. Mit diesem Editor lassen sich Wave-Dateien komfortabel aufzeichnen (z.B. Schallplattenaufnahmen in den PC), editieren und für die Benutzung als MIDI-Instrument im Synthesizer vorbereiten. Natürlich lassen sich hiermit die wichtigsten Bearbeitungen üblicher Wave-Editoren durchführen, wie PitchShifting, TimeStretching, aber auch Echtzeit-Entzerrung (EQ). Darüber hinaus sind Bearbeitungen für das Zusammenwirken mit der EWS-Serie optimiert, wie Looping und der direkte Link zu Ed!son, dem Instrumenten-Editor.

Ed!son - der Instrumenten-Editor. Mit dem leistungsfähigen Instrumenten-Editor Ed!son können Sie eigene Sounds als MIDI-Instrumente bearbeiten, mehrere Instrumente zu ganzen Soundsets zusammenstellen und diese dann auf die EWS64 herunterladen.

Ed!son micro. Dieses Programm gestattet die schnelle und einfache Erstellung von MIDI-Klängen im EWS-Format.

Cubasis AV XL. Aus dem Hause Steinberg liegt der Einsteiger-Sequenzer Cubasis AV bei. Diese Software gestattet neben 64-spurigem MIDI-Recording auch die Wiedergabe von bis zu acht Audiospuren.

Die Treiber. Auch das Treiberkonzept der EWS ist alles andere als gewöhnlich: So ist es beispielsweise möglich, mit bis zu 32 Stereo-Applikationen gleichzeitig zu arbeiten. Für jedes dieser Programme kann dann unabhängig die Lautstärke, Panorama, die Abspielgeschwindigkeit oder einer der vier Ausgänge zugewiesen werden.

Die Treiberinstallation

Beim ersten Start des Betriebssystems nach dem Einbau der Soundkarte findet Windows 98 eine neue Hardware-Komponente und fragt nach einer Treiberdiskette des Herstellers.

1. Legen Sie die Installations-CD in Ihr CD-ROM-Laufwerk ein, und weisen Sie den Hardware-Assistenten auf das Verzeichnis *Driver*. Dort sollte das Betriebssystem die Informationen zu den Treibern finden und diese dann nacheinander für die verschiedenen Komponenten des Soundsystems installieren. Die eingestellten Werte für die Ressourcen werden Ihnen angezeigt und lassen sich später jederzeit ändern. Nach der Installation der Treiber startet automatisch das Installationsprogramm.

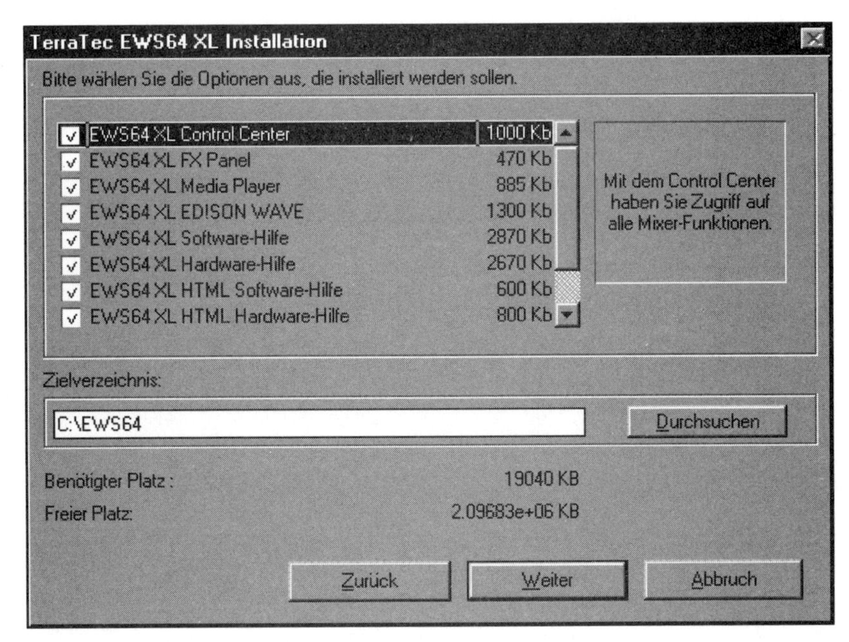

Abb. 5.16: Hier treffen Sie die Auswahl der zu installierenden Komponenten und des Installationspfads

2. Die Sprache, in der Sie Ihr Windows 98 installiert haben, wird automatisch als Sprache für die Installation ausgewählt, Sie können jedoch jede beliebige der angebotenen Sprachen auswählen.

3. Im nächsten Fenster bestimmen Sie den Umfang und den Ort der Installation. Mit einem Klick in das Feld mit dem Häkchen können Sie die Installation der entsprechenden Komponenten ein- oder ausschalten. Das Control Panel und das FX-Panel benötigen Sie in jedem Fall, um sinnvoll mit der EWS64 XL arbeiten zu können. Bei Platzproblemen können Sie auf die HTML-Hilfe, die Soundbänke und gegebenenfalls auf ED!SON Wave, den Wellenform-Editor, verzichten. Ein Klick auf *Weiter* bringt Sie zu dem Fenster, in dem Sie den EWS64-Ordner für das *Start*-Menü auswählen können.

4. Sie können den voreingestellten Namen verändern oder einen bereits vorhandenen Ordner auswählen. Wenn Sie *Überspringen* anklicken, wird kein Ordner erstellt. Nach einem Klick auf *Weiter* werden die zu installierenden Dateien auf Ihre Festplatte übertragen.

5. Nach diesem Prozeß ist die EWS64 XL vollständig auf Ihrem Rechner installiert, und Sie können jetzt die *LIESMICH*-Datei durchlesen sowie die Möglichkeiten der Online-Registrierung nutzen, sofern Sie über einen Internet-Zugang verfügen. Außerdem wird dringend empfohlen, die beiliegenden Handbücher gründlich durchzuarbeiten.

Einstellungen für die Spracherkennung

Die hohe Flexibilität bei den Beschaltungen der Signalwege auf der EWS64 geht einher mit der Tatsache, daß es dadurch keineswegs trivial ist, auf Anhieb die richtigen Schaltungen für einen bestimmten Einsatzzweck zu finden. Die Steuerzentrale, das EWS64 Control Panel, trägt mit seiner erschlagenden Funktionsvielfalt auch nicht unbedingt zur Übersichtlichkeit bei. Daher wird Ihnen im folgenden erklärt, welche Einstellungen Sie wählen müssen, damit die Spracherkennung problemlos funktioniert.

1. Zunächst sollte der Eingangswahlschalter, bezeichnet mit Input Selection, auf Mikrophon (*MIC*) gestellt sein.

2. Die Mikrophonverstärkung, MICBOOST genannt, sollte in Abhängigkeit vom verwendeten Mikrophon geschaltet werden. Die besten Meßergebnisse wurden erzielt, als eine VXI-Kopfhörer-Mikrophon-Kombination mit dem batteriebetriebenen, externen Mikrophonverstärker am Mikrophoneingang der Soundkarte angeschlossen wurde und MICBOOST ausgeschaltet blieb.

3. Die automatische Lautstärkeanpassung, AGC, darf nicht eingeschaltet sein, da Ihre Spracherkennungs-Software sonst keine gleichmäßigen Signale erhält.

4. Der Schalter für die Aussteuerungsanzeige, mit VU beschriftet und rechts außen unter dem REC-Regler zu finden, muß ausgeschaltet sein.

5. Jetzt sollten die Signalwege geschaltet werden.

6. Dazu sollten Sie den Treiber-Wahlschalter ganz rechts unten in der Ecke auf *A* stellen, wodurch der Aufnahmetreiber ankommende Signale über den Codec aufnimmt. Diese Einstellung ist für das Funktionieren der Spracherkennung zwingend notwendig.

7. Die Auswahl für den Eingang des Synthesizers, der mit A, D und M bezeichnete Schieberegler unterhalb des Beep-Reglers, sollte auf M stehen. Damit erreichen Sie, daß das Mix-Signal vom Codec-Ausgang (mit dem Codec findet ja die eigentliche Sprachaufnahme statt) in den Synthesizer-Eingang gelenkt wird. Dann liegt der Ausgang 1 des Synthesizers immer gleichzeitig an der Buchse OUT-1 und parallel dazu am Digitalausgang 1 an.

8. Der Wahlschalter für die Auswahl von OUT-1, gleich unter dem MUTE-Schalter für den Ausgang OUT-1 gelegen, muß auf *B* stehen. In Abhängigkeit von der Einstellung des Synthesizer-Eingangs ist dann erst der Mix-Ausgang des Codec über den Ausgang OUT-1 zu hören.

9. Auf diese Art schaffen Sie sich die Möglichkeit, Ihr Sprachsignal während des Diktats kontrollieren zu können. Die Lautstärke des Kontrollsignals können Sie dann mit Hilfe der Regler IN-2 und OUT-1 Ihrem Geschmack anpassen.

10. Den Regler IN-1 sollten Sie ruhig auf *MUTE* einstellen, um nicht ungewollt die Qualität Ihres Sprachsignals zu stören.

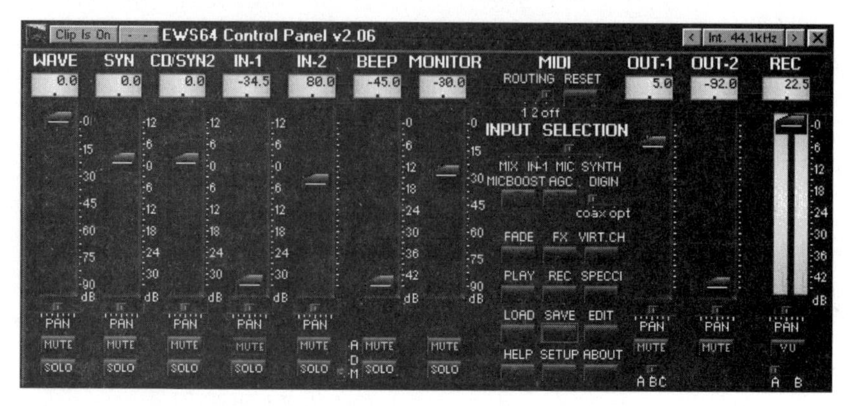

Abb. 5.17: Alle erwähnten Einstellungen auf einen Blick

Auf der dem Buch beiliegenden CD-ROM finden Sie die beschriebenen Mixereinstellungen noch einmal als Datei zum Einladen in das Control Panel.

- Falls Sie über einen Internet-Zugang verfügen, sollten Sie regelmäßig die Internet-Seiten von Terratec besuchen und sich dort nach den neuesten Treibern und der neuesten Anwendungs-Software für Ihre EWS64 umschauen, da die Software für dieses komplexe Soundsystem kontinuierlich gepflegt und erweitert wird. Mit der Verwendung der aktuellsten Treiber können Sie unter Umständen erhebliche Verbesserungen der Soundqualität und der Arbeit mit dem Spracherkenner erzielen.

Die Internet-Adresse von Terratec lautet:

http://www.terratec.de

Technologie der Soundkarten

Auf modernen Soundkarten stehen in der Regel mehrere Möglichkeiten zur Tonerzeugung zur Verfügung. So sind häufig FM-Synthese und/oder Wavetables integriert (meist in der Qualität von Synthesizern unterer bis mittlerer Preislage), und es besteht natürlich auch die Möglichkeit des Sampling. Neueste Entwicklungen bezüglich der Klangerzeugung wie Physical Modeling sind bisher noch teuren Synthesizern vorbehalten, welches sich erst bei deutlichem Preisverfall ändern wird. Im Kern besteht eine Soundkarte somit aus einem oder mehreren Sythesizerchips, ROM- und RAM-Bausteinen und aus AD/DA-Wandlern.

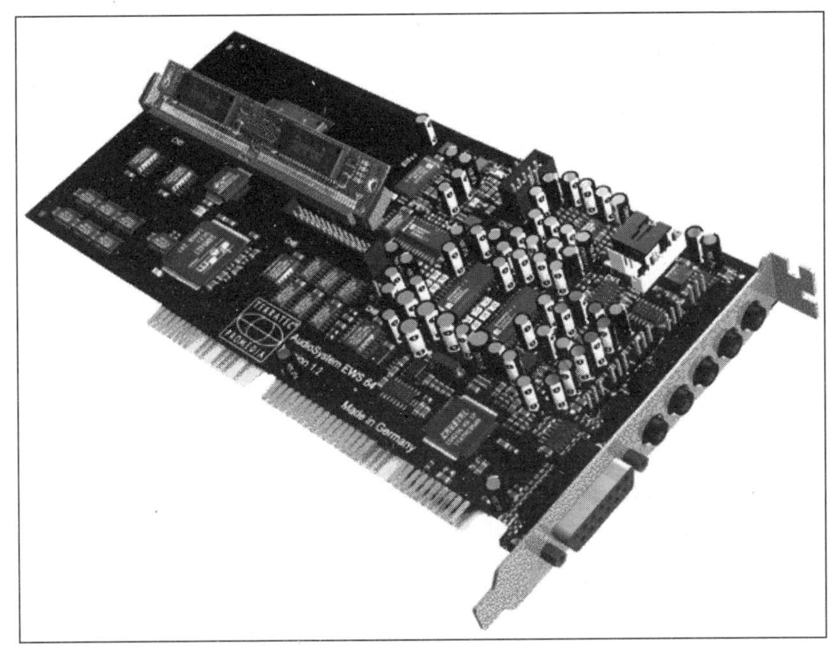

Abb. 5.18: Moderne Soundkarten bestehen aus zahlreichen hochintegrierten Bausteinen

AD/DA-Wandler

Wie bereits erwähnt wurde, ist jeder natürliche Klang analog, das heißt, er kann jeden Wert in einem durchgehenden Bereich annehmen, während Computer digital, d.h. mit diskreten Werten, arbeiten. Um die Spannungen, die analogen Schwingungen entsprechen, in eine endliche Zahl numerischer Werte umzuwandeln, arbeiten Soundkarten mit einem sogenannten Analog/Digital-Wandler (A/D-Wandler bzw. ADC für Analog Digital Converter). Für den umgekehrten Vorgang wandelt ein Digital/Analog-Wandler (D/A-Wandler bzw. DAC für Digital Analog Converter) die numerischen Werte wieder in analoge Spannungen um, die über einen Lautsprecher in Klänge umgewandelt werden können.

Zwei Merkmale bestimmen dabei die Qualität dieser Wandlerbausteine:

- Der Unterschied vom digitalen (z.B. 8 Bit=256 Amplitudenwerte) zum analogen Signal (unendliche Amplitudenwerte) führt zu Verzerrungen des digitalisierten Signals, was sich in Quantisierungsrauschen äußern kann. Ein weiteres Problem von AD/DA-Wandlern wird Aliasing genannt: Wenn das Signal Wellen außerhalb der Hörgrenze enthält, erscheinen diese im digitalisierten Zustand wie hörbare Wellen, wenn zu geringe Sample-Frequenzen verwendet werden. Dieses Phänomen ist auch aus der Optik bekannt: Wenn sich ein Rad schneller dreht als die Bildwiederholungsfrequenz, scheint das Rad rückwärts zu laufen. Um diesen Effekt zu vermeiden, müssen die Eingangssignale ab 20 kHz gefiltert werden, was die Preise für A/D-Wandler in die Höhe treiben kann.

Um Klänge zu digitalisieren, wird sehr viel Speicher benötigt. Der Bedarf eines digitalisierten Signals errechnet sich aus Abtastfrequenz x Kanalanzahl x Auflösung in Bytes x Zeitdauer in Sekunden.

Die Abtastfrequenz liegt in der Regel zwischen 11,025 kHz und 44,1 kHz.

Die Kanalanzahl bezeichnet die Anzahl verwendeter Kanäle (Mono 1 bzw. Stereo 2).

Mit der Auflösung ist, wie bereits gesagt, die Abstufung des abgetasteten Signals gemeint (16 Bit bedeuten demzufolge 65.536 Abstufungen).

Eine Stereo-Aufzeichnung in 16-Bit-Auflösung und mit einer Abtastrate von 44,1 kHz erfordert somit 172,27 KByte pro Sekunde. Eine Verringerung der Abtastrate verschlechtert die Wiedergabe von hohen Tönen, d.h., die Wiedergabe klingt dumpf. Eine geringere Auflösung führt dagegen zu höheren Signalverzerrungen, die Klänge klingen dann rauh.

Daher wurden Kompressionsalgorithmen entwickelt, wie z.B. das ADPCM-Verfahren, womit der Speicherbedarf des digitalisierten Klangmaterials auf ein Viertel reduziert werden kann.

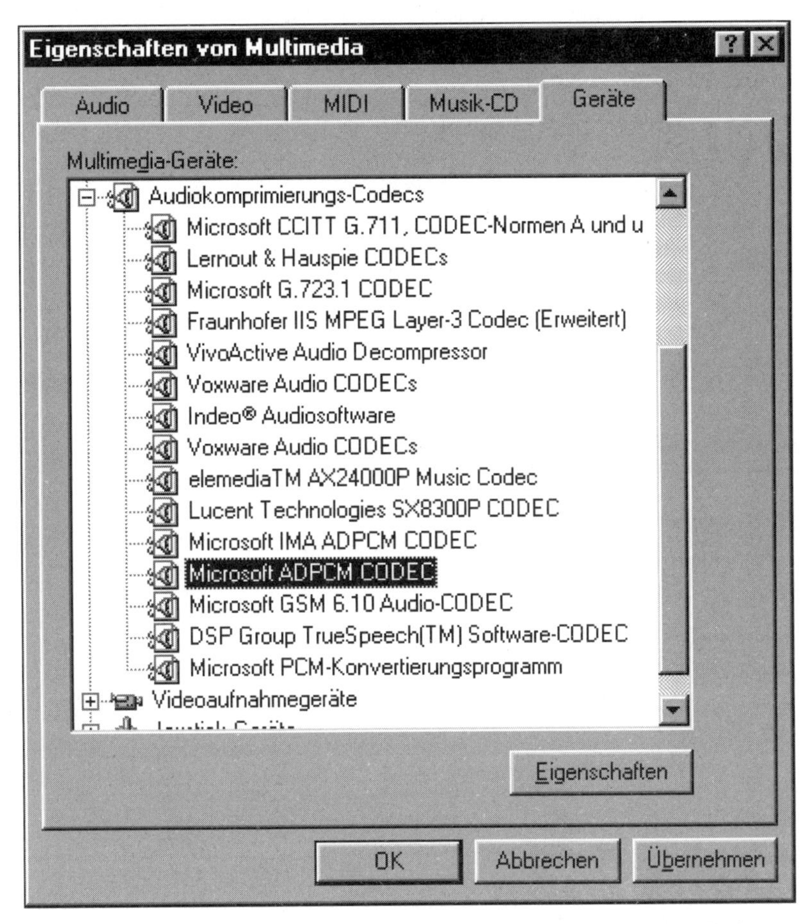

Abb. 5.19: Auch Windows 98 kennt bereits viele unterschiedliche Möglichkeiten der Audiokompression

OPLx bzw. FM-Synthesizer

Auf Soundkarten wird die Hardware für die Frequenzmodulation durch speziell integrierte Schaltungen realisiert. Diese wurden natürlich von Yamaha entwickelt und arbeiten nach der bereits erwähnten FM-Synthese. Verwendung finden heute noch OPL3-, OPL4- und OPL5-Chips. Teilweise werden diese auch nur noch aus Kompatibilitätsgründen (z.B. zu älteren Spielen) mit integriert.

Wavetable-Synthesizer

Ein Wavetable-Synthesizer kombiniert die Flexibilität der D/A-Wandlung mit der Technologie der Frequenzmodulation. Somit können digitalisierte Klänge in den Speicher geladen werden und dann mit geringer Prozessorbelastung abgespielt, kombiniert und verändert werden. Moderne Soundkarten unterstützen alle die Wavetable-Synthese, und bieten so die Möglichkeit, z.B. MIDI-Daten mit qualitativ hochwertigem Klang auszugeben.

Bekommt die Soundkarte also per MIDI mitgeteilt, daß z.B. die Note C1 mit einem Klavierklang gespielt werden soll, passiert folgendes: Das Klavier-Sample wird aus dem ROM mit der Tonhöhe C1 ausgelesen, durch verschiedene Filter klangverformt und am Schluß; per D/A-Wandler an die Lautsprecher ausgegeben.

Eine Abart der Wavetable Sounds sind die sogenannten Soundfonts von Creative Labs, dem Hersteller der SoundBlaster. Die unterschiedlichen Instrumenten-Samples sind in Bibliotheken zusammengefaßt, den sogenannten Soundbänken, und werden je nach Bedarf im RAM gespeichert. Diese Technologie ermöglicht die Entwicklung und Verwendung eigener Sounds als selbstdefinierbare Instrumente zusätzlich zu bereits vorhandenen.

Neben der SoundBlaster AWE32 bzw. AWE64 arbeitet auch die Terratec EWS64, je nach Modus, mit diesem Verfahren, die Samples aus dem RAM und/oder ROM verwenden zu können.

DSP-Chips

Ein digitaler Signalprozessor (DSP) ist grundsätzlich ein Prozessor, der speziell dafür entwickelt wurde, in höchster Geschwindigkeit digitale Signalströme zu verarbeiten. Da somit ein DSP mit begrenztem Hardware-Aufwand zu realisieren ist, sind diese Chips relativ preisgünstig und vor allen Dingen für die unterschiedlichsten Aufgaben zu programmieren. DSPs werden z.B. für die Realisierung von rechnerisch sehr aufwendigen Echtzeiteffekten (z.B. Hall oder Chorus) eingesetzt.

Hinweise zum Soundkartenkauf

Jetzt wissen Sie, daß Soundkarten zu weitaus mehr fähig sind, als nur zur Sprachverarbeitung, wofür ja von der Hardware-Seite prinzipiell nicht viel mehr als das Sampling benötigt wird. Moderne Soundkarten besitzen nahezu alle zuvor aufgezählten Merkmale, was ja weit über das Sampling hinausgeht. Da Sie, wenn Sie eine solche Karte erst einmal besitzen, Ihre Soundkarte gewiß auch zu mehr als nur der Aufnahme Ihrer Sprache verwenden werden, erhalten Sie an dieser Stelle eine Entscheidungshilfe zum Kauf der Soundkarte, damit Sie auch wirklich zu der Karte finden, die Ihren Bedürfnissen entspricht.

Vor dem Kauf

Die beste Überlegung vor dem Soundkartenkauf besteht darin, darüber nachzudenken, welche Nutzungsmöglichkeiten man sich offenhalten möchte. Auf diese Weise geraten Sie nicht in Gefahr, Geld für eine Karte ausgegeben zu haben, die Sie später in Ihren Möglichkeiten einschränkt. Das heutige Angebot an Soundkarten ist so umfangreich, daß Preise und Ausstattungen enorm voneinander abweichen können.

Ein paar Grundgedanken zu den möglichen zukünftigen Einsatzzwecken der Karte helfen da weiter:

1. Wenn Sie Ihre Soundkarte hauptsächlich für Sprachverarbeitung verwenden wollen und vielleicht ab und zu einmal die klangliche Untermalung für Spiele benötigen, reichen im allgemeinen günstige 16-Bit-Soundkarten aus.

2. Wenn Sie mit der Soundkarte auch in der Lage sein wollen, Multimedia-Präsentationen zu erstellen, ist eine Karte mit ausgewählt guter Klangqualität und 32 Stimmen empfehlenswert.

3. Falls Ihr PC mit zwei Festplatten ausgestattet werden soll und dazu vielleicht nur ein IDE-Anschluß zur Verfügung steht, sollten Sie bei der Soundkarte auf den integrierten CD-ROM-Anschluß achten, um auch weiterhin ein CD-ROM-Laufwerk nutzen zu können.

4. Wenn Sie vielleicht auch eigene Musik mit dem PC produzieren wollen, sollten Sie eine hochwertige Karte mit 32, besser 64 Stimmen kaufen und auf die MIDI-Kompatibilität achten.

Checkliste für die Soundkarte

Wenn Sie den Anwendungsschwerpunkt für sich gefunden haben, sollten Sie die in die engere Wahl kommenden Modelle also insgesamt auf folgende Aspekte hin überprüfen:

- Welche Standards anderer Hersteller werden unterstützt?
- Inwieweit besteht Abwärtskompatibilität?
- Wie klingt die Karte und wie leistungsfähig ist der Klangerzeuger?
- Wie viele Stimmen können gleichzeitig abgespielt werden (Polyphonie)?
- Welche CD-ROM-Hersteller werden unterstützt? Ist bereits ein Anschluß integriert?
- Wie viele und welche Anschlüsse (Ein- und Ausgänge) sind vorhanden?

- Welche Software liegt bei?
- Welches Preis-Leistungs-Verhältnis bietet die Karte insgesamt?

Erweiterbarkeit und andere Aspekte

Die meisten angebotenen Soundkarten sind in bezug auf Sample-RAM erweiterungsfähig, in welchem das Laden und die Verarbeitung eigener Klänge erfolgt.

Beispielsweise existiert die SoundBlaster AWE32 in mehreren Varianten, die alle standardmäßig mit 512 KByte Sample-RAM ausgeliefert werden. Die Value Edition ist nicht erweiterungsfähig, d.h., es stehen nur 512 KByte als Sample-RAM zur Verfügung. Die AWE32 und die AWE32 PnP ermöglichen einen Ausbau auf 28 MByte. Achten Sie darauf, daß 72-pin-SIMMs inkompatibel mit den Sockeln auf der AWE sind.

Auch wenn beim Kauf 512 KByte völlig ausreichend erscheinen, lohnt sich die Erweiterung in jedem Fall, da die herstellerseitig gelieferten Soundbibliotheken den verfügbaren Speicher bereits fast vollständig ausnutzen. Eine Erweiterung ist mit 30-pin-Single Inline Memory Modules (SIMMs) der gleichen Speichergröße möglich. Die AWE64 wird bereits standardmäßig mit 6 MByte RAM ausgeliefert und läßt sich mit Standard-SIMMs auf bis zu 64 MByte erweitern.

IRQ, DMA und I/O

Ein weiterer nicht zu unterschätzender Aspekt ist die Tatsache, daß Soundkarten in aller Regel auch eine oder mehrere Ressourcen des Computers verbrauchen. Wenn Sie bereits jede Menge Erweiterungen in Ihrem Computer eingebaut haben, kann es dabei zu Komplikationen kommen. Im allgemeinen benötigen Soundkarten folgende Ressourcen:

- Interrupts, sogenannte IRQs, werden benötigt, damit die Soundkarte dem Hauptprozessor mitteilen kann, daß Daten ausgegeben bzw. empfangen werden sollen.

- DMA-Kanäle (DMA steht für Direct Memory Access) werden für die Übertragung von Daten vom und zum Hauptspeicher benötigt.
- Die I/O- oder auch Eingabe/Ausgabe-Adressen sind die Adreßbereiche, die für den Datenaustausch zwischen den Systemkomponenten und dem Hauptprozessor zur Verfügung gestellt werden.

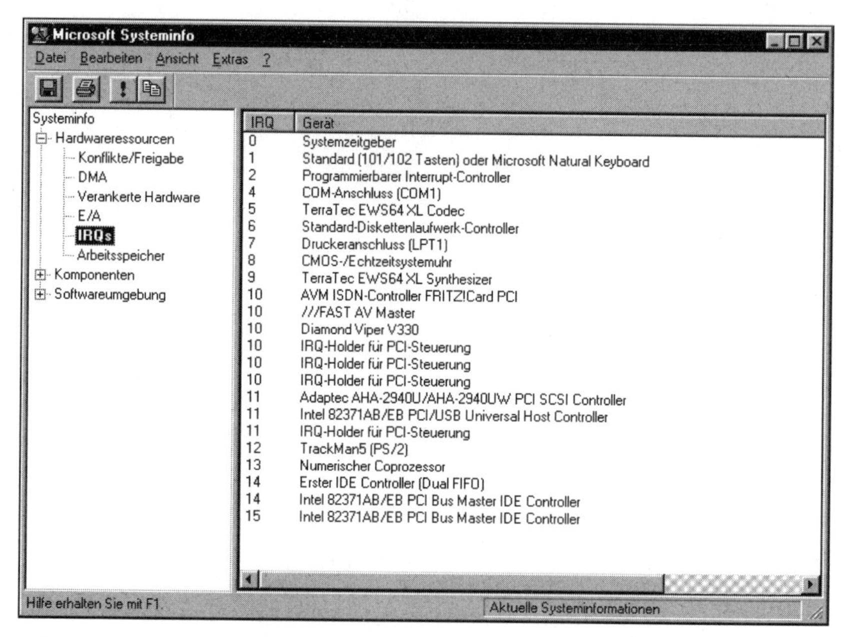

Abb. 5.20: In diesem System ist wirklich nicht mehr viel Platz

Wenn Sie genügend Ressourcen frei haben, werden diese, sofern die Soundkarte Plug & Play unterstützt, in aller Regel konfliktfrei eingestellt.

Wenn Sie zum Beispiel für Multimedia-Anwendungen die Audiosignale mit Video koppeln wollen, ist durch die suboptimalen Multitasking-Fähigkeiten von Windows oftmals zu befürchten, daß Ton und Bild kaum synchronisierbar sind. Wenn Ihre Soundkarte dann nur per Interrupts angesprochen werden kann, kommt es vor, daß sie gerade dann CPU-Zeit verbraucht, wenn diese eigentlich nur auf die Videokarte achtgeben sollte.

Einige der etwas leistungsfähigeren, modernen Soundkarten können daher auch über DMA-Kanäle gesteuert werden. Damit wird die CPU nicht so oft in ihrer Arbeit unterbrochen, und die Arbeit mit Audio- und Videosequenzen verläuft problemloser.

Anschlüsse und Schnittstellen

Viele Soundkarten besitzen einen kleinen Stecker für ein Kabel zum CD-ROM-Laufwerk, das Audiokabel, mit dem Sie direkt über die Lautsprecher für Ihre Soundkarte Musik-CDs mit Ihrem PC abspielen können. Das Problem mit diesem Kabeln besteht in unterschiedlichen Standards, die dafür existieren. Achten Sie also beim Kauf der Soundkarte darauf, daß das von Ihnen verwendete CD-ROM-Laufwerk unterstützt wird.

Falls dies nicht der Fall sein sollte, gibt es immer noch einen qualitativ etwas schlechteren Ausweg: Verbinden Sie ein Kabel vom Kopfhörerausgang auf der Frontseite des CD-Laufwerks mit dem Eingang hinten auf Ihrer Soundkarte.

Manche Soundkarten besitzen eine eigene CD-ROM-Schnittstelle für proprietäre CD-ROM-Laufwerke. Diese sollten Sie vermeiden, weil sie zu Kompatibilitätsproblemen führen kann. Auch bei Soundkarten mit integrierten SCSI-Schnittstellen unter DM 300,- liegen in aller Regel langsame SCSI-Schnittstellen oder minderwertige Bausteine auf der Soundkarte.

Die sicherlich leistungsfähigste, aber auch teuerste Lösung besteht hier in dem Kauf eines guten SCSI-Host-Adapters, für den Sie dann die entsprechenden Laufwerke (Festplatten und CD-ROM) erwerben.

Lautsprecher

Eine Soundkarte kann ihre klanglichen Qualitäten natürlich nur dann richtig entfalten, wenn sie über entsprechende Ausgabemöglichkeiten, sprich Lautsprecher, verfügt. Manche Soundkarten sind zwar auch in der Lage, Ihre Audiodaten über den ältesten existierenden PC-Lautsprecher auszugeben, doch dieser kann zu nicht viel mehr als dem Funktionstest der Soundkarte verwendet werden, da für die Klangumwandlung hier nur ein Kanal in sehr schlechter Qualität zur Verfügung steht.

Die Übersicht über die zur Verfügung stehenden Lautsprechersysteme für den Computereinsatz ist fast noch unübersichtlicher als die der Soundkarten. Gerade wenn Sie wirklich vorhaben, etwas mehr von Ihrer Soundkarte zu hören als nur, ob sie noch funktioniert, sollten Sie ein paar Mark mehr für gute Lautsprecher investieren.

Die Preissegmente, in denen sich Lautsprecher für den PC befinden, reichen von DM 20,- bis weit über DM 3.000. Die dabei anzutreffenden Qualitätsunterschiede sind enorm.

Die günstigsten Modelle kommen ohne eigenen Verstärker daher und benötigen darum auch keine eigene Stromversorgung. Sie werden einfach an den Lautsprecherausgang der Soundkarte angeschlossen und müssen mit der Verstärkung auskommen, die die Soundkarte selbst bietet. Zur Kontrolle der Funktionsfähigkeit reichen diese Lautsprechertypen aus.

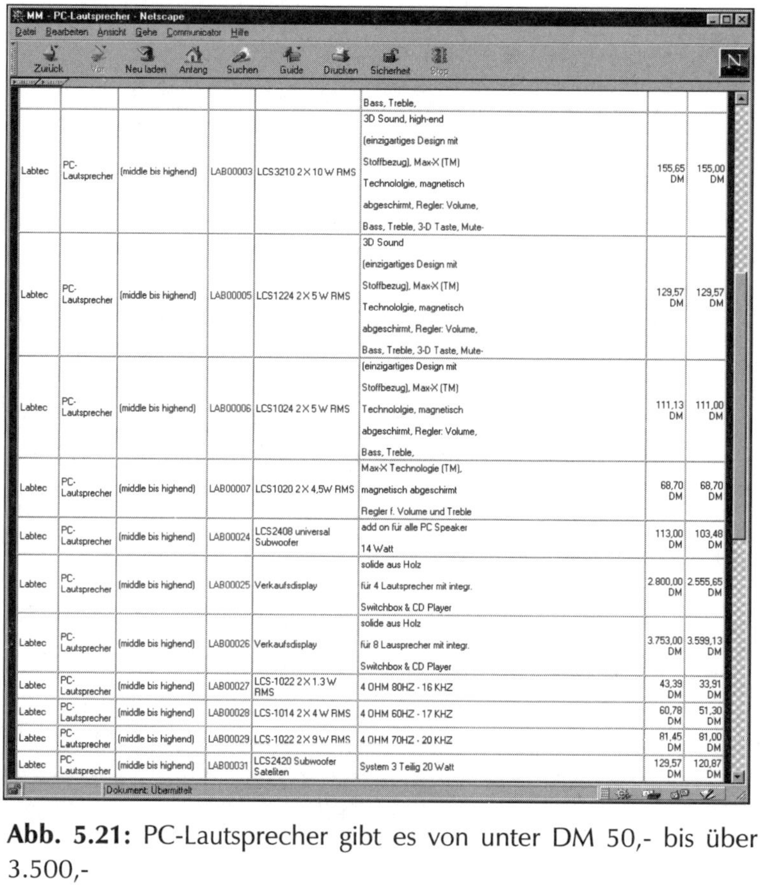

MM - PC-Lautsprecher - Netscape

					Bass, Treble,		
Labtec	PC-Lautsprecher	(middle bis highend)	LAB00003	LCS3210 2X10 W RMS	3D Sound, high-end (einzigartiges Design mit Stoffbezug), Max-X (TM) Technololgie, magnetisch abgeschirmt, Regler: Volume, Bass, Treble, 3-D Taste, Mute-	155,65 DM	155,00 DM
Labtec	PC-Lautsprecher	(middle bis highend)	LAB00005	LCS1224 2X5 W RMS	3D Sound (einzigartiges Design mit Stoffbezug), Max-X (TM) Technololgie, magnetisch abgeschirmt, Regler: Volume, Bass, Treble, 3-D Taste, Mute-	129,57 DM	129,57 DM
Labtec	PC-Lautsprecher	(middle bis highend)	LAB00006	LCS1024 2X5 W RMS	(einzigartiges Design mit Stoffbezug), Max-X (TM) Technololgie, magnetisch abgeschirmt, Regler: Volume, Bass, Treble,	111,13 DM	111,00 DM
Labtec	PC-Lautsprecher	(middle bis highend)	LAB00007	LCS1020 2X4,5W RMS	Max-X Technologie (TM), magnetisch abgeschirmt Regler f. Volume und Treble	68,70 DM	68,70 DM
Labtec	PC-Lautsprecher	(middle bis highend)	LAB00024	LCS2408 universal Subwoofer	add on für alle PC Speaker 14 Watt	113,00 DM	103,48 DM
Labtec	PC-Lautsprecher	(middle bis highend)	LAB00025	Verkaufsdisplay	solide aus Holz für 4 Lautsprecher mit integr. Switchbox & CD Player	2.800,00 DM	2.555,65 DM
Labtec	PC-Lautsprecher	(middle bis highend)	LAB00026	Verkaufsdisplay	solide aus Holz für 8 Lausprecher mit integr. Switchbox & CD Player	3.753,00 DM	3.599,13 DM
Labtec	PC-Lautsprecher	(middle bis highend)	LAB00027	LCS-1022 2X1.3 W RMS	4 OHM 80HZ - 16 KHZ	43,39 DM	33,91 DM
Labtec	PC-Lautsprecher	(middle bis highend)	LAB00028	LCS-1014 2X4 W RMS	4 OHM 60HZ - 17 KHZ	60,78 DM	51,30 DM
Labtec	PC-Lautsprecher	(middle bis highend)	LAB00029	LCS-1022 2X9 W RMS	4 OHM 70HZ - 20 KHZ	81,45 DM	81,00 DM
Labtec	PC-Lautsprecher	(middle bis highend)	LAB00031	LCS2420 Subwoofer Sateliten	System 3 Teilig 20 Watt	129,57 DM	120,87 DM

Dokument: Übermittelt

Abb. 5.21: PC-Lautsprecher gibt es von unter DM 50,- bis über DM 3.500,-

Möchten Sie, daß etwas mehr von den klanglichen Qualitäten Ihres Equipments an Ihre Ohren dringt, dann achten Sie auf folgende Aspekte:

1. Die Lautsprecher sollten ein eingebautes Netzteil haben, um unnötige Verkabelung zu vermeiden und Platz zu sparen. Sorgen Sie dann aber auch für eine weitere Steckdose in der Nähe des Computers.

2. Gerade, wenn Sie die Lautsprecher in der Nähe Ihres Monitors aufstellen wollen, sollten sie unbedingt magnetisch abgeschirmt sein, da nicht magnetisch abgeschirmte Lautsprecher die Elektronen in Ihrem Monitor beeinflussen können, wobei die Bildschirmausgabe verschwommen wird und es im schlimmsten Fall zu dauerhaften Farbverschiebungen kommen kann. Zudem operiert man meistens in der Nähe des Monitors auch mit Datenträgern, wie z.B. Disketten, die beschädigt werden können, wenn sich der Datenträger nahe genug am Lautsprecher befindet.

3. Achten Sie nicht auf phantasievolle Watt-Angaben, die große Leistungsfähigkeit und Lautstärke suggerieren, sondern erkundigen Sie sich nach der RMS-Leistung der Lautsprecher. Die Werbeaussagen der Lautsprecherhersteller beziehen sich meist auf schöngerechnete Höchstleistungen, die Lautsprecher, wenn überhaupt, nur in dem Moment erreichen können, wenn sie ihren Geist aufgeben. Die kleinsten dieser PC-tauglichen Boxen-Paare erreichen bis zu 5 Watt RMS, das Mittelfeld liegt etwa bei 10 bis 15 Watt RMS, und die Oberklasse schafft auch über 20 Watt RMS.

4. Ein weiteres Qualitätsmerkmal für Lautsprecher stellt der Frequenzbereich dar, der wiedergegeben werden kann. Er stellt neben der Lautstärkeleistung den zweiten Parameter zur Bestimmung des Preis-Leistungs-Verhältnisses dar:

   - Günstige Angebote schaffen etwa 100 bis 18.000 Hertz.
   - Der Großteil der Lautsprecher und somit das preisliche Mittelfeld schafft etwa 80 bis 20.000 Hertz.

- Hochwertige Lautsprecher können unter 80 bis über 20.000 Hertz wiedergeben, wobei hier auf die Seriosität der Angaben geachtet werden sollte, da gerade Lautsprecher immer aufwendiger zu konstruieren sind und damit auch teurer werden, wenn sie ihre Wirkungsleistung noch tieferen Frequenzbereichen zur Verfügung stellen sollen.

5. Komfortabler werden Lautsprecher dann durch einen Hauptschalter, mit dem Sie ein- und ausgeschaltet werden können, sowie durch zusätzliche Baß- und Höhenregler.

6. Ein zusätzlicher Kopfhöreranschluß oder Surround-Schalter sind bereits als Luxus anzusehen.

Sollten Sie ein echter Liebhaber von Computermusik oder Spielen sein, dann ist unter Umständen eine Subwoofer/Lautsprecherkombination ab DM 300,- lohnenswert, die es sogar schon als Surround-Pakete gibt, um moderne 3D-Sound-Eigenschaften zur räumlichen Verteilung der Klänge besser wiederzugeben.

Kapitel 6: Tips zur Verbesserung der Arbeit mit Spracherkennern

Im *Anhang B* dieses Buches können Sie sich einen Überblick über weitverbreitete Sprachprobleme verschaffen. An dieser Stelle folgen Tips, um z.B. Sprechstörungen zu überwinden und erfolgreich mit Spracherkennungsprogrammen arbeiten können.

Stellen Sie Sätze nicht spontan um

Vermeiden Sie es, Sätze spontan umzustellen, denn das behindert nur Ihren Sprechfluß und Ihren Gedankengang. Stellen Sie sich statt dessen vor, wie Ihre Sätze aussehen würden, wenn Sie sie aufschreiben würden.

Lesen Sie den Text vor Ihrem geistigen Auge ab

Wenn Sie sich verdeutlichen, daß Menschen bei normaler Rede durchschnittlich sieben + /- zwei Worte von dem, was sie sagen wollen, im voraus wissen, weiß also bei einem Satz mit zehn oder mehr Wörtern eigentlich niemand, wie er den Satz beendet, wenn die ersten Worte ausgesprochen werden. Hierin liegt schon eine Problematik im Umgang mit Spracherkennern, denn dadurch wird die Wahrscheinlichkeit, bei längeren Sätzen ins Stocken zu geraten oder Satzteile im Redefluß zu korrigieren, immer größer. Bei der Arbeit mit einem Spracherkenner ist es also hilfreich, den nächsten zu sprechenden Satz vor dem Sprechen bereits einmal im voraus geistig ausgesprochen zu haben. Stellen Sie sich dann beim Diktieren vor, daß Sie den Satz, den Sie vorher durchdacht haben, einfach vor Ihrem geistigen Auge ablesen.

Konzentrieren Sie sich auf den Inhalt Ihrer Worte

Wenn Sie in die Situation kommen, zu stottern, sollten Sie sich verstärkt auf den Inhalt Ihrer Worte konzentrieren, anstatt sich um die Form Ihrer Aussprache zu bemühen. Wendel Johnson, ein bekannter amerikanischer Sprachtherapeut, faßt dies mit folgenden Worten zusammen: „Stottern ist das, was man tut, wenn man versucht, nicht wieder zu stottern."

Vermeiden Sie Wiederholungen von Wörtern oder gar Satzteilen

Auch wenn Sie es vielleicht von der Kommunikation mit Ihren Mitmenschen gewohnt sind, wichtige Aussagen oder zentrale Bedeutungen zu wiederholen, so brauchen Sie dies bei einem Spracherkenner nicht zu tun. Das Programm hört Ihnen auch schon beim ersten Mal aufmerksam zu! Dasselbe gilt auch für die vom Stottern ausgelösten Wiederholungen. Nehmen Sie sich Zeit, sagen Sie alles nur einmal, und sparen Sie so Ihre Energie.

Reduzieren Sie bewußt Ihre Sprechgeschwindigkeit

Wenn Sie bemerken, daß Sie sich mit Ihrer normalen Sprechgeschwindigkeit beim Diktieren immer wieder verhaspeln, sprechen Sie bewußt etwas langsamer. Oft hilft es auch, die Vokale während des Sprechens leicht zu dehnen, um Sicherheit in Ihr Sprechen zu bringen. Wenn Sie erst einmal Sicherheit im Diktiervorgang erlangt haben, wird sich Ihre Sprechgeschwindigkeit automatisch wieder erhöhen. Für die kontinuierlichen Spracherkenner stellt das jedoch kein Problem dar.

Versuchen Sie es mit diskreten Spracherkennern

Will Ihnen die flüssige Diktierweise auch bei reduzierter Sprechgeschwindigkeit nicht gelingen, versuchen Sie es mit einem Programm zur diskreten Spracherkennung. Hierbei müssen und können Sie Wort für Wort diktieren und dabei zwischen den Worten kurze aber deutliche Pausen lassen. Auf diese Weise können Sie sich vielleicht besser auf die Wörter konzentrieren.

Vermeiden Sie keine Wörter

Versuchen Sie nicht, Wörter in Ihrer Rede zu vermeiden, wenn Sie zum Beispiel unsicher bei deren Aussprache sind oder bei einem Wort grundsätzlich stocken bleiben. Legen Sie dann einfach für sich selbst eine Aussprache dieses Wortes fest, und trainieren Sie Ihren Spracherkenner mit dieser Aussprache. Sie sollten einzelne Wörter auch dann nicht vermeiden, wenn Sie dabei immer ins Stottern geraten, da eben solche Wörter, wenn sie zu einem späteren Zeitpunkt einmal gesprochen werden müssen, zu einem großen Problem werden.

Achten Sie auf Ihre Körperhaltung

Arbeiten Sie möglichst in einer entspannten und gelösten Körperhaltung mit dem Spracherkenner, denn verdrehte oder unnatürliche Haltungen führen zu einer angestrengten Stimme oder gepreßten Sprache, was die Erkennungsleistung des Spracherkennungsprogramms verschlechtern kann.

Achten Sie auf Ihre Bewegungen

Vermeiden Sie Kopf- oder Armbewegungen beim Sprechen, und wenn Sie unbedingt auf- und abgehen wollen, so tun Sie dies ruhig und gelassenen Schrittes. Körperbewegungen, die nichts mit dem Sprechen zu tun haben, sind unnötig und können sich auf Ihre Stimme auswirken, was die Spracherkennung nachteilig beeinflussen kann.

Diktieren Sie alles!

Dies gilt nicht nur im besonderen Maße für die Anfangszeit mit Ihrem Spracherkenner, sondern auch und gerade dann, wenn Sie an einer Sprechstörung leiden. Nur durch ausdauerndes Training können Sie Verbesserungen an Ihrer Sprache, aber auch bei der Erkennungsrate das Spracherkenners erzielen.

Trinken Sie mit einem Strohhalm

Da die Erkennungsleistung des Spracherkenners in hohem Maße von der Aufzeichnungsqualität Ihres Mikrophons abhängt, sollten Sie es vermeiden, die Position des Mikrophons während des Diktierens zu verändern. Gerade aber bei Kopfhörer-Mikrophon-Kombinationen wird es beim Diktieren längerer Texte problematisch, wenn man wegen des austrocknenden Mundes etwas trinken möchte. Um nicht jedesmal die Stellung des Mikrophons zu verändern, gewöhnen Sie sich einfach an, während des Diktierens Ihre Getränke mit einem Strohhalm zu sich zu nehmen.

Vermeiden Sie eiskalte Getränke

Um Ihre Stimmbänder zu schonen, sollten Sie Getränke nicht eiskalt, sondern mit Zimmertemperatur bzw. lauwarm zu sich nehmen.

Ölen Sie Ihre Stimmbänder

Ein Geheimtip von professionellen Sprechern zum Ölen der Stimmbänder ist Tee, der aus Odermenning (aus der Apotheke) aufgebrüht wird. Damit sollten Sie auch regelmäßig gurgeln.

Legen Sie Pausen ein

Versuchen Sie nicht, stundenlang ohne Pausen Texte zu diktieren. Einerseits wird ohnehin Ihre Konzentration mit der Zeit nachlassen, andererseits verändert sich auch Ihre Stimme, wenn Sie über einen längeren Zeitraum hinweg ohne Unterlaß sprechen. Da dies alles die Erkennungsleistung negativ beeinflußt, gewöhnen Sie sich an, regelmäßige Pausen einzulegen.

Rechtzeitig Korrekturen durchführen

Überfliegen Sie z.B. nach einem Absatz oder einer ganzen Seite den erkannten Text nach Fehlern, und korrigieren Sie diese besonders in der Anfangsphase sehr gründlich. Die späteren Erfolgserlebnisse werden Sie für den Arbeitsaufwand in den ersten Tagen und Wochen entschädigen.

beläuft

1 Bel
2 beläßt
3 belächelt
4 Belästigung
5 Belästigungen
6 beläuft
7 belüftet
8 Belüftung
9 belügen
10 beladen

OK | Abbrechen | Trainieren... | Wiedergabe | Hilfe

Abb. 6.1: Im Korrekturfenster sehen Sie die Erkennungsalternativen

Trainieren Sie gründlich

Trainieren Sie konsequent die richtige Fassung falsch erkannter Wörter. So können Sie die Erkennungsleistung auch schon innerhalb einzelner Sitzungen verbessern. Im Laufe der Zeit lernt der Spracherkenner so Ihr gesamtes Vokabular.

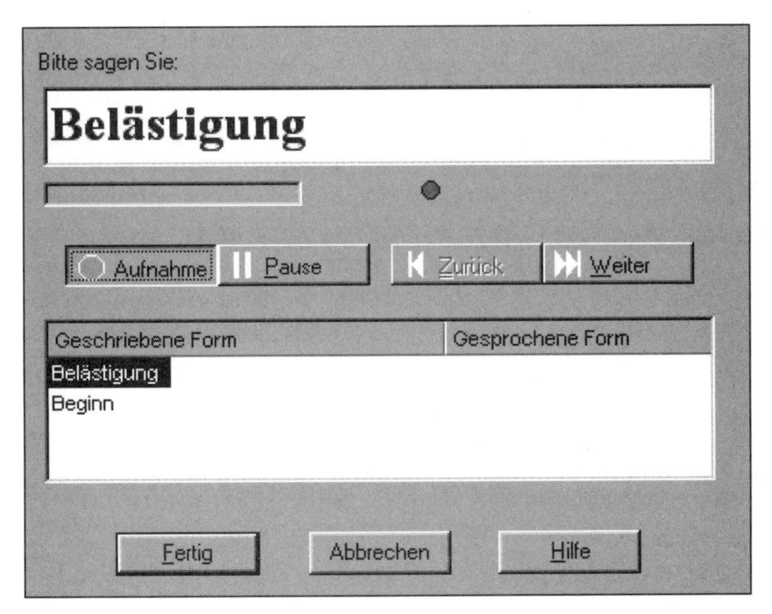

Abb. 6.2: Nur durch konsequentes Training wird der Spracherkenner zum wertvollen Werkzeug

Denken Sie positiv

Zählen Sie, gerade auch als Betroffener einer Sprechstörung, nicht Ihre negativen Erfahrungen mit dem Sprechen, sondern freuen Sie sich über die erfolgreichen Sprechvorgänge. Die Arbeit mit einem Spracherkenner ist auch für einen normal sprechenden Menschen nicht trivial. Sind Sie jedoch ausdauernd, dann werden auch Sie die Vorteile dieses neuen Eingabemediums bald nicht mehr missen wollen.

Nicht aufgeben!

Geben Sie nicht auf, wenn Sie an einigen Tagen unflüssiger sprechen als sonst. Die Sprechleistung eines Menschen ist nämlich nicht ständig gleich. Selbst professionelle Sprecher haben Tage, an denen Sie vermehrt hängenbleiben oder andere Probleme mit der Sprache haben.

Wenden Sie die Bauchatmung an

Wenn Sie anstatt nur flach in die Brust hineinzuatmen, tief in den Bauch hineinatmen, verschaffen Sie sich mehr Luft zum Sprechen, und Ihre Stimme entspannt sich.

Übung gegen das Nuscheln

Im alten Griechenland wurde die kräftige Stimme und eine deutliche Aussprache geübt, indem die Schüler mit Steinen im Mund gegen die Meeresbrandung ansprechen mußten. Soweit sollten Sie nicht gehen. Wenn Sie jedoch prinzipiell zu den Nuschlern gehören, die oft Silben oder Endungen verschlucken, gibt es eine sehr effektive Übung zur Verbesserung der Artikulation: Klemmen Sie sich einfach einen Sekt- oder Weinkorken zwischen die Zähne und versuchen Sie so, Texte deutlich vorzulesen.

Beugen Sie Heiserkeit vor

Wenn Sie anfällig für Heiserkeit und Halsschmerzen sind, sollten Sie besonders darauf achten, Ihre Stimme zu schonen. Um mit dem Spracherkenner arbeiten zu können, ist es nicht einmal notwendig, daß Sie Ihre normale Gesprächslautstärke verwenden. In ruhiger Umgebung brauchen Sie Ihre Stimme gar nicht anzustrengen und können mit gedämpfter Lautstärke, ohne Ihre Stimme besonders zu strapazieren, diktieren. Bedenken Sie auch, daß die Atemwege viel Feuchtigkeit benötigen, da es sonst leichter zu Entzündungen kommt. Meiden Sie also trockene Raumluft, und lutschen Sie Bonbons zur Befeuchtung des Halses.

Heiser - was nun?

Heiserkeit entsteht als Folge einer Entzündung im Hals-Rachen-Bereich, ausgelöst durch Viren, Reizung der Schleimhaut, Überbeanspruchung oder äußere Faktoren, wie z.B. Rauch. Es kommt zu Heiserkeit, wenn die Stimmbänder durch die Entzündungsreaktionen nicht mehr frei schwingen können. Heiserkeit kann bis zur Stimmlosigkeit führen. Oft tritt Heiserkeit zusammen mit Husten, Schnupfen oder Halsschmerzen (Erkältung) auf. Sollte es Sie erwischt haben, helfen folgende Tips:

- Als allererstes sollten Sie darauf achten, Ihre Stimme zu schonen.
- Sie sollten möglichst nicht rauchen und verrauchte Räume meiden.
- Nehmen Sie heiße Getränke zu sich (Tee, heiße Milch oder heiße Zitrone mit Honig).
- Nehmen Sie Dampfbäder, z.B. mit Kamille oder Sole-Salzen.
- Besonders im Winter sollten Sie die Raumluft befeuchten.
- Lutschen Sie zwischendurch Bonbons, um die Speichelproduktion anzuregen und damit den Hals feuchtzuhalten. Am besten eignen sich dazu Pastillen mit Primelwurzel oder Isländisch-Moos. Diese wirken bei Heiserkeit gleichzeitig reizlindernd.

Ansonsten helfen Präparate, die auch bei Husten helfen.

Anhang A: Existierende Spracherkennungslösungen

Seit einem Jahr erlebt der Markt für Spracherkennungsprodukte einen unglaublichen Boom. Nahezu jeder größere oder kleinere Anbieter stellt ein oder mehrere Produkte mit unterschiedlichen Fähigkeiten und in unterschiedlichen Preislagen zur Verfügung. Für jemanden, der in der Materie unerfahren ist, stellt sich dies sicherlich als unübersichtliche Vielfalt dar. Schnell kann sich dann ein vermeintliches Schnäppchen als für den geplanten Einsatzzweck völlig unzureichend erweisen oder umgekehrt: Ein hoch gepriesenes und dann wahrscheinlich auch eher hochpreisiges Programm ist für die eigenen Zwecke völlig überdimensioniert, und man wäre vielleicht auch mit einer günstigeren Lösung völlig zufrieden gewesen.

In Wirklichkeit aber ist dieser Markt immer noch recht überschaubar. Als erstes sind da die zwei großen Anbieter, Dragon Systems und IBM. Wie im ersten Kapitel bereits erwähnt, sind diese beide Pioniere auf dem Gebiet der Spracherkennung, daher haben sie einerseits die ausgereiftesten und fortschrittlichsten Lösungen und andererseits auch die größte Produktpalette zu bieten. Vielversprechende neue Anbieter wie Lernout & Hauspie oder Philips sind 1998 zwar ebenfalls mit eigenen Produkten auf den Markt gekommen, haben aber bei weitem noch nicht die Verbreitung und Verfügbarkeit der älteren Anbieter erreicht, wodurch natürlich auch langzeitige Erfahrungswerte mit diesen Produkten noch fehlen, und bei Problemen steht auch noch keine große Benutzergemeinde als Hilfe zur Verfügung. Die augenscheinliche Vielzahl der Anbieter von Spracherkennungslösungen resultiert nun daraus, daß die beiden Großen recht bereitwillig Lizenzen für ihre Spracherkenner verkaufen (um ihre Lösungen schneller am Markt zu etablieren), wodurch jeder Lizenznehmer unter eigenem Namen ein eigenes Spracherkennungspaket zusammenschnüren kann, in dessen Kern jedoch - zumindest in Deutschland - meistens die Spracherkennung von Dragon Systems und seltener die Software von IBM arbeitet. Weitere große Anbieter bedienen mit ihren Produkten ohnehin nicht den Büro- oder Heim-PC-Nutzer, weil sie bisher vielleicht nur ausgefeilte Lösungen für spezielle Anforderungen und Probleme in Industrie und Wirtschaft herstellen.

Um Ihnen die Entscheidung für die richtige Spracherkennungslösung zu erleichtern, stellt Ihnen dieses Kapitel alle notwendigen Informationen der getesteten Spracherkennungslösungen zur Verfügung. Insgesamt handelt es sich hier um vier Anbieter, von denen zwei zwar interessante, eigens zusammengestellte Pakete anbieten, diese jedoch auf der Basis einer Lizenz von Dragon Systems vertreiben. Sie können sich in diesem Kapitel einen Überblick über die Hardware-Anforderungen und Leistungsmerkmale sowie die Preislage (Stand: Zweites Quartal 98) der einzelnen Produkte verschaffen. Bei den Lösungen, denen leistungsfähigere Produkte aus demselben Haus zur Seite stehen, erfahren Sie auch, auf welche Funktionen Sie bei den kleineren Versionen verzichten müssen.

DragonDictate Classic Edition 3.0

DragonDictate bildet die Basis diskreter Spracherkenner von Dragon Systems. Auch wenn Sie hier mit kurzen Pausen zwischen den Wörtern sprechen müssen, lassen sich so Diktiergeschwindigkeiten von 70 bis 100 Wörter pro Minute erreichen.

Systemvoraussetzungen

Um mit DragonDictate Classic Edition 3.0 optimal arbeiten zu können, sollte Ihr Rechner folgende Systemvoraussetzungen erfüllen:

- Sie sollten mindestens über einen 486 DX4-Prozessor mit 100 Megahertz verfügen.
- Sie benötigen mindestens 16 MByte RAM.
- Für die Installation der Software benötigen Sie mindestens 26 MByte freien Festplattenplatz und für die Installationsmedien ein 3½-Zoll-HD-Diskettenlaufwerk und ein CD-ROM-Laufwerk.
- Als Betriebssystem brauchen Sie Windows 3.1, Windows 3.11 oder Windows 95, jedoch läuft die Software auch problemlos unter Windows 98.

- Natürlich brauchen Sie auch hier wieder eine 16-Bit-Soundkarte, wobei Sie bevorzugt eine der von Dragon Systems empfohlenen Karten verwenden sollten.

Funktionen

- DragonDictate Classic enthält im aktiven Vokabular von 30.000 Wörtern die am häufigsten gebrauchten Wörter.
- Das externe Lexikon hat einen Umfang von 120.000 Wörtern.
- Mit der Mouse Grid genannten Steuerung können Sie mit Hilfe Ihrer Stimme schnell und einfach den Mauszeiger an jede beliebige Position des Bildschirms bewegen.
- Mit den mitgelieferten Steuermakros lassen sich von vornherein folgende Anwendungen benutzen:
- Microsoft Word 7, Microsoft Powerpoint 7, Word Perfect 6.1, Microsoft Access 2.0, Lotus 1-2-3, Netscape und Microsoft Excel.
- Zusätzlich zu den mitgelieferten Befehlen für gängige Anwendungen erlaubt DragonDictate durch das Erstellen eigener Befehle die Aktivierung von Menüs und Optionen im Dialogfenster in nahezu allen Windows-Anwendungen.

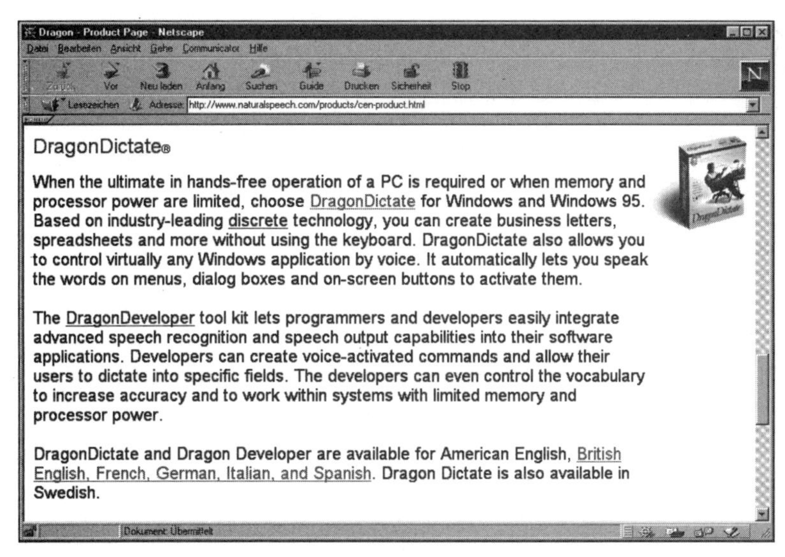

Abb. A.1: Im Internet stellt Dragon Systems weitere Informationen zu DragonDictate zur Verfügung

DragonDictate Power Edition 3.0

Dies ist die leistungsstärkste Lösung zur diskreten Spracherkennung von Dragon Systems.

Systemvoraussetzungen

Um mit DragonDictate Power Edition 3.0 optimal arbeiten zu können, sollte Ihr Rechner folgende Systemvoraussetzungen erfüllen:

- Sie sollten mindestens über einen 486er Prozessor mit 66 Megahertz verfügen.
- Sie benötigen mindestens 20 MByte RAM.
- Für die Installation der Software benötigen Sie mindestens 29 MByte freien Festplattenplatz.
- Als Betriebssystem brauchen Sie Windows 3.1, Windows 3.11 oder Windows 95, jedoch läuft die Software auch problemlos unter Windows 98.
- Natürlich brauchen Sie auch hier wieder eine 16-Bit-Soundkarte, wobei Sie bevorzugt eine der von Dragon Systems empfohlenen Karten verwenden sollten.

Funktionen

- DragonDictate enthält im aktiven Vokabular von 60.000 Wörtern die am häufigsten gebrauchten Wörter.
- Das externe Lexikon hat einen Umfang von 120.000 Wörtern.
- Mit der Mouse Grid genannten Steuerung können Sie mit Hilfe Ihrer Stimme schnell und einfach den Mauszeiger an jede beliebige Position des Bildschirms bewegen.
- Mit den mitgelieferten Steuermakros lassen sich von vornherein folgende Anwendungen benutzen:

- Microsoft Word 7, Microsoft Powerpoint 7, Word Perfect 6.1, Microsoft Access 2.0, Lotus 1-2-3, Netscape und Microsoft Excel.
- Zusätzlich zu den mitgelieferten Befehlen für gängige Anwendungen erlaubt DragonDictate durch das Erstellen eigener Befehle die Aktivierung von Menüs und Optionen im Dialogfenster in nahezu allen Windows-Anwendungen.
- Mit dem Pronounciation Generator lassen sich schnell und einfach neue Wörter hinzuzufügen.

DragonLaw

Bei DragonLaw handelt es sich um eine von mehreren bereits vorhandenen Fachvokabular-Erweiterungen für DragonDictate.

Systemvoraussetzungen

Um DragonLaw einsetzen zu können, müssen Sie über DragonDictate für Windows in der Version 1.4 oder höher verfügen. Dabei ist DragonLaw mit der Classic und der Power Version einsetzbar.

Auf der Festplatte müssen Sie zusätzliche 10 MByte freien Speicherplatz zur Verfügung stellen.

Für die Installationsmedien benötigen Sie ein 3½-Zoll-HD-Diskettenlauferk.

Funktionen

- DragonLaw fügt dem aktiven Vokabular der DragonDictate für Windows Classic-Version (30.000 Wörter) oder Power-Version (60.000 Wörter) einen umfangreichen Wortschatz juristischer Fachausdrücke und -wörter hinzu.
- Die Anzahl der im Lexikon enthaltenen Wörter wird von 120.000 Wörtern auf 180.000 Wörter erhöht.

- Das Sprachmodell von DragonLaw basiert auf den linguistischen Besonderheiten der deutschen Rechtssprache.

Im folgenden finden Sie Beispiele rechtlicher Fachausdrücke, Abkürzungen und Kürzel, die DragonLaw zur Verfügung stellt:

Abkürzungen von Zeitschriftentiteln und juristischen Publikationen:

- DVBl (Deutsches Verwaltungsblatt), AoR (Archiv des öffentlichen Rechts), ZfS (Zeitschrift für Schadensrecht)

Abkürzungen von Gesetzen und Verwaltungsvorschriften:

- AuslG (Ausländergesetz), ModEngG (Modernisierungs- und Energieeinsparungsgesetz), StBGebV (Steuerberatergebührenverordnung)

Namen von Gerichtshöfen und öffentlichen Ämtern:

- StGH (Staatsgerichtshof), EuGHE (Gerichtshof der europäischen Gemeinschaft für Kohle und Stahl), GStA (Generalstaatsanwalt)

Abkürzungen von gängigen Ausdrücken im juristischen Schriftverkehr:

- Urt. (Urteil), n.V. (nach Vereinbarung), Abs. (Absatz), Angekl. (Angeklagter/Angeklagte), Prot. (Protokoll/Protokolle), i.d.F. (in der Fassung), a.a.O. (am angeführten Ort), rkr. (rechtskräftig)

Lateinische, französische, und US-englische Ausdrücke:

- CC, cc (Code Civile / code civile), Lex, c.i.c. (culpa in contrahendo), e.c. (Exempli causa), ibd. (ibidem), Saecula, copyright, contract, jury

Abkürzungen von länderspezifischen Gesetzen und Verwaltungsvorschriften:

- HessVerf. (Hessische Verfassung), NRWFeiertagsG (Nordrhein-Westfälisches Feiertagsgesetz), BayVGH (Sammlung von Entscheidungen des bayerischen Verwaltungsgerichtshofs)

Mit Bindestrich geschriebene zusammengesetzte Wörter:

- BRTV-Bau, U-Haft, baden-württembergische, BAG- Rechtssprechung, römisch-katholisch

Dragon NaturallySpeaking 2.2

Dragon NaturallySpeaking 2.2 stellt zur Zeit die ausgereifteste Spracherkennungslösung von Dragon Systems für den breiten Markt dar. Mit einem Preis von etwas unter DM 300,-, einem großen aktiven Vokabular, Erkennung von fließender Sprache und der Möglichkeit, in Standardanwendungen zu diktieren, bietet es alles, was man Mitte 1998 von einer solchen Software erwartet.

Systemvoraussetzungen

Um mit Dragon NaturallySpeaking 2.2 optimal arbeiten zu können, sollte Ihr Rechner folgende Systemvoraussetzungen erfüllen:

- Sie sollten mindestens über einen Pentium-Prozessor mit 166 Megahertz verfügen.
- Sie benötigen mindestens 48 MByte RAM. Wollen Sie jedoch direkt in Microsoft Word 8 (Office 97) diktieren, so brauchen Sie mindestens 64 MByte RAM. Mit weniger als 48 MByte RAM sollten Sie die Anwendung überhaupt nicht ausprobieren, da dann in keinem Fall die Erkennungsgeschwindigkeit zum Arbeiten ausreichen wird.
- Für die Installation der Software benötigen Sie mindestens 60 MByte freien Festplattenplatz, wollen Sie die Sprachausgabefunktionen nutzen, benötigen Sie 15 MByte zusätzlich.
- Als Betriebssystem brauchen Sie Windows 95 oder Windows NT 4.0, jedoch läuft die Software auch problemlos unter Windows 98.
- Natürlich brauchen Sie auch hier wieder eine 16-Bit-Soundkarte, wobei Sie bevorzugt eine der von Dragon Systems empfohlenen Karten verwenden sollten.

Funktionen

Folgenden Funktionsumfang erhalten Sie mit Dragon Naturally-Speaking 2.2:

- Die Software bietet kontinuierliche Spracherkennung. Dabei können Sie fließend diktieren, ohne Pausen zwischen den Wörtern einzulegen.
- Der Umfang des aktiven Vokabulars beträgt 50.000 Wörter.
- Der gesamte Wortschatz umfaßt 280.000 Wörter.
- Das Programm unterstützt die Verwendung mehrerer Benutzer, wobei für jeden Benutzer eigene Sprachdateien verwaltet werden, um eine optimale Erkennungsleistung zu gewährleisten. Das Einstiegstraining für jeden Benutzer beansprucht ca. 30 Minuten.
- Die Erkennungsrate liegt bei über 95%, dabei kommen bei den erkannten Wörtern weder Tipp- noch Rechtschreibfehler vor.
- Durch die Select-and-Say-Technologie können Sie im eigenen Diktierfenster von NaturallySpeaking und in Microsoft Word 8 Texte auch per Sprache markieren oder formatieren. Im Laufe des Jahres 1998 wird auch Corel WordPerfect vollständig von Dragon NaturallySpeaking unterstützt werden.
- Mit Hilfe des Mausrasters können Sie die Maus mit Ihrer Stimme exakt auf jede beliebige Stelle auf dem Bildschirm positionieren.
- Da Ihre Stimme während des Sprechens aufgenommen wird, können Sie sich anschließend ausgewählte Textpassagen vom System vorspielen lassen, um Ihr Diktat zu überprüfen.
- Mit Hilfe der künstlichen Sprachausgabe können Sie sich beliebige Texte vorlesen lassen.
- Dragon NaturallySpeaking 2.2 läßt sich mit allen Windows-Anwendungen benutzen, die die Eingabe von Text erlauben.
- Sie können in der Version 2. 2 von Dragon NaturallySpeaking auch begrenzt eigene Makros erzeugen. Diese beziehen sich jedoch hauptsächlich auf Diktierkürzel und dürfen eine Länge von 128 Zeichen nicht übersteigen.

Fehlende Funktionen

- Obwohl das Programm mit allen Anwendungen zusammenarbeitet, die Ihnen die Eingabe von Text erlauben, läßt sich dieser Text nicht per Sprache markieren oder formatieren, da der erkannte Text meist über den Tastaturpuffer an die Anwendung übertragen wird.
- Auch gegenüber der nächsthöheren Version NaturallySpeaking 2.2 Professional fehlen der normalen Version 2.2 noch einige Funktionen. Diese werden im folgenden kurz aufgelistet:
- In dieser Version haben Sie nicht die Möglichkeit, persönliche Vokabulare anzulegen. Sie müssen mit dem aktiven Vokabular von 50.000 Wörtern auskommen. Sie können dieses Manko jedoch umgehen, indem Sie für die verschiedenen Themengebiete eigene Benutzer erstellen.
- In der Version 2.2 können Sie nur begrenzt eigene Makros erstellen. Diese dürfen maximal eine Länge von 128 Zeichen haben und eignen sich somit hauptsächlich als Diktierkürzel.

Die Makros können hier auch keine externen Anwendungen bzw. andere Windows-Programme starten oder steuern.

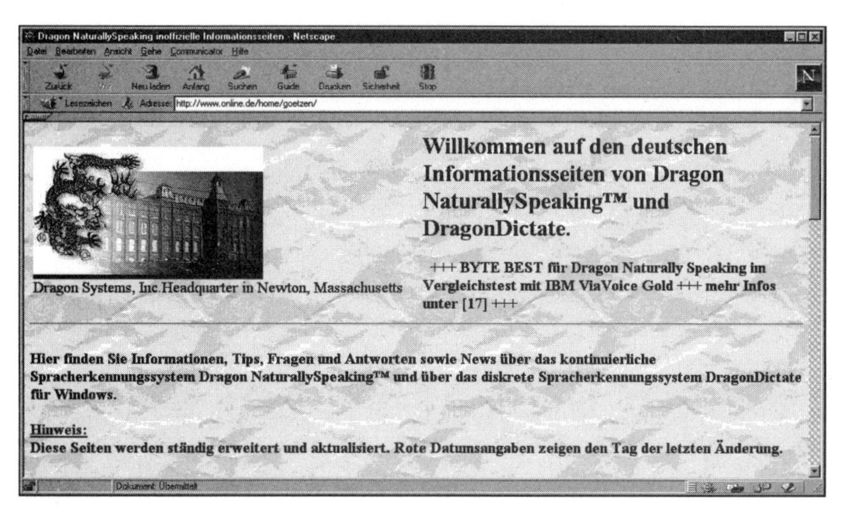

Abb. A.2: Es existiert auch deutschsprachige Unterstützung für die Dragon-Produkte

Dragon NaturallySpeaking Personal Edition 2.0

Da es sich bei dieser Version von NaturallySpeaking um ein älteres OEM-Produkt handelt, fehlen ihr gegenüber NaturallySpeaking Version 2.2 einige Funktionen. Diese werden im folgenden kurz aufgelistet:

- Diese Version bietet keine Unterstützung für mehrere Benutzer.
- Mit dieser Version können Sie nicht direkt in alle Windows-Anwendungen diktieren.
- Sie können in Microsoft Word 97 nicht mit der Stimme editieren oder formatieren.
- Diese Version unterstützt keine Steuerung des Mauszeigers per Stimme.
- Sie können Ihr Diktat nicht wieder vom System vorlesen lassen.
- Diese Version besitzt keine künstliche Sprachausgabe.

Upgrade-Optionen

Wollen Sie von dieser Version auf Dragon NaturallySpeaking 2.2 aufrüsten, so können Sie dies problemlos tun, da alle Aussprache-Informationen und die Vokabulare problemlos übernommen werden. Somit brauchen Sie das Training nicht erneut durchzuführen, und die neuen Benutzerdateien werden mit dem Namen *Benutzer* abgelegt. Ihrem System werden auch noch neue Makros hinzugefügt.

Dragon NaturallySpeaking 2.2 Professional

Für Datenerfassungsprofis und Vielschreiber bietet das Flaggschiff von Dragon Systems nahezu alles, was man sich von dieser zukunftsträchtigen Technologie wünschen kann. Mit ca. DM 1.200 liegt die Anwendung zwar in einem hohen Preissegment, wer jedoch mit Texten sein Geld verdient, wird auf die Arbeitserleichterung bald nicht mehr verzichten wollen.

Systemvoraussetzungen

Um mit Dragon NaturallySpeaking 2.2 Professional optimal arbeiten zu können, sollte Ihr Rechner folgende Systemvoraussetzungen erfüllen:

- Sie sollten mindestens über einen Pentium-Prozessor mit 166 Megahertz verfügen. Auf MMX-Prozessoren steigt die Leistung des Spracherkenners um bis zu 15% bei gleicher Taktrate.
- Sie benötigen mindestens 48 MByte RAM. Wollen Sie jedoch direkt in Microsoft Word 8 (Office 97) diktieren, so brauchen Sie mindestens 64 MByte RAM. Mit weniger als 48 MByte RAM sollten Sie die Anwendung überhaupt nicht ausprobieren, da dann in keinem Fall die Erkennungsgeschwindigkeit zum Arbeiten ausreichen wird.
- Für die Installation der Software benötigen Sie mindestens 60 MByte freien Festplattenplatz. Wollen Sie die Sprachausgabe-Funktionen nutzen, benötigen Sie 15 MByte zusätzlich.
- Als Betriebssystem brauchen Sie Windows 95 oder Windows NT 4.0, jedoch läuft die Software auch problemlos unter Windows 98.
- Natürlich brauchen Sie auch hier wieder eine 16-Bit-Soundkarte, wobei Sie bevorzugt eine der von Dragon Systems empfohlenen Karten verwenden sollten.

Funktionen

Der Funktionsumfang von Dragon NaturallySpeaking 2.2 Professional sieht folgendermaßen aus:

- Die Software bietet kontinuierliche Spracherkennung. Dabei können Sie fließend diktieren, ohne Pausen zwischen den Wörtern einzulegen.
- Der Umfang des aktiven Vokabulars beträgt 50.000 Wörter.
- Der gesamte Wortschatz umfaßt 280.000 Wörter.
- Das Programm unterstützt die Verwendung mehrerer Benutzer, wobei für jeden Benutzer eigene Sprachdateien verwaltet werden, um eine optimale Erkennungsleistung zu gewährleisten. Das Einstiegstraining für jeden Benutzer beansprucht ca. 30 Minuten.
- Die Professional Version erlaubt Ihnen die Herstellung verschiedener Vokabularthemen von jeweils 50.000 Wörtern bei Benutzung der gleichen Aussprachedateien. Damit können Sie sich aktive Vokabulare zu verschiedenen Gebieten erstellen, sei es ein allgemeinsprachliches für E-Mails und Briefe, ein fachbereichspezifisches für Texte, die man für die Schule oder die Universität erstellt, oder ein weiteres für die Korrespondenz mit Menschen, die dasselbe Hobby teilen. Je nach Bedarf aktivieren Sie dann das entsprechende Vokabular.
- Die Erkennungsrate liegt bei über 95%, dabei kommen bei den erkannten Wörtern weder Tipp- noch Rechtschreibfehler vor.
- Durch die Select-and-Say-Technologie können Sie im eigenen Diktierfenster von NaturallySpeaking und in Microsoft Word 8 Texte auch per Sprache markieren oder formatieren. Im Laufe des Jahres 1998 wird auch Corel WordPerfect vollständig von Dragon NaturallySpeaking unterstützt werden.
- Mit Hilfe des Mausrasters können Sie die Maus mit Ihrer Stimme exakt auf jede beliebige Stelle auf dem Bildschirm positionieren.

- In der Professional Version von Dragon NaturallySpeaking 2.2 stehen Ihnen umfangreiche Makro-Fähigkeiten zur Verfügung. Sie können hiermit externe Anwendungen starten und steuern sowie ganze Befehlsfolgen mittels Makros ausführen lassen. Mit Hilfe der Makro-Fähigkeiten können Sie sämtliche Tastatur und Mauseingaben ersetzen.
- Da Ihre Stimme während des Sprechens aufgenommen wird, können Sie sich anschließend ausgewählte Textpassagen vom System vorspielen lassen, um Ihr Diktat zu überprüfen.
- Mit Hilfe der künstlichen Sprachausgabe können Sie sich beliebige Texte vorlesen lassen.
- Dragon NaturallySpeaking 2.2 läßt sich mit allen Windows-Anwendungen benutzen, die die Eingabe von Text erlauben.
- Dem Programm liegt DragonDictate Classic Edition 3.0 zur kompletten Steuerung der Windows-Umgebung bei.

Terratec

Auch die Terratec-Produkte arbeiten im Kern immer mit einer Spracherkennungs-Engine von Dragon Systems und entsprechen im Prinzip auch bestimmten Produkten dieses Herstellers. Daher finden Sie hier zur Orientierung den Verweis auf das entsprechende Dragon-Produkt, mit dem die Terratec-Lösung vergleichbar ist, und es werden hauptsächlich vom Original abweichende Eigenschaften genannt.

SmartWord Original97 Special Edition

Dieses Programm ist ein diskreter Spracherkenner, basiert daher auf der Spracherkennungs-Engine von DragonDictate. Es wird ohne Mikrophon ausgeliefert und kostet ca. DM 30,-. Dafür benötigen Sie auch nur 30 MByte Platz auf Ihrer Festplatte. Die Diktier- und Steuerfähigkeiten entsprechen denen von DragonDictate Classic, ebenso natürlich die Systemanforderungen. Der aktive Wortschatz beträgt bei diesem Programm 10.000 Wörter, das gesamte Lexikon umfaßt

120.000 Wörter. Diese Version ist nicht durch Fachvokabulare erweiterbar, und es gibt auch keine Möglichkeit zur Sprachausgabe.

SmartWord Original97

Diese Version entspricht in Systemanforderungen und Leistungsumfang der Special Edition, mit dem Unterschied, daß ein Mikrophon mitgeliefert wird, wodurch der Preis auf etwa DM 50,- steigt.

SmartWord Professional97

Auch diese Version arbeitet wie der Spracherkenner von DragonDictate und dient somit der diskreten Spracheingabe. Es wird mit Kopfbügelmikrophon für ca. DM 100,- vertrieben und benötigt 42 MByte freien Plattenplatz. SmartWord Professional wird gleich in vier Sprachversionen auf einmal ausgeliefert. Das heißt, Sie können mit dieser Software sowohl in Deutsch als auch in Englisch, Französisch und Italienisch diktieren. Der aktive Wortschatz umfaßt 30.000 Wörter und ist durch den Benutzer auf 36.000 Wörter erweiterbar. Das gesamte Lexikon umfaßt auch hier 120.000 Wörter. Sie können SmartWord Professional auf DragonDictate Power Edition upgraden oder mit DragonLaw erweitern.

SmartWord Naturally Speaking Base Edition

Mit diesem Programm bietet Terratec eine Lösung zur kontinuierlichen Spracherkennung an, die auf Dragon NaturallySpeaking basiert. Inklusive Mikrophon erhalten Sie dieses Programm für ca. DM 280,-. Wie das Original arbeitet auch diese Version mit einem aktiven Vokabular von 50.000 Wörtern und einem zusätzlichen Lexikon von 280.000 Wörtern. Die Installation verschlingt ca. 60 MByte auf der Festplatte.

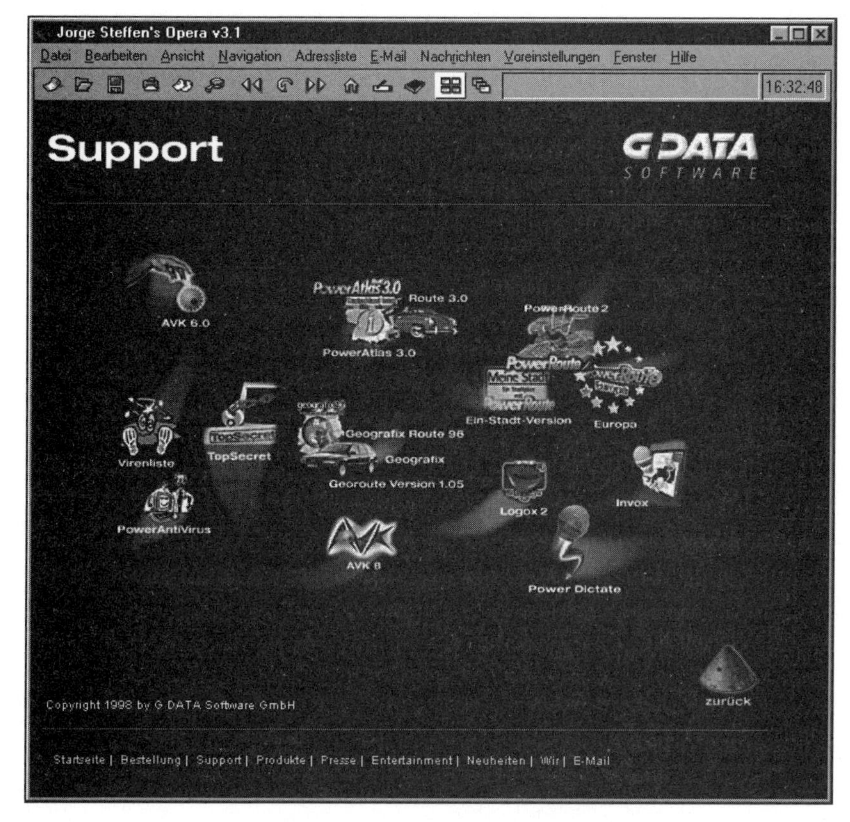

Abb. A.3: Auch bei GDATA erhalten Sie umfassende Unterstützung

G-DATA PowerDictate!

Der Spracherkenner von G-DATA basiert auch auf DragonDictate und dient somit ebenfalls der diskreten Spracheingabe. Er wird mit Kopfbügelmikrophon für ca. DM 60,- vertrieben und benötigt 42 MByte freien Plattenplatz. Der aktive Wortschatz umfaßt 30.000 Wörter und ist durch den Benutzer auf 36.000 Wörter erweiterbar. Das gesamte Lexikon umfaßt auch hier 120.000 Wörter. Die Sprachsteuerungsmöglichkeiten des Systems werden durch die G-DATA-eigene Software Invox realisiert.

IBM ViaVoice

ViaVoice war der erste kontinuierliche Spracherkenner von IBM und ist mittlerweile inkl. eines Kopfbügelmikrophons für ca. DM 100,- zu bekommen. Als trainierter Sprecher können Sie hiermit eine Diktiergeschwindigkeit von bis zu 150 Wörtern pro Minute erreichen.

Systemvoraussetzungen

Um mit ViaVoice optimal arbeiten zu können, sollte Ihr Rechner folgende Systemvoraussetzungen erfüllen:

- Sie sollten mindestens über einen Pentium-MMX-Prozessor mit 150 Megahertz verfügen.
- Sie benötigen mindestens 32 MByte RAM, unter Windows NT 48 MByte. Für die Installation der Software benötigen Sie mindestens 60 MByte freien Festplattenplatz. Wollen Sie die Sprachausgabe-Funktionen nutzen, benötigen Sie 15 MByte zusätzlich.
- Als Betriebssystem brauchen Sie Windows 95 oder Windows NT 4.0, jedoch läuft die Software auch problemlos unter Windows 98.
- Natürlich brauchen Sie auch hier wieder eine 16-Bit-Soundkarte, wobei Sie bevorzugt eine der von IBM empfohlenen Karten verwenden sollten.

Funktionen

Die Software bietet kontinuierliche Spracherkennung. Dabei können Sie fließend diktieren, ohne Pausen zwischen den Wörtern einzulegen, und eine Geschwindigkeit von bis zu 150 Wörtern pro Sekunde erreichen.

- Das aktive Vokabular von IBM ViaVoice beträgt 30.000 Wörter und ist auf 64.000 Wörter erweiterbar.

- Sie können in die IBM-eigene Textverarbeitung SpeakPad diktieren, die im Funktionsumfang in etwa WordPad entspricht, oder Sie diktieren direkt in Microsoft Word 7 oder Microsoft Word 8 hinein, wo Sie mit Ihrer Stimme auch Korrekturen vornehmen können.
- Die Erkennungsrate liegt bei ca. 95%, dabei kommen bei den erkannten Wörtern weder Tipp- noch Rechtschreibfehler vor.
- Mit der Vokabularerweiterung können Sie bestehende Dokumente analysieren lassen und so dem System schnell Ihren üblichen Wortschatz antrainieren.
- Da Ihre Stimme während des Sprechens aufgenommen wird, können Sie sich anschließend ausgewählte Textpassagen vom System vorspielen lassen, um Ihr Diktat zu überprüfen.
- Das Programm unterstützt die Verwendung mehrerer Benutzer, wobei für jeden Benutzer eigene Sprachdateien verwaltet werden, um eine optimale Erkennungsleistung zu gewährleisten.

Fehlende Funktionen

- Gegenüber der Gold Version mangelt es dieser Ausgabe von ViaVoice an der Fähigkeit, das System per Sprache steuern zu können.
- In dieser Version fehlt außerdem die Möglichkeit, eigene Vokabulare zu erstellen. Dieses Manko können Sie jedoch durch das Anlegen verschiedener Benutzer für die unterschiedlichen Themen ausgleichen.
- Gegenüber der großen Version fehlt außerdem die künstliche Sprachausgabe, mit der Sie sich beliebige Texte vorlesen lassen können.

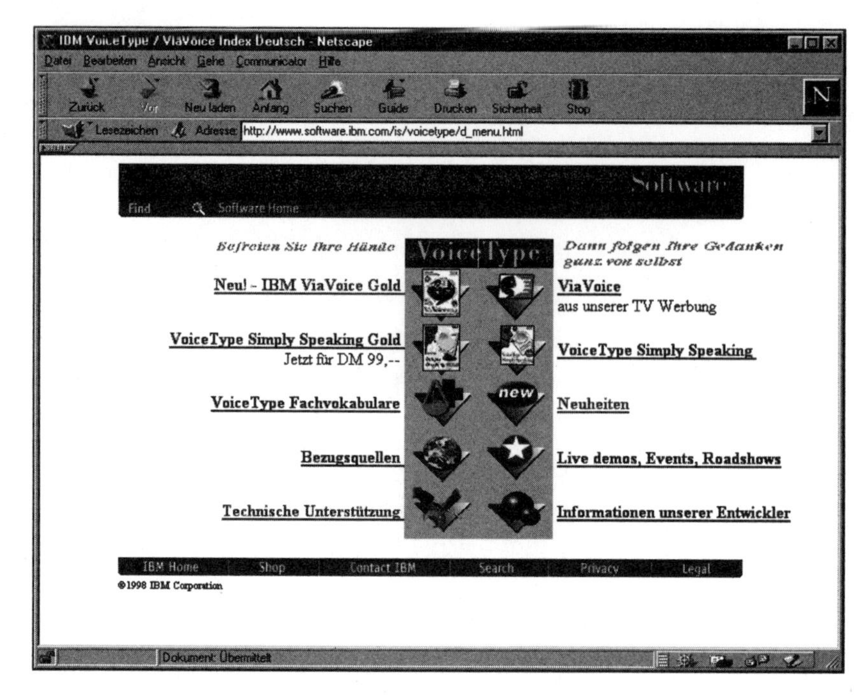

Abb. A.4: So präsentiert IBM seine Spracherkennungsprodukte

IBM ViaVoice Gold

ViaVoice Gold ist die aktuellste und umfangreichste Spracherkennungslösung für kontinuierliche Sprache von IBM. Inklusive eines Kopfbügelmikrophons können Sie es zur Zeit für ca. DM 300,- erwerben.

Systemvoraussetzungen

Um mit ViaVoice optimal arbeiten zu können, sollte Ihr Rechner folgende Systemvoraussetzungen erfüllen:

- Sie sollten mindestens über einen Pentium-MMX-Prozessor mit 150 Megahertz verfügen.
- Sie benötigen mindestens 32 MByte RAM, unter Windows NT 48 MByte. Für die Installation der Software benötigen Sie mindestens 60 MByte freien Festplattenplatz. Wollen Sie die

Sprachausgabefunktionen nutzen, benötigen Sie 15 MByte zusätzlich.

- Als Betriebssystem brauchen Sie Windows 95 oder Windows NT 4.0, jedoch läuft die Software auch problemlos unter Windows 98.
- Natürlich brauchen Sie auch hier wieder eine 16-Bit-Soundkarte, wobei Sie bevorzugt eine der von IBM empfohlenen Karten verwenden sollten.

Funktionen

Die Software bietet kontinuierliche Spracherkennung. Dabei können Sie fließend diktieren, ohne Pausen zwischen den Wörtern einzulegen, und eine Geschwindigkeit von bis zu 150 Wörtern pro Sekunde erreichen.

- Das aktive Vokabular von IBM ViaVoice Gold beträgt 30.000 Wörter und ist auf 64.000 Wörter erweiterbar.
- Sie können in die IBM-eigene Textverarbeitung SpeakPad diktieren, die im Funktionsumfang in etwa WordPad entspricht, oder Sie diktieren direkt in Microsoft Word 7 oder Microsoft Word 8 hinein, wo Sie mit Ihrer Stimme auch Korrekturen vornehmen können.
- Die Erkennungsrate liegt bei ca. 95%, dabei kommen bei den erkannten Wörtern weder Tipp- noch Rechtschreibfehler vor.
- Mit der Vokabularerweiterung können Sie bestehende Dokumente analysieren lassen und so dem System schnell Ihren üblichen Wortschatz antrainieren.
- Da Ihre Stimme während des Sprechens aufgenommen wird, können Sie sich anschließend ausgewählte Textpassagen vom System vorspielen lassen, um Ihr Diktat zu überprüfen.
- Darüber hinaus verfügt die Software auch über eine künstliche Sprachausgabe, mit der Sie sich beliebige Texte vorlesen lassen können.

- Das Programm unterstützt die Verwendung mehrerer Benutzer, wobei für jeden Benutzer eigene Sprachdateien verwaltet werden, um eine optimale Erkennungsleistung zu gewährleisten.
- Mit ViaVoice Gold können Sie in nahezu jede Anwendung, die Texteingabe erlaubt, hinein diktieren.
- Sie können für die unterschiedlichsten Themen eigene Vokabulare erstellen und verwalten.

Fachvokabulare für ViaVoice

Auch für ViaVoice existieren bereits eine ganze Reihe von Fachvokabularen für bestimmte Branchen, in denen viel und schnell diktiert wird. Diese Spezialvokabulare berücksichtigen die spezielle Art des Diktierens und beinhalten die meisten Fachbegriffe, die in diesem Umfeld benötigt werden. Mit dem Einsatz eines solchen Fachvokabulars erhöht sich die Erkennungsleistung z.B. für einen Rechtsanwalt oder Mediziner dramatisch, und es kann wesentlich schneller produktiv gearbeitet werden. Solche Vokabulare kosten allerdings in der Regel noch jeweils über DM 800,-.

Zur Zeit existieren Fachvokabulare für folgende Bereiche:

- Recht
- Allgemeine Medizin
- Radiologie
- Neurologie / Psychologie / Psychiatrie
- HNO
- Innere Medizin
- Pathologie
- Unfallchirurgie
- Urologie
- Technische Gutachten und Schriftverkehr

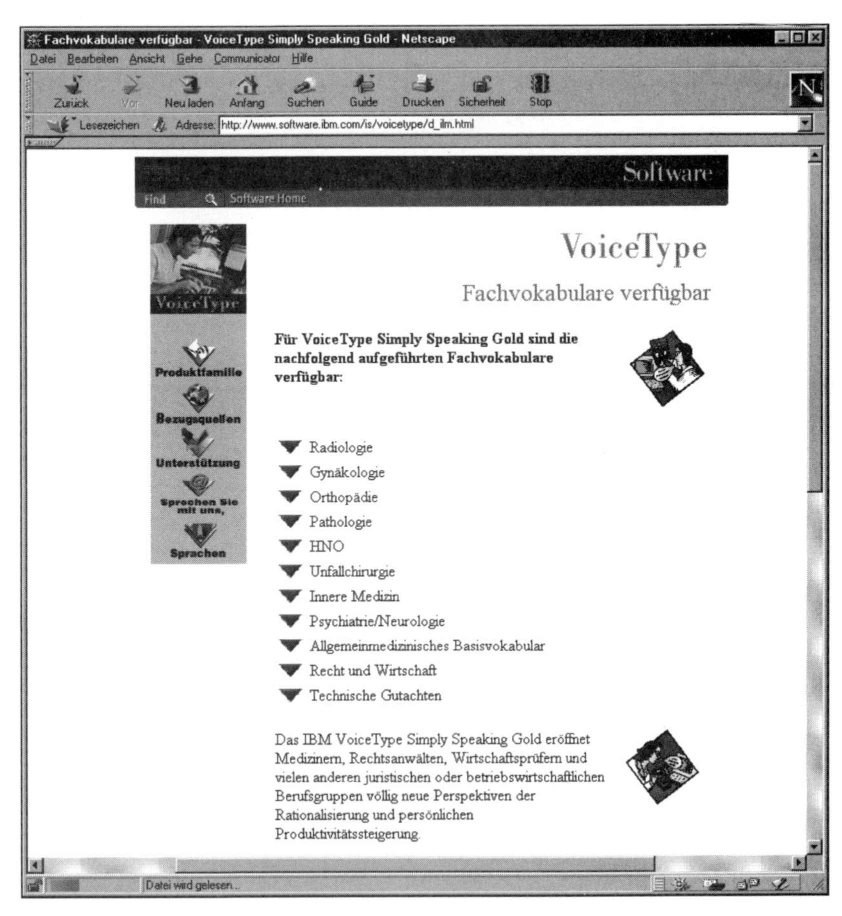

Abb. A.5: Hier erfahren Sie, welche Fachvokabulare bereits existieren

Anhang B: Sprache und Sprachstörungen

Die automatische Spracherkennung kann nur zu befriedigenden Ergebnissen führen, wenn einerseits der Spracherkenner zuverlässig mit einer niedrigen Fehlerrate den gesprochenen Text erkennt und andererseits der Sprecher seinen Text mit einer niedrigen Fehlerrate diktiert. Da davon auszugehen ist, daß sich die Zuverlässigkeit und Genauigkeit der automatischen Spracherkenner in Zukunft eher noch verbessern wird, verlagert sich das Problem immer mehr von der Maschine auf den Menschen. Dieser Anhang soll Ihnen daher einen Einblick in die normale Spracherzeugung beim Menschen, einen Überblick über mögliche Sprachstörungen und hilfreiche Tips zum bewußteren Sprechen und zur Fehlervermeidung geben. Durch die Bemühungen des Verlages, Sie vor zu viel Information zu bewahren, finden Sie auch an dieser Stelle leider nur eine unvollständige Version des ursprünglichen Manuskripts.

Mehr Informationen erhalten Sie in meinem Internet-Angebot unter *http://www.jorge.de/SYBEX/Spracherkennung/Index.html*.

Die Spracherzeugung

Wenn man möglichen Fehlern beim Diktieren auf den Grund gehen will, ist es hilfreich, sich erst einmal zu verdeutlichen, wie denn die Spracherzeugung beim Menschen funktioniert.

Beteiligte Organe

Am Sprechvorgang des Menschen sind mehr als nur die Stimmbänder und der Mundraum beteiligt. Für den Sprechvorgang werden neben dem gesamten Rachenraum und den Stimmbändern auch noch folgende Organe benötigt: das Gehirn, die Lunge, der gesamte Mund-Nasenraum, Gaumen, Gaumensegel, Lippen, Zähne, Zunge, Unterkiefer sowie die Ohren und Augen. Die Manipulation der erzeugten Töne und somit der Sprache wird uns erst durch einen kleinen Unterschied zu anderen Säugetieren ermöglicht: durch einen tiefer liegenden Kehlkopf und den so geschaffenen Raum über dem Kehlkopf.

Die Entwicklung des Sprechapparates

Im Laufe der Entwicklung eines Menschen können sich die zusätzlichen Funktionen der am Sprechvorgang beteiligten Organe verändern, was auch eine Veränderung der Stimme zur Folge haben kann. Zuerst einmal muß die Sprache ermöglicht werden. In den ersten zwei Lebensjahren sind wir in der Lage, gleichzeitig zu Atmen und zu schlucken. Erst dann sinkt der Kehlkopf ab und das Sprechen wird ermöglicht. Gleichzeitig lernen wir in dieser Zeit eine neue Atemtechnik. Neben der bis dahin dominierenden Zwerchfellatmung entwickeln wir die Brustatmung, aus der dann die sogenannte Sprechatmung entsteht. Bezeichnend für die Sprechatmung ist die Tatsache, daß ein größeres Volumen an Luft schnell ein- und langsam wieder ausgeatmet wird. Da Sprechen immer mit Einatmen beginnt, füllt sich also die Lunge zuerst mit mehr Luft, als wenn nicht gesprochen wird. Um die benötigte Luft aufnehmen können, dehnen sich der obere Teil der Brust und das Zwerchfell aus, dadurch erhöhen sich der Lungendruck und die Muskelspannung im Oberkörper. Schließlich kann die Luft durch den Hals und die Stimmbänder entweichen.

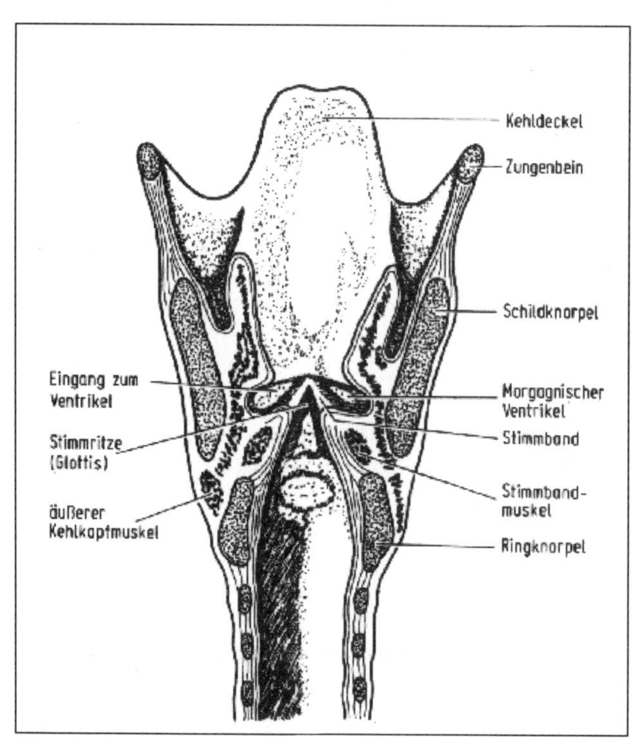

Abb. B.1: Ein Querschnitt durch den menschlichen Kehlkopf

Die Stimmbänder

Die Stimmbänder befinden sich im Kehlkopf und bestehen aus einem Paar schmaler Muskelbänder. Sind diese Muskelbänder leicht gespannt, während Luft an ihnen vorbeiströmt, beginnen sie, zu vibrieren, es erfolgt die sogenannte Phonation. Ihre Frequenz liegt zwischen 80 Hz (tiefe Männerstimme) und ca. 350 Hz (hohe Kinderstimme). Bei Männern finden die Vibrationen der Stimmbänder durchschnittlich etwa 150 Mal pro Sekunde statt, bei Frauen etwa 250 Mal pro Sekunde, und bei beiden können sie durch einfaches Berühren des Kehlkopfes mit der Hand oder den Fingern festgestellt werden. Die Vibrationen der Stimmbänder sind durch ihre hohe Geschwindigkeit die einzige Muskelaktivität des Körpers, die nicht bewußt kontrolliert werden kann. Normalerweise sind wir jedoch in der Lage, die Spannung der Stimmbänder zu kontrollieren und können diese auch soweit erhöhen, bis keine Luft mehr aus der Lunge entweichen kann - die Stimmbänder blockieren. Interessanterweise dienten die Stimmbänder ursprünglich nur als Verschluß, der das Eindringen von Speiseresten in die Luftröhre verhindert. Erst im Verlauf der Evolution und der Entwicklung der Sprache wurden die Stimmbänder zu einem außerordentlich komplizierten Schall-Anregungsorgan umfunktioniert.

Der Rachen

Der Rachen - der Hohlraum über den Stimmbändern - bildet den Resonanzkörper für die Vibrationen der Stimmbänder. Weiter oberhalb des Rachens befinden sich Mundhöhle und Nasenhöhle, wobei der Gaumen die Trennung zwischen Mund- und Nasenraum bildet. Bei den Nasallauten M, N und NG entweicht die Luft durch die Nase, bei allen anderen Sprachlauten schließt das Gaumensegel den Mund vom Nasenraum ab, so daß der Luftstrom durch den Mund entweicht.

Die Artikulationsorgane

Die sogenannten Artikulationsorgane Unterkiefer, Zunge, Zähne und die Lippen modifizieren die Stimme dann zu verständlicher Sprache. Selbstlaute und einige stimmhafte Konsonanten wie z.B. B und D werden von den Stimmbändern erzeugt und durch die Artikulationsorgane modifiziert. Die sogenannten stimmlosen Konsonanten wie P und T entstehen ohne Vibration der Stimmbänder und werden nur durch die Luftströmung und die Artikulationsorgane gebildet, genauso wie wir flüstern. Auch hier fangen die Stimmbänder nicht an zu vibrieren, sondern es wird nur das Ausströmen der Luft durch die Artikulationsorgane modifiziert.

Da die deutsche Sprache keinen Laut kennt, bei dem die Zunge über die Zahnreihe hinausschaut, stellen die Lippen und die Zähne die letzte Bastion für die Bildung einiger unserer Sprachlaute dar, wie z.B. O, U, Ü, M, P oder SCH. Da bei der Sprachbildung hohe Anforderungen an die Zunge gestellt werden, muß diese beweglich und schnell sein. Auch der Unterkiefer ist ständig in Bewegung, bei Lauten wie A und O ist er gesenkt, und bei Lauten wie U und I ist er angehoben.

Augen und Ohren

Neben der reinen Lauterzeugung nutzen wir beim Sprechen jedoch auch die Möglichkeit der Selbstkontrolle und Regulierung der gebildeten Laute. Diese findet einerseits mit Hilfe der Knochenschall-Leitung statt, die innerhalb des Kopfes zum Mittelohr führt, andererseits durch die über die Luft übertragene Sprache, die unser Ohr erreicht. Neben den Ohren gehören aber auch die Augen zu den dringend notwendigen Organen bei der Sprachbildung, denn das Abschauen der Sprechbewegungen ermöglicht ebenfalls eine korrekte Lautbildung.

Die Muskeln

Bei einem normalen Gespräch werden durchschnittlich 120 Wörter pro Minute gesprochen, wobei bei jedem Wort eine andere Koordination und Stellung der über 100 beteiligten Muskeln und vielen Organe gefordert ist.

Sprechstörungen und Sprachstörungen

Dieses Kapitel kann und will keine vollständige Darstellung aller menschlichen Sprach- und Sprechstörungen bieten. Sie sollen an dieser Stelle jedoch einen Überblick über zwei der auffälligsten Vertreter dieser Störungen erhalten, das Stottern als Sprechstörung und die Aphasie als Sprachstörung.

Stottern

Stottern ist ein vielschichtiges Phänomen, von dem etwa ein Prozent aller Erwachsenen und etwa vier Prozent der Kinder dieser Welt betroffen sind. Bei den meisten Stotterern entwickelt sich die Störung im Alter zwischen 2 und 5 Jahren, wobei Jungen etwa fünfmal so häufig betroffen sind wie Mädchen. Diese Sprachstörung ist unabhängig von sonstigen Entwicklungen, weshalb Stotterer bis auf diese Störung auch vollkommen normale Menschen sind. In der Bundesrepublik Deutschland stottern ca. 800.000 Menschen. Ein weiteres Phänomen innerhalb dieser Störung ist die Tatsache, daß Stotternde flüsternd, singend oder im Chor sprechend und wenn sie ihre eigene Stimme nicht hören können, völlig flüssig sprechen.

Definitionen des Stotterns

Das Phänomen Stottern ist also seit über 2.000 Jahren bekannt. Trotzdem gibt es bis heute noch keine allgemeingültige Definition, die die gesamte Vielfalt dieser Sprechstörung erfassen und beschreiben kann. Daher muß auch folgende Definition als unzureichend betrachtet werden: Stottern ist eine auffallend häufige Unterbrechung im Redefluß. Eine Problematik liegt darin, daß Stotternde oftmals ihre Vermeidungsstrategien soweit perfektioniert haben, daß ihre Symptome nicht wahrnehmbar sind und sogar erfahrene Therapeuten getäuscht werden können. Allgemein fallen beim Stottern jedoch die Unterbrechungen des Sprechverlaufs auf, der Stotterer stockt vor Wörtern, bestimmten Silben oder Phonemen. Die Aussprache einzelner Buchstaben wird verzögert, gedehnt oder verkürzt, einzelne Worte oder Satzteile werden wiederholt, und es können unsinnige Laute im Redefluß auftauchen.

Zu diesen akustisch wahrnehmbaren Problemen gesellen sich oftmals eine ungünstige Atemtechnik und Störungen des Sprachapparates: Diese reichen von zusammengepreßten Lippen, dem Aufeinanderschlagen der Zähne, ruckartigen Bewegungen der Zunge, einem starr offenen Mund bis zu schnappendem Einatmen im Stotterrhythmus während des Sprechens.

Niemand spricht immer fehlerfrei

Auch wenn die wissenschaftliche Forschung mittlerweile eine systematische Beschreibung dieser Störungen ermöglicht, wird in vielen Feldern noch intensiv an den Ursachen geforscht, und die Erklärungsversuche reichen von rein psychologischen über neuropsychologischen bis hin zu psychologisch-neurophysiologischen Ansätzen. Schließlich bleibt noch festzustellen, daß auch sogenannte normal sprechende Menschen nicht immer und ihr ganzes Leben lang fehlerfrei bzw. symptomfrei sprechen. Zu dem umfangreichen Grundwissen zum Phänomen des Stotterns und den Erklärungsversuchen zu seinen Ursachen gesellt sich eine mittlerweile unüberschaubare Fülle von Therapie- formen, mit deren Hilfe sich erfolgreiche Formen der Störungsbehebung finden lassen, die die Betroffenen weitgehend symptomfrei bis zur sozialen Unauffälligkeit hin therapieren können.

Acht überflüssige Sprechanteile

Die für das Stottern typischen überflüssigen Anteile des Sprechens können in acht Kategorien eingeordnet werden, wobei die ersten drei Kategorien auch bei Nichtstotterern auftreten können:

1. Einschieben von Füllwörtern, wie z.B. äh, ähm oder öh.
2. Verbesserungen im Satz, wie z.B. „Ich war - Ich wurde gestern...".
3. Unvollständige Sätze.
4. Wiederholungen von Teilwörtern, wie z.B. Der - der - der - derselbe.
5. Wiederholungen von Wörtern.
6. Wiederholungen von Satzteilen, wie z.B. „Gestern wollte ich - gestern wollte ich - gestern wollte ich ausgehen".
7. Unterbrechung von Wörtern, wie z.B. ges - ... - tern.
8. Zu langgezogene Laute.

Von Zuhörern werden übrigens meistens nur unterbrochene Wörter, Wiederholungen von Teilwörtern und die zu lang gesprochenen Laute wahrgenommen. Ein Spracherkenner ist da schon sehr viel sensibler, ihm entgeht keine der Äußerungen, und mangels Verständnisses für den Sinn des Gehörten versucht er, alles in Worte zu interpretieren.

Stottern im Internet

Im Internet findet sich ein deutschsprachiges Diskussions- und Informationsforum über das Stottern, die Stottern-Mailing-Liste. Hier nehmen Betroffene, Sprachtherapeuten und Erzieher aus aller Welt teil. Unter der Internet-Adresse *http://www.stottern.de* finden Sie Informationen über die Inhalte und Ziele der Mailing-Liste, Hinweise über die Teilnehmer, eine Anleitung zur Anmeldung und Links zu den derzeit informativsten Seiten zum Thema Stottern im WWW.

Stichwortverzeichnis

R

S

239